庆典贺词全集

方 道 ◎ 编著

QINGDIANHECIQUANJI

表述简洁 范例经典 格式明了 问题丰富

不可或缺的全集,不仅具有实用性,更具有很强的趣味性,让您入于目而融于心,朗于口而会于神。

中国华侨出版社

图书在版编目（CIP）数据

庆典贺词全集／方道编著．—北京：中国华侨出版社，2012.7（2021.2重印）
ISBN 978-7-5113-1914-2

Ⅰ.①庆… Ⅱ.①方… Ⅲ.①汉语-格言-汇编 Ⅳ.①H136.3

中国版本图书馆CIP数据核字（2012）第072378号

● 庆典贺词全集

编　著／方　道
责任编辑／宋　玉
封面设计／智杰轩
经　销／新华书店
开　本／710×1000毫米　1/16　印张23　字数270千字
印　刷／三河市嵩川印刷有限公司
版　次／2012年7月第1版　2021年2月第2次印刷
书　号／ISBN 978-7-5113-1914-2
定　价／58.00元

中国华侨出版社　北京朝阳区静安里26号通成达大厦3层　邮编100028
法律顾问：陈鹰律师事务所
编辑部：(010) 64443056　64443979
发行部：(010) 64443051　传真：64439708
网　址：www.oveaschin.com
e-mail：oveaschin@sina.com

前 言

"震天下者必震之于声，导人心者必导之于言。"语言不仅是人类思维的表达方式，更是人类的交际工具。"言语之力，大到可以从坟墓唤醒死人，可以把生者活埋，把侏儒变成巨人，把巨人彻底打垮。"作家海涅的话虽然有些夸张，却从另一个侧面说明了语言的力量是巨大的。因此，我们有理由相信，在如今的文明社会，谁能驾驭奇妙的"舌头"，谁就能改变自己的命运。

人生的道路虽然漫长，但紧要处常常只有几步，特别是在关键的时候。从学校到社会，从家庭到职场，一个人一生发表过多少次致辞，恐怕很难计算清楚，但是那些精彩的、关键的致辞，却让人铭记于心。这些致辞就是人生中关键的几步，它们可能会改变人的一生。在历史长河中，一次致辞决定一个人的命运，一次演说影响一个事件、一个民族、一个国家发展的事例不胜枚举。

现代社会更是如此，庆典上一篇热情洋溢的贺词，节日里一番感人至深的致辞，迎宾时一段文采飞扬的欢迎辞，送别时一首催人泪下的饯行诗，如此种种，一次成功的讲话，能使你的才华得到充分的展示，能使你的成就熠熠生辉，能使你鹤立鸡群，得到别人的尊敬、爱戴和拥护，能使你事半功倍，业绩卓著。难怪西方学者说："发生在成功人物身上的奇迹，一半是由口才创造的。"

怎样才能提升自己的致辞水平呢？积累当然是最主要的方法。基于此，我们编写了本书。本书集各行各业、各种身份的人士在各种场景下的致辞经验于一体，从理论到实践，从语言规则到表达技巧，从礼仪习俗到致辞素材，条分缕析，面面俱到。书中所选范例的风格也丰富多彩，或典雅庄重，或诙谐幽默，或深入浅出，或妙趣横生，可谓不拘一格、应有尽有。多种情境设置全面，致辞人身份形形色色，致辞时机恰到好处，范例风格的选择多种多样，经典案例、妙语连珠、灵感素材无处不在。

以上是本书的几大特点。无论您扮演何种角色、在何种情况下、喜好何种风格的致辞，本书都能为您提供理想的方案，让您语出惊人，让听者过耳不忘、印象深刻。同时，本套丛书不仅具有实用性，更具有很强的趣味性，让您入于目而融于心，朗于口而会于神。

愿您凭借本书，一鸣惊人，扶摇直上，创造精彩绝伦的人生！

目 录

第一章 节日庆典

节日庆典的意义与特点　　　　　　／2
元旦贺词　　　　　　　　　　　　／3
春节贺词　　　　　　　　　　　　／10
元宵节贺词　　　　　　　　　　　／16
妇女节贺词　　　　　　　　　　　／21
"五一"劳动节贺词　　　　　　　　／28
"六一"儿童节贺词　　　　　　　　／40
母亲节贺词　　　　　　　　　　　／46
父亲节贺词　　　　　　　　　　　／52
教师节贺词　　　　　　　　　　　／57
中秋节贺词　　　　　　　　　　　／63
国庆节贺词　　　　　　　　　　　／68
节日贺词佳句欣赏　　　　　　　　／73

第二章　开业庆典

开业庆典的意义与特点	/106
酒店食府开业庆典贺词	/107
公司开业庆典贺词	/114
公益、文化机构开业庆典贺词	/120
奠基仪式贺词	/125
开业庆典贺词佳句欣赏	/134

第三章　周年庆典

周年庆典的意义与特点	/140
校庆贺词	/142
企业周年庆贺词	/149
社团组织周年庆贺词	/156
周年庆典贺词佳句欣赏	/161

第四章　生日庆典

生日庆典的意义与特点	/166
一周岁生日贺词	/170
成年礼贺词	/173
而立之年生日贺词	/180

不惑之年生日贺词　　　　　　　／ 183
知天命之年生日贺词　　　　　　／ 189
花甲之年生日贺词　　　　　　　／ 194
古稀之年生日贺词　　　　　　　／ 200
耄耋之年贺词　　　　　　　　　／ 204
生日庆典贺词佳句欣赏　　　　　／ 208

第五章　庆乔迁与功绩

庆祝乔迁的意义与特点　　　　　／ 214
企、事业单位乔迁贺词　　　　　／ 215
家庭乔迁贺词　　　　　　　　　／ 221
建筑物落成贺词　　　　　　　　／ 225
庆功会贺词的意义与特点　　　　／ 232
教育界庆功会贺词　　　　　　　／ 234
企、事业单位庆功会贺词　　　　／ 243
奖学金表彰会贺词　　　　　　　／ 247
乔迁贺词佳句欣赏　　　　　　　／ 252
庆功贺词佳句欣赏　　　　　　　／ 253

第六章　庆新婚与友谊

新婚贺词的意义与特点　　　　　／ 256
证婚人贺词　　　　　　　　　　／ 259

介绍人贺词 /263

领导贺词 /266

新人父母贺词 /270

新人答谢词 /274

集体婚礼贺词 /280

庆友谊贺词的意义与特点 /285

同学聚会贺词 /286

战友聚会贺词 /294

庆祝婚礼佳句欣赏 /301

庆贺友谊佳句欣赏 /305

第七章 校园活动庆典

校园活动庆典的意义与特点 /310

开学典礼贺词 /311

毕业典礼贺词 /319

文体活动贺词 /328

庆升学的意义与特点 /335

父母致升学贺词 /340

学子致答谢词 /346

校园活动贺词佳句欣赏 /351

庆祝升学佳句欣赏 /358

第一章 节日庆典

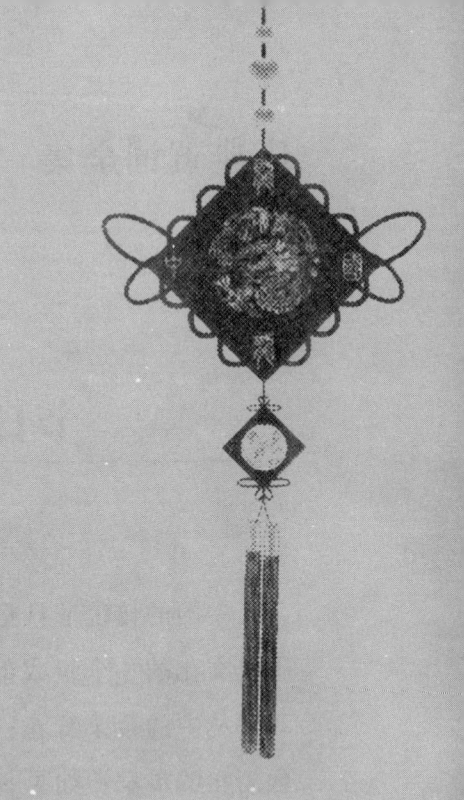

节日庆典的意义与特点

中国的传统节日形式多样，内容丰富，是我们中华民族悠久的历史文化的一个组成部分。如果日子是一座花园，节日就是绽放于万绿丛中的朵朵鲜花；如果日子是一片暗蓝的夜空，节日就是一颗颗闪亮的星辰；如果日子是一片广阔的沙漠，节日就是散布其中的绿洲。流传至今的众多节日风俗里，节日贺词是必不可少的部分，根据节日的性质和主旨的差异，掌握和运用好不同风格情调的语言，或热烈，或冷静；或诙谐，或庄重，营造出特定的情境氛围，增强了节日贺词的吸引力和感染力。

节日贺词，是指在各种节日的重大活动中发表的公开致辞。为了在节日活动中充分展示自己的语言风采，我们就必须努力培养和提高口语表达能力。节日贺词具有以下特点：

主题的独特性。不同的节日，性质是不一样的。有纪念性节日，如劳动节、端午节；也有庆祝性节日，如国庆节、教师节；有倡导性节日，如植树节、助残日；也有风俗性节日，如元宵节、清明节，如此等等。因此，节日贺词必须根据节日的独特性质确立主题，只有这样，才能突出节日贺词的思想文化意义。例如，在护士节献词，就应当通过缅怀南丁格尔的业绩，激发护士的职业责任心和自豪感，以体现独特的纪念意义。

内容的现实感。无论在什么节日里致贺词，都必须与听众的现实生活紧密结合起来，一定要突出内容的现实感，以产生强烈的社会效应。例如，在教师节致贺词，就应当着重讲述老师们现实工作的感人事迹，从而颂扬人民教师无私奉献的真挚情怀和崇高精神。

语言的个性化。节日贺词有着特定的背景意义和主题要求。在同一场合下致节日贺词，容易出现千篇一律的弊病，因此，要想讲出特色，给听众以耳目一新之感，就必须注重语言的个性化。这就要求在撰稿的时候，善于运用富有个性色彩的语言叙事说理，表情达意。例如，一个富有幽默感的人在青年节致辞，就可以运用充满情趣的语言来表现自己独特的气质和志向。

元旦贺词

"元旦"的"元"，指开始，是第一的意思，凡数之始称为"元"；"旦"，象形字，上面的"日"代表太阳，下面的"一"代表地平线。"旦"即太阳从地平线上冉冉升起，象征一日的开始。人们把"元"和"旦"两个字结合起来，就引申为新年开始的第一天。元旦又称"三元"，即岁之元、月之元、时之元。元旦一词最早始于三皇五帝，唐代房玄龄等人写的《晋书》上载："颛帝以孟春正月为元，其时正朔元旦之春。"即把正月称为元，初一为旦。南朝梁人萧子云的《介雅》诗也云："四气新元旦，万寿初今朝。"

历史上，中国各个朝代对"元旦"说法不一致，一直到1911年，中国的元旦才与西方的元旦在时序上真正统一起来。但相对来说，与西方人相比，中国人过元旦的习俗仍不是很浓的，春节仍然是中国人的第一大节。在西方，元旦是相当讲究的，不少地方有"洗礼浴"。如在南美的阿根廷，每年元旦，各家老少成群结队到江河中洗"新年浴"，以洗去身上的一切污秽。在非洲的坦桑尼亚，早餐后，鼓乐齐鸣，男女老少成群结队到海滩洗澡，以示洗去污秽，健康欢乐地迎接新年。泰国人的新年第一天，大家在窗台、门口端放一盆清水，家家户户都要到郊外江河中去进行新年沐浴。

中国过新年有摔瓷器以应和"岁岁（碎碎）平安"的习俗，在西方的元旦也有这现象。如在意大利，元旦前夜午夜时分，如果你在意大利的道路上行走是很不安全的，因为这时人们都要把屋里的一些破旧瓶、缸、盆等扔出门外砸碎，以示除旧迎新。丹麦人则在元旦前夜将平时打碎的杯盘碎片收集起来，待夜深人静时偷偷地送至朋友家的门前。元旦的早晨，谁家门前堆放的碎片越多，则说明他家的朋友越多，新的一年越幸运。

新年贺词是指当新年来临之际，在迎新聚会场合或通过媒体，致辞者以个人或组织的名义，向听众表达新年美好祝福的致辞。新年贺词主要包括感谢、慰问、祝福、激励以及公关等内容。贺词的内容应突出过去一年的骄人成绩和对来年的美好憧憬，以切合新年喜庆的气氛，这是新年贺词内容美的基本要求。只有在贺词中回顾成绩和憧憬未来才能使听众产生成就感和受到鼓舞，同时也使得贺词中蕴含的美好情感有了具体的依托。

新年贺词常常以郑重的形式对听众寄予美好而诚挚的祝福，这些温暖人心的话语凸显了致辞者的希望和理想。

【范文一】

【致辞人】地税局局长

【致辞背景】在元旦的庆典上致贺词

同志们：

大家新年好！欢声笑语辞旧岁，莺歌燕舞迎新春。

承载收获喜悦，憧憬明天希冀。值此新年来临之际，我谨代表局党组和班子向全局职工、退休干部及其家属致以诚挚的问候和祝福。

××年是我们××地税局阔步前进的一年。在这一年里，我们全面落实"十一五"规划，既有同心协力奋勇拼搏下结出的累累硕果，也有恢复金融危机影响的困难挑战。我们克服不利因素，践行科学发展，不断加强队伍建设、行风建设、党风廉政建设、精神文明建设。在有声有色工作中统一思想，在脚踏实地办实事中凝聚人心，迎难而上，勇挑重担，团结拼搏。牢牢把握2010年地税工作的总体要求，坚持以人为本，创新管理模式，强化标杆引领，深化依法治税，加强税收征管，着力优化纳税服务，抓好地方税源分析，多方面、深层次查找收入增长点，细化税收征管层面，加强对重点税源的监控和动态管理，强化税收稽查职能，加大清缴欠税工作力度，有力促进了税收收入的快速增长。全年累计税费收入亿元，同比增长×%，同比增收×亿元；税收收入×亿元，同比增长×%，同比增收×亿元。我们完成了"六业一税"税收收入×亿元，完成了年计划。全年实现税费收入×亿元，实现税收收入×亿元。

在稽查、法规部门的努力下，查补入库税款×万元。清缴欠税完成清缴户数，入库税款×万元。纳税评估完成×户，入库税款×万元。

回首过去，历史记载着我们奋进的足迹，令人鼓舞、催人奋进；展望未来，责任和信念让我们踌躇满志，蓝图美好，重任在肩。新的一年，新的起点。2011年我们将以崭新的精神面貌、饱满的工作热情、高度的工作责任心，紧密团结在局党组和班子周围，开拓进取，扎实工作，不断开拓地税事业新局面！

祝大家新春愉快，阖家幸福，万事如意！

【范文二】

【致辞人】某大学经贸系主任

【致辞背景】在2010新年狂欢夜致贺词

各位领导，各位来宾，老师们，同学们：

新年的钟声已经敲响。

岁月如梭，时光荏苒，转眼难忘的、充满追求和梦想，充满创造和辉煌的2010年即将和我们挥手告别，跨入历史冥冥的长河。我们即将迎来充满期待和渴望的2011年，即将和一个新的365天美好时光激情拥抱。此时此刻，回首过去，心潮澎湃，展望未来，豪情满怀。在此，我谨代表贸经系的各位领导，向多年来支持关心我们工作的学校领导、各位同仁，向辛勤育人，努力工作的经贸系各位老师和全体同学表示衷心的感谢，并致以最真诚、最热烈的新年祝福和美好祝愿！

过去的一年，是经贸系健康发展，续写辉煌的一年。师生团结共奋斗，齐心协力创辉煌。在教学、科研、学生工作等方面都取得了丰硕成果和优异成绩。我系的《商品推销》课程，以全省第一名荣获省级精品课程。《×××》等三项课题荣获××省教学成果二等奖。我系青年教师××在全省中青年教师基本功大赛中，获得一等奖，同时获得五一劳动奖殊荣。我系的市场营销专业两支代表队在北京参加首届全国商科院校市场调查分析技能大赛，均获一等奖，此外，在全国高校市场营销大赛、第七届"挑战杯"中国大学生创业计划大赛和我省第四届"兴晋挑战杯"大学生创业计划大赛，××省高职高专英语大赛中，我系参加的老师、学生均取得优异成绩，可喜可贺。在学生工作中，我系一贯坚持严格管理，以人为本，努力提升管理水平和服务水平，注重学生的综合素质培养和提高，做到了纪律严明无事故，管理科学有秩序，培养人才高素质。全系呈现出了健康活泼，勤奋向上的良好局面。

此外，我系十分注重学生活动的开展，一年来举办了一系列丰富多彩，寓教于乐、广有影响的活动，如晨鸣杯辩论赛、市场营销大赛、第二届青年歌手大赛等，同学们积极响应，广泛参与，反响强烈；参加学校的各项活动，更是凯歌高奏，成绩辉煌，上半年的校运会，我系健儿努力拼搏，取得了男团第一、女团第二、总分第二的优异成绩。下半年我系更是一举包揽了2010年校女子篮球、男子足球和男子篮球三项桂冠，实现了大满贯，也实现了经贸系历史性的突破，在此，让我们向为系、为校争光的各位老师、同学们表示衷心的祝贺！

新的一年就要来了，春更好，花更香，放眼量，未来更美好。让我们携起手来，再接再厉，用新的姿态、新的激情，投身于未来的工作、学习中，投身于未来的实践和活动中，积极进取，努力作为，用心血和汗水，开创经贸系新的辉煌。

最后，祝各位领导、老师、同学们新年快乐！祝经贸系元旦文艺汇演圆满成功！

谢谢大家！

【范文三】

【致辞人】公司经理

【致辞背景】在公司举办的员工及家属迎新晚会上致贺词

各位员工，各位家属朋友：

你们好！

"凯歌辞旧岁，瑞雪迎新年。"值此新春佳节来临之际，我代表公司董事会和全体员工，向××公司的所有员工及家属致以亲切的问候和良好的祝愿！衷心祝大家身体健康，万事如意，家庭和睦，生活美满，财源广进！

在过去的一年中，××的员工们用勤劳的双手和过人的智慧，战斗在生产经营第一线，以厂为家，任劳任怨，忘我地工作，为公司今年和将来更好地快速发展奠定了坚实的基础，为公司取得良好业绩做出了贡献！员工的家属们不辞辛苦和无私奉献，大力支持员工的工作，您与员工一样为创造我公司的美好前景做出了贡献！为此，我衷心感谢大家为公司的发展所奉献的一切，我真诚向你们道一声：谢谢！辛苦了！

展望未来，我们信心倍增。××××年是实现公司经济快速增长的关键年，也是公司加快发展的重要一年。我们将围绕××××战略目标，进一步强化市场竞争机制，深化内部改革，使我们的产品在本行业同类产品中处于先进或领先水平。要实现这一宏伟目标，依然需要大家的理解、支持和奉献。我相信，有了所有员工及家属的全力关心和支持，我们的事业一定能再创辉煌！

再次祝愿大家身体健康、全家幸福、吉祥如意！

【范文四】

【致辞人】酒店经理

【致辞背景】在五星级酒店内部迎新晚会上致贺词

各位员工：

当我们以饱满的精神送走×××年时，我们又以全新的姿态迎来了充满希望的一年。值此新年到来之际，特向你们及你们的亲人表示节日的问候！

在过去的一年里，全体员工奋战在各自的岗位上，挥洒辛勤的汗水，一起渡过了一个又一个难关。面对严峻和残酷的市场行情，我们不但没有退缩，反而越战越勇，创造了一个又一个佳绩，谱写了一个又一个神话，向世人显示了我们这个团队不可战胜的力量。

经过我们与建设者们一起历时三年的艰苦建设，××××年金秋，辛勤的耕耘获得了丰硕的成果——××五星级国际饭店具备了接待能力。试运行伊始××颁奖典礼在饭店举行，亲临现场的专家、学者、国际知名人士近200人，为我们饭店点燃开门红的第一把火炬。随后，著名导演×××携其执导的《××××××》在饭店举行首映式，国际、国内参加首映式的贵宾下榻我们饭店，使我们饭店的光芒四射……

过去的辉煌是大家团结一心、奋勇拼搏的结果。员工们，我为你们感到骄傲！你们也应该为属于这么一个优秀的团队而感到自豪！事实已经证明，我们这支队伍不仅能打出漂亮的胜仗，而且还能搞好建设；不仅能够做好贸易，而且能够多业并举谋求更大的发展。

　　员工们，在回顾成就的同时，我们也应当看到创业的道路布满了荆棘，发展的征途充满了坎坷，只要我们用心、专心、虚心地去做事，没有我们克服不了的困难，没有我们做不好的事情！让我们以饱满的热情，肩并肩、手挽手，踏平坎坷、披荆斩棘，一同迎接新年的曙光，共同创造新的辉煌！

春节贺词

　　春节之于中国人是头等重要的节日。春节，顾名思义就是春天的节日。春天来临，万象更新，新一轮播种和收获的季节又要开始。人们有足够的理由载歌载舞来迎接这个节日。春节也是亲人团聚的节日，这一点和西方的圣诞节很相似。离家的孩子这时要不远万里回到父母家里，所以过年的前一夜叫团圆夜。春节的喜庆气氛要持续一个月。正月初一前有祭灶、祭祖等仪式；节中有给儿童压岁钱、亲朋好友拜年等习俗；节后半月又是元宵节，其时花灯满城，游人满街，盛况空前。元宵节过后，春节才算结束了。

　　春节贺词受时间语境制约的特点比较突出。春节贺词通常都需在开篇强化岁月嬗递、辞旧迎新的感怀，以营造致辞时迎接新年的喜庆、热烈的气氛。可以使用一些紧扣时间语境的程式化的语句开篇，新颖、富有文采的开头能更好地调动致辞者的情绪，吸引听众的注意。

贺词的主题简要回顾过去所取得的成绩，并对新一年进行展望。

贺词的结尾通常表达祝愿、鼓励和希望，一般构成致辞者抒发情感的高潮部分。春节致辞的收尾应追求一种激情昂扬、振奋人心的气势美，这要求语篇结尾简洁有力而富有一定的文采，因此，这一部分非常重视运用排比、对偶等修辞格，并使用便于直抒胸臆的祈使句和感叹句，使收尾处气势畅达、情感炽烈，产生强烈的感召力量。

【范文一】

【致辞人】电力局局长

【致辞背景】在新春团拜会上的贺词

全局职工和职工家属们：

大家晚上好！

今天晚上，华灯绽放，笑语盈盈。我们聚集一堂，共同庆祝即将到来的新春佳节。首先，我谨代表局党政工，并以我本人的名义向今晚坚守工作岗位不能前来参加团拜的员工表示诚挚的敬意！向全局员工和员工家属们拜个早年！

刚刚过去的一年，是极不平凡的一年。××电力局在××电业局和市委、市政府的正确领导下，坚决贯彻落实省公司"严抓严管、从严治企"的治企理念，突出安全生产、营销服务、三个"反违章"、党风廉政建设等中心工作和重点工作，在基础工作、规范管理、队伍建设三个方面着力，励精图治，扎实工作，取得了较为丰硕的成果：这一年，全局安全生产形势稳定，主要经济指标全面超额完成，电网建设不断推进，队伍建设、党的建设和精神文明建设健康发展，我局被市委、市政府授予"市综合工作红旗单位""市项目建设先进单位""优化经济发展环境奖""市社会治安综合治理先进单位"等荣誉称号。

　　成绩来之不易。成绩凝聚心血和汗水。这些成绩的取得，是全局员工积极参加学习实践活动，认真转变思想观念，努力改进工作作风，不断提高工作绩效，真抓实干的结果；是我们坚持不懈地推行"严抓严管、从严治企"的管理理念，促进各项工作朝"四化"管理之路迈进的结果。其中也饱含了各位员工家属的支持和关心。借此机会，我要向你们表示诚挚的谢意！

　　在新的一年里，电力改革发展各项任务将更加繁重。刚刚召开的我局电力工作会议，确立了"突出严抓严管、突出管理规范、突出发展主题、突出素质提升"的总体工作思路和"确保安全生产、确保电费回收、确保党风廉政建设"的工作重点，提出了6个方面的目标任务和为完成这些目标任务的11个方面的工作措施。

　　全面完成这些目标任务，需要全局员工艰苦努力，需要各位家属一如既往的关心支持。希望全局员工倍加珍惜工作和岗位，希望全局员工家属，更加理解和支持家人的工作，让我们携手为创造××电力更加美好的明天而努力奋斗！

　　让我们共同举杯，衷心地祝愿全局员工和员工家属新春愉快，阖家幸福！衷心祝愿我们的事业蒸蒸日上、兴旺发达！衷心祝愿我们伟大的祖国繁荣昌盛，国泰民安！

【范文二】
【致辞人】医院董事会代表
【致辞背景】在新春团拜会上的贺词
尊敬的各位领导，各位同仁，女士们，先生们：
大家晚上好！

绿回春晖渐，万象始更新。值此辞旧迎新、继往开来之际，我谨代表院领导向关心和支持医院发展与建设的各级领导及全体干部职工致以崇高的敬意，向辛勤耕耘的全体同仁表示最诚挚的感谢！

　　过去的一年，我院在上级主管部门及公司的正确领导下，通过全体员工的共同努力，医院本着"以人为本，服务社会"的工作理念，紧紧围绕"以病人为中心，视质量如生命，打造文明、和谐、平安医院"这一主题，深化改革，强化管理，为创建等级优秀医院，不断完善管理体系；狠抓质量建设，拓展医疗前沿技术，注重内涵建设，更新服务理念、完善服务功能，使医院各项工作取得长足发展，医疗质量得到了全面提升，取得了两个效益的双丰收，年终顺利通过管理评审，获得了等级优秀医院。

　　同志们，回首过去的8760个小时，我们的成绩斐然。全体员工在各自的工作岗位上，以院为家，爱岗敬业；勤勤恳恳，任劳任怨；开拓进取，负重拼搏；恪尽职守，无私奉献；为医院的发展和建设做出了积极的贡献。今天的辉煌是全院干部职工团结奋斗、奋力拼搏的结果。凝聚着你们的辛劳与汗水，展示了医院员工勇于创新、开拓进取的时代风貌。一路走来，你们辛苦了，请允许我再次代表院领导向全体员工表示衷心的感谢并致以最崇高的真挚谢意！

　　旧岁已展千重锦，新年更进百尺竿。让我们携起手来，以崭新的精神面貌和昂扬的斗志，投入到即将敲响钟声的新的一年。我坚信，有各级组织的正确领导，有全体员工的同舟共济，有各方朋友的鼎力支持，医院的明天会更美好，让我们共祝××医院在新的一年里激情飞扬，再创辉煌！

　　最后祝各位同仁共享良宵盛会，共渡美好佳节！借此机会我代表院领导向到会的各级领导及我院的全体员工拜个早年，祝大家在新的一年里身体健康、工作顺利、阖家欢乐、万事顺意、心想事成！

谢谢大家！

【范文三】

【致辞人】国土资源局领导

【致辞背景】在春节团拜会上的贺词

同志们：

在这辞旧迎新的时刻，我们满怀胜利的豪情，欢聚一堂，举行春节团拜会，共同感受一年来的丰收喜悦，共同庆贺这美好的时光，共同畅想美好的未来。在此，我谨代表局党委并以我个人的名义，向全系统干部职工及其家属，向始终关心、支持我局工作的各级领导和社会各界人士致以最崇高的敬意和最美好的祝愿！祝你们在新的一年里工作顺利、身体健康、阖家欢乐、万事如意！在这里，我给大家拜年了！

岁月不居，天道酬勤。刚刚过去的一年，是我局发展史上不平凡的一年，是各项工作实现大跨越、大发展、大飞跃的一年。一年来，我们保护资源扎实有力、保障发展成效显著、项目建设锦上添花、执法监察再开新局、地矿工作业绩斐然、业务建设全面夯实、队伍建设跃上台阶、文明建设再展新篇，全年各项工作硕果累累、亮点闪闪。我们深知，我们取得的每一份成绩，都包含着全体干部职工的辛劳和汗水，我们收获的每一点进步，都凝聚着全体干部职工的智慧和心血。我们深爱着包含责任、荣誉、勤劳、团结、真诚的国土资源大家庭，我们为能在这样的集体一起工作、生活和奋斗而倍感自豪和骄傲。在这里，我要代表局党委真诚地说一声："大家一年辛苦了，谢谢大家!"

潮平岸阔帆正劲，乘势开拓谱新篇。新的一年，国土资源工作形势将更加复杂，工作任务将更加繁重，工作要求将更加严格。新的一年，我们将以科学发展观为指导，乘风造势，顺势而为，以落实国策、保护耕地为第一中心，以保障发展为第一要务，以切实维护权益为第一责任，以队伍建设为第一要素，以和谐国土建设为第一追求，全力以赴，开拓创新，切实推动国土资源事业新一轮大发展。

春潮涌动，诞生希望；万众一心，催生力量。站在新的发展起点，我们深信，有市委、市政府和上级厅局的正确领导，有全系统干部职工的拼搏奋斗，有社会各界的关心支持，我们一定会继续开创我市国土资源管理事业的新局面，为促进经济发展和社会稳定做出新的更大的贡献！

最后，再次恭祝全体同志新春愉快、幸福吉祥！祝愿国土事业与时俱进、蒸蒸日上！

【范文四】
【致辞人】公司经理
【致辞背景】在公司新春酒会上致贺词
同志们：

值此新春佳节来临之际，我谨代表公司领导班子向大家致以节日的问候和新春的祝福！

过去的一年，公司全体员工在各自岗位上兢兢业业、辛勤耕耘，使公司的各项工作得以顺利完成。特别是奋战在一线的员工，在工期紧、任务重的情况下，面对种种考验，发扬特别能吃苦、特别能战斗的精神，知难而上，顽强拼搏，表现出高昂的斗志和极大的工作热情，体现出良好的精神风貌，为公司施工任务的圆满完成做出了重要贡献，为公司品牌的树立打下了坚实的基础。在此，我向你们道一声：同志们，辛苦了！同时，对一贯顾全大局、无私奉献的员工家属表示钦佩和衷心的感谢！

新的一年，我们要继续坚持"以人为本"的原则，加快现代企业制度建设步伐，提高技术创新能力，提升企业竞争力，加大培训力度，进一步增强公司的凝聚力、向心力，迎接机遇，面对挑战。

"雄关漫道真如铁，而今迈步从头越。"让我们携手并肩，同舟共济，团结一致，鼓足干劲，向着更高更远的目标奋进！

最后，再祝各位员工和你们的家人身体健康、新春愉快！

元宵节贺词

春节过后的第一个传统民间节日，就是正月十五元宵节了。传承了两千多年的"闹"元宵可以说是中华民族的"狂欢节"。正月为元月，古人称夜为"宵"，而正月十五又是一年中第一个月圆之夜，所以称正月十五为元宵节，古代又称"上元节"。按中国民间的传统，在一元复始、大地回春的节日夜晚，天上明月高悬，地上彩灯万盏，人们赏月观灯，竞猜灯谜，大耍"百戏"，同贺团圆，形成春节后万民空巷的娱乐高潮。

第一章　节日庆典

最早的元宵节，起源于秦汉年间。据有关史料记载，秦末就有"正月十五燃灯祭祀道教太乙神"之说，可见元宵节是从"敬神送年"这一民族风俗演变而来的。公元前180年，刘恒成功地平息了吕氏家族的叛乱，恰巧是在正月十五。他为了庆祝自己平叛的胜利，大赦天下，普天同庆。一时间，各式各样、千奇百怪的彩灯布满了大街小巷。相传到了东汉明帝永平年间，开始有了街头放灯的习惯，从那时开始，正月十五元宵节也被称之为"灯节"。到唐玄宗时，元宵节放灯已发展成为规模盛大的灯市。每逢正月十五就在宫中用绢丝扎成20节、150丈高的灯楼，上面悬挂珠玉金银穗坠儿，铮铮有声。宋代的元宵节更是盛况空前，文人墨客流传下众多状述其盛的名篇佳什。欧阳修《生查子·元夕》词云："去年元夜时，花市灯如昼。"最为著名的当数辛弃疾的《青玉案》："东风夜放花千树，更吹落，星如雨。"真是"火树银花不夜天"，何等辉煌！"宝马雕车香满路，凤箫声动，玉壶光转，一夜鱼龙舞。"红男绿女，彻夜欢歌，又是何等热闹！到了明朝，朱元璋建都南京，规定从正月初八挂灯，到正月十七收灯，在南京秦淮河上高搭彩棚。朱棣迁都北京后，在东华门开辟了两华里长的灯市。到清代，灯节更是盛极一时，花灯种类样式繁多，其喜庆热闹程度可与春节相媲美。

我国民间元宵节有吃元宵的习俗。据民间传说，元宵起源于春秋时的楚昭王。某个正月十五，楚昭王经过长江，见江面有漂浮物，为一种外白内红的甜美食物。楚昭王请教孔子，孔子说："此浮萍果也，得之主复兴之兆。"吃元宵象征家庭像月亮一样团圆，寄托着人们对未来生活的美好愿望。还有一种说法是，元宵的来历与唐高宗有关，有一年过年前，郭子仪率部西征，归朝后年已过。唐高宗为了犒劳郭子仪，在宴席上上了一道香糯米做的柔滑的白圆团子，唐高宗定名为"唐圆"。因唐圆是在元宵夜吃的，故叫元宵；又因是在水中煮食的，又称"汤圆"。

元宵节的主要娱乐活动是观赏灯火，所以又称"灯节"。元宵节燃灯的习俗起源于道教的"三元说"：正月十五为上元节，七月十五为中元节，十月十五为下元节。主管上、中、下三元的分别为"天""地""人"三官。天官管喜乐，古上元节要燃灯。元宵燃灯，自汉朝时已有此风俗；唐时，对元宵节加倍重视。元宵节的节期与节俗活动，是随历史的发展而不断演变的。汉代仅一天，到唐代已变为三天，宋代则长达五天，明代更是从初八到十七落灯整整狂欢十天。唐代诗人卢照邻曾在《十五夜观灯》中这样描绘元宵节燃灯的盛况："接汉疑星落，依楼似月悬。"

"猜灯谜"又叫"打灯谜"，是元宵节活动的一项重要内容。灯谜的问世，可追溯至宋朝。开始是好事者把谜语写在纸上，贴在五光十色的彩灯上供人猜。因谜语能启迪智慧又饶有趣味，因而深受各阶层群众的喜爱，以至流传到今天。元宵节还有"走百病"（又称"散百病"）的习俗。参与者多为妇女，她们结伴而行，或走墙边，或过桥，或走郊外，目的是驱病除灾。

【范文一】

【致辞人】总裁助理

【致辞背景】在企业集团举办的元宵节晚会上致贺词

员工朋友们：

晚上好！

今天我们××集团全体成员欢聚一堂，共度佳节。

首先，我代表集团总裁×××先生和集团领导，给大家拜个晚年，祝大家新年快乐！并向节日期间依然坚守工作岗位的员工们表示衷心的感谢和亲切的慰问，大家辛苦了！

过去的一年，全体员工共同努力，拼搏奋斗，取得了骄人的业绩。一年的实践证明，集团的战略是清晰的，决策是正确的，经营方向更加明确，制度建设步入正轨，文化建设深入人心，新项目业绩喜人。今年，是我××集团大有可为的一年，我们的企业是向上的，我们的员工是优秀的，我们的文化是先进的，我们的机制是科学灵活的，我们是充满希望的。

祝愿大家在新的一年里激情燃烧，再创辉煌！

最后，祝大家在这里过一个快乐而难忘的元宵之夜。

【范文二】

【致辞人】银行分行行长

【致辞背景】在元宵节灯展上致贺词

尊敬的各位领导，企、事业界及新闻界的朋友，父老乡亲们：

你们好！

我代表××银行××分行全体干部给大家拜个晚年，祝大家万事如意，喜上加喜，好运连连！并向大家表示衷心的感谢，感谢你们对××银行××分行的关心、支持和帮助！

××××年，紧跟着全市经济发展的步伐，我们××银行××分行的主要业务快速发展。（成绩略）

任何企业的发展都离不开良好的外部环境，没有××诚信的政府形象、蓬勃发展的经济氛围和社会各界的关心支持，××银行××分行不可能取得今天的进步和发展。"滴水之恩当涌泉相报"，我们这次协助市委、市政府举办元宵灯展，成为××近年来首家冠名灯会的企业，就是为了尽我们的微薄之力回报社会。去年我们投资××万元参加元宵灯会，今年我们的投资比去年翻了一番，××银行××分行的灯展要继续做到规模大、有创新；轰动大、有效果；形势大、有内容；成效大，有收获。我们要以灯展丰富全市人民的精神文化生活，以灯展庆贺我市经济建设取得的辉煌业绩，以灯展感谢政府和社会各界对××银行××分行的帮助、支持和厚爱，以灯展彰显我行的文化底蕴和经济实力。

流光溢彩、美轮美奂的花灯昭示喜庆、安康和创新，更预示着××经济持续快速发展的良好势头和我们在市委、市政府带领下的美好明天。朋友们，让我们徜徉在灯海中，互动在××银行××分行的感激中，乐在元宵，喜在元宵，笑在元宵。

谢谢大家！

【范文三】

【致辞人】商会会长

【致辞背景】在某市商会举办的元宵节晚会上致贺词

尊贵的客人们：

××商会的员工用十多天的时间自编了一台土戏，然而，我们却迎来了这么多尊贵的客人，而且这些客人是其他单位很难请到的客人，这是我们全体××人的骄傲，我从这些骄傲中也品味到了你们的真诚和热情。借这个机会，我想表达三个祝福：

一是祝福我们的祖国年年好运，因为国家好我们的小家才好。

二是祝福我们的××市繁荣兴旺，因为只有××好我们××商人才会好。

三是祝福我们的全体员工天天快乐、天天幸福，因为只有我们员工幸福了，我们的心里才踏实。

我还要特别祝福今天应邀前来参加晚会的这些尊贵的领导、嘉宾和所有的朋友，祝你们元宵节快乐，身体健康，万事顺利，百事吉祥！

妇女节贺词

妇女节是世界各国妇女争取和平、平等、发展的节日，节期定在每年3月8日。一个世纪以来，各国妇女为争取到这一权利做出了不懈的努力和斗争。

1903年3月8日，美国芝加哥市的女工为了反对资产阶级压迫、剥削和歧视，争取自由平等，举行了大罢工和示威游行。这一斗争得到了美国广大劳动妇女的支持和热烈响应。1910年，一些国家的先进妇女在丹麦首都哥本哈根举行第二次国际社会主义者妇女代表大会。大会根据主持会议的德国社会主义革命家蔡特金的建议，为了加强世界劳动妇女的团结和支持妇女争取自由平等的斗争，规定每年的3月8日为国际妇女节。联合国从1975年开始庆祝国际妇女节，从此"三八"节就成为全世界劳动妇女为争取和平、争取妇女儿童的权利、争取妇女解放而斗争的伟大节日。

我国第一次纪念"三八"国际劳动妇女节始于1924年。中华人民共和国成立之后，中央人民政府政务院于1949年12月通令全国，定3月8日为妇女节。

【范文一】

【致辞人】酒店经理

【致辞背景】在"三八"妇女节庆祝活动上的贺词

尊敬的女同胞们：

三月的蓓蕾绽放早春第一抹殷红，新女性的诗行演绎着奋进的感动；透过大街小巷流动的情绪，我们感受着节日的和风；女人不再是世界的点缀，巾帼不让须眉臂膀同样坚挺，今天我们迎来了一年一度的"三八"妇女节。在此，我代表××酒店全体男士，向各位女士致以节日的问候和美好的祝愿。向一直守候在这里的女同胞们表示最热烈、最诚挚的祝贺和敬意！

世界因你而美丽！

再次祝愿大家节日快乐！祝大家家庭美满，心情灿烂、青春永驻、魅力永恒，事业有成，永远开心！

【范文二】

【致辞人】学校领导

【致辞背景】在妇女节举办的女教工职业形象代言人评选活动上致贺词

尊敬的领导、来宾、女同胞们：

大家好！

在这春暖花开的三月，我们迎来了第××个"三八"国际劳动妇女节。今天我们的礼堂嘉宾咸集，高朋满座，用一种别开生面的形式共同纪念女同胞们的节日。在此，我谨代表学校的党、政、工组织，向出席会议的区总工会、区妇联、区教育局党工委、区教育工会以及区教育工会女职工委员会的各位委员们表示热烈的欢迎和衷心的感谢！并向在场的全体女同胞致以节日的问候和美好的祝愿！

多年来，我校广大女教工在教育、教学、管理和服务等岗位上踏实工作、敬业奉献，取得了突出的成绩，为学校事业发展做出了重要贡献。在过去的一年中，我校的女同胞更是以与时俱进、奋发有为的精神风貌，在"巾帼建功在课堂"、"争做学习型女性"以及女职工创立"巾帼示范岗"等活动中取得令人振奋的好成绩。我校女职工委员会一直在追求和探索妇女工作的新途径和新载体，今天的"××学校女教工职业形象代言人"的评选活动正是要把我校女教工在学会学习、学会工作、学会生活的过程中那美好的形象展示出来，以此来激励我校的女同胞们在新的一年里继续努力，争取创造更加辉煌的业绩。借此机会，我想对各位女同胞发出新年的倡议：

第一，我们要加倍地自信。自知者明，自信者强。自信是对自我的认识和肯定，是对自身价值和能力的积极评估；自信是女性走向成功的精神力量。当前，学校事业的发展迫切需要全校师生充分发挥积极性、体现创造性。女教工作为普教战线重要的人力资源，在推动学校各项事业的发展中，具有举足轻重的作用。希望广大女同胞要进一步增强主人翁意识，积极投身到学校的各项工作中去，在学校事业的发展中切实发挥"半边天"的作用。

第二，我们要加倍地聪慧好学。时代的发展呼唤富有知识和智慧的女性。21世纪是以创新为主导的世纪，作为肩负着培养接班人神圣使命的女教工们更要弘扬善于学习、崇尚知识的优良传统，树立终身学习的新理念，不断提升个人知识素养，增强创新意识，培养创新精神，提高创新能力，不断提高学习和掌握运用现代科学技术的能力，练就过硬的本领，更好地履行教书育人、管理育人、服务育人的职责，承担起时代所赋予我们的光荣使命。

第三，我们要加倍地热爱生活。女性是生命的直接创造者和养育者，妇女是家庭生活的重要组织者。热爱家庭、热爱生活是女性的优良美德。女性在建立科学文明的生活方式，营造民主、和谐、温馨的家庭人际关系，教育子女健康成长，优化家庭教育环境等方面发挥着不可替代的特殊作用。希望全校女同胞从自身做起，从点滴事情做起，大力弘扬社会新风，成为社会公德、职业道德、家庭美德的宣传者、实践者。积极参加文明家庭创建活动，把中华民族的传统美德不断地传递给下一代，促使他们成为对国家、对人民有用的人，用良好的家风来促进我校的精神文明建设。

最后，我还要建议男同胞们在家里要关爱、呵护自己的母亲、妻子、女儿，在学校要关心、尊重、帮助女教工，与身边的女性一起建设美好的家园、校园，共同创造幸福的生活。

再次祝愿大家节日快乐，工作愉快，身体健康，家庭幸福！

【范文三】

【致辞人】集团工会主席

【致辞背景】在集团举办的庆祝妇女节的文艺演出上致贺词

女职工同志们：

你们好！

春回大地，万物复苏。今天，我们在这里隆重集会，纪念"三八"国际劳动妇女节××周年。借此机会，我代表公司党政工团向在座的各位女职工，并通过你们向全公司的广大女职工致以节日的问候！向为女职工事业做出贡献的女职工工作者和所有关心、支持女职工事业发展的各位朋友致以最诚挚的谢意！

"三八"国际劳动妇女节是全世界劳动妇女团结奋斗、争取解放的光辉节日。××年来，世界妇女解放运动波澜壮阔，我国妇女解放运动也取得了辉煌的成就。在我公司，×××多名女职工在公司的各项工作中起着"半边天"的作用。广大女职工具有强烈的主人翁意识，将个人利益和公司的发展紧密联系在一起，为企业的发展做出了重要贡献。你们在平凡的生活中，以饱满的热情、执著的追求，为我们的社会大舞台增辉添彩，为我公司的各项事业默默奉献着。正因为你们不懈的努力和辛勤的工作，我公司才会不断开创出新的局面，取得了许多优异的成绩。

对于广大女职工来说，在工作上是"半边天"，在家庭里更是"主心骨"。在做好本职工作的同时，还更多地承担着照顾家庭的责任，呵护着家庭的幸福和美满。上要照顾老人，下要教育子女，更要理解丈夫，还要邻里和睦，希望广大女职工能克服种种困难，工作、生活两不误。同时女职工之间还要互帮互助，要把扶危济困、奉献爱心等中华民族传统美德发扬光大，为社会奉献一份爱心。希望公司各级领导和各部门都要重视女职工工作，加强对女职工工作的领导和支持力度，重视女职工的锻炼、成长，及时解决女职工工作中的实际问题，不断巩固党的妇女工作基础；希望公司各级女职工委员会不断加强组织建设，扩大女职工委员会的影响，正确把握女职工工作的特点和规律，真心实意为广大女职工办实事、办好事，不断加强服务女职工的能力建设，团结带领广大女职工为公司的改革、发展、稳定做出更大的贡献。

女职工同志们，新的一年里我们面临的任务更加艰巨而光荣，希望大家在公司党委、行政、工会的领导下，振奋精神，开拓进取，不断开创新局面，努力创造新业绩，充分发挥"半边天"的作用，与公司同发展、同进步，为开创公司各项工作新局面而努力奋斗！

最后，祝公司全体女职工同志节日快乐，工作顺利，身体健康，阖家幸福！

谢谢大家！

【范文四】

【致辞人】女职工代表

【致辞背景】在检察院举行的庆祝妇女节的活动上致贺词

各位领导、各位姐妹：

大家好！

当历史的列车驶进了21世纪的站台，人们忽然发现，我们的祖先苦苦思索究竟有多大的这块土地，变得越来越小了，于是，地球变成了"村落"，要联络远隔重洋的亲友，只需要动动手指，点击一下鼠标；同时，人们又发现，这个展现世界的舞台，又好像变得越来越大，一些闻所未闻的故事，几乎每天都在发生着，美丑妍媸齐亮相，真假善恶同登台。

一时间，这个世界变得光怪陆离、扑朔难辨。但，不论时光如何流转，不论岁月的波涛如何无情地冲刷着人们的心灵，永不改变的是人们对真善美的追求。

古往今来，不是有无数文人墨客把女性赞誉为爱的使者、美的化身吗？当梁红玉用惊天的战鼓击退百万敌军的时候；当居里夫人用镭元素铸成科学史上一个崭新的里程碑的时候；当江雪琴在胜利的曙光即将到来，面对屠刀从容就义的时候；当中国女排以顽强的意志拼来五连冠，把拼搏精神化成一个民族前进动力的时候，人们不会再有丝毫的怀疑，我们伟大的女性已经为世界撑起了一片湛蓝的天空。或许有人会说，你说的这些，是不是有些遥远了呢？那么，就让我们来听一听发生在我们身边的故事吧！有人说，现在执法太难，办案太累，反贪太辛苦，但是在我区检察院反贪局五名女同志的身上，你绝对找不到苦、难、累这样的字眼。尖兵、硬汉一类的词汇，似乎很难与她们这些外表羸弱的女性联系到一起，但是当你走近这五名反贪女将的时候，你会亲切地感到，她们身上所体现的，早已远远不止刚毅、勇敢和顽强。不必再一一列举她们的事迹，不必再一一寻找她们的闪光点，这样的事例也许太多太多了。正是她们，我们可亲可敬的姐妹们，用金子般的心，用山岳般的意志，用火一样的热情，在反贪战线上构筑了一条亮丽的风景线。

当中国女足的姑娘们用洒在绿茵场上的汗水，铺就了一条通向世界领奖台的金光大道时，人们亲切地把她们喻为"铿锵玫瑰"。今天我要说，这些生活、战斗在我们身边的平凡而又伟大的女性，是我们检察战线的铿锵玫瑰。让我们共同祝愿她们：生命之花永远绚丽多彩，事业之树永远挺拔青翠。铿锵玫瑰，永远盛开！

谢谢大家！

"五一"劳动节贺词

国际劳动节又称"五一"国际劳动节、国际示威游行日,是世界上大多数国家的劳动节。为了纪念这个全世界劳动人民团结战斗的节日,世界各国一般都会举行相应的庆祝活动。

离"五一"劳动节原意最近的莫过于亚洲一些国家工会组织的争取劳工权利的五月集会。在菲律宾和泰国,每当5月1日,工会便组织人们上街游行,为提高工资和争取基本权利而斗争。在俄罗斯,每逢劳动节,游行、集会、娱乐一个都不少,自国际上设立劳动节以来,俄罗斯一直重视这个特别的节日。"五一"这天,俄罗斯全国放假,并举行各种庆祝活动及群众性游行。南美洲巴西,在"五月劳动节"时,工会出面组织游行集会,但参与的人多半是普通老百姓。这一节日持续一周之久。人们身着色彩鲜艳的服装,情绪昂扬,载歌载舞。

过去,上述活动主要由政府组织,游行队伍中包括各企业、机关的代表。现在,除政府统筹的庆祝活动外,各种不同政见的非政府组织、劳工团体,都会在这一天自发举行各种庆祝活动,既可以借这个机会充分阐述各自的政见,又能扩大本组织的影响。一般来说,"五一"游行的队伍要先穿过城市的主要街道、广场,最后在古老的或者宽阔的中心广场举行大型集会和庆典。同时,各种俱乐部还会举行内容丰富、色彩缤纷的娱乐活动，人们的节日情绪很高。

"五一"劳动节贺词要大力倡导劳动光荣、劳动伟大的精神，大力弘扬劳动模范和先进人物的思想和业绩，这对于在全社会形成尊敬劳模、爱护劳模、学习劳模、争当劳模的良好风气将起到了积极的作用。

"五一"劳动节贺词的开头主要是表示祝贺问候。如："今天，我们在这里隆重集会，庆祝全世界工人阶级及劳动群众的光辉节日——'五一'国际劳动节。在此，我代表省委、省政府向在全省各条战线辛勤劳动、努力工作的广大工人、农民、知识分子、干部、人民解放军指战员、武警官兵和其他劳动群众致以节日的问候！"

一般说来，"五一"劳动节贺词的主体主要包括以下几方面的内容：

1. 表彰先进。主要阐明受表彰者身上所体现的精神和社会意义，号召大家向他们学习。

2. 总结劳动成就。要重点总结讲话者所属地区的成就，肯定劳动者的贡献。

（3）提出今年面临的任务。提出任务，号召广大劳动者继续鼓足干劲，投身到伟大的社会主义建设中来。

（4）表达对劳动群众的关心。讲话中不但要鼓劲，而且要表达出切实维护广大劳动群众的态度。

结尾主要用号召式和鼓舞式。

庆典贺词全集

【范文一】

【致辞人】企业领导代表

【致辞背景】庆祝"五一"国际劳动节暨劳动竞赛推进大会贺词

同志们：

今天，我们隆重召开庆祝"五一"国际劳动节暨劳动竞赛推进大会，表彰×××企业两公司首批"工人先锋号"、"五一创新能手"、"五一文体奖"获得者以及受到省市表彰的先进集体和先进个人，全面部署两公司今年的劳动竞赛，充分调动广大职员工的积极性、创造性，发挥广大职员工的主力军作用，为实现×××企业两公司又好又快发展建功立业。

下面，我受×总委托，代表公司劳动竞赛领导小组，就全面推进劳动竞赛，讲几点意见：

一、进一步认清劳动竞赛重要意义，充分发挥广大职工的主力军作用。今年是×××企业建厂五十周年，回顾××企业50年的发展历程，让我们对创业者、建设者和劳动者充满了崇敬之情。他们始终站在时代前列，肩负历史使命，为企业的改革、发展和稳定做出了重大贡献，为民族工业的崛起奠定了坚实基础。实践再次证明了一个真理：广大职员工是×××企业最可爱的人，是推动企业持续、快速、和谐发展的主力军，而各级劳模模范则是他们之中的杰出代表！是全体职员工学习的榜样！

"劳动光荣，知识崇高，人才宝贵，创造伟大"。在"五一"国际劳动节即将来临之际，请允许我代表公司工会，向辛勤工作在各个岗位的全体劳动者致以节日的慰问！向受到表彰的先进集体、先进个人表示热烈的祝贺！向历年来为公司的发展做出突出贡献的各级劳动模范致以崇高的敬意！

今年是×××企业面临着严峻挑战的一年。从紧迫的货币政策、激烈的市场竞争、成本的两头挤压和××公司绩效考核政策的调整等，对我们企业的生产、经营、管理工作等各项工作提出了更高的要求。"厂兴我荣、厂衰我耻、厂亏我贫"，全体职员工只有行动起来，降本创效、节能减排，完成××公司下达的各项生产经营指标，才能保证职员工收入的稳定增长。迅速掀起劳动竞赛新高潮，战胜困难，再创辉煌，是当前摆在各级组织和全体职员工面前的一项光荣使命。

在当前形势下搞好劳动竞赛，不仅仅是贯彻党的十七大精神，落实科学发展观现实要求；不仅仅是坚持党的全心全意依靠工人阶级方针，发挥职工主力军作用的具体体现；也不仅仅是是调动职工的积极性、创造性，优化经济技术指标，提升企业管理水平和竞争实力的需要，更是维护企业形象、确保职工利益不受损害的重要措施。我们必须深刻理解开展劳动竞赛的重要意义，建立起"党委领导、行政主导、部门配合、工会运作、全员参与"的劳动竞赛工作机制，深化劳动竞赛，充分发挥广大职工主力军作用，为企业的科学发展再立新功。

二、总结经验，发扬成绩，扎实推进劳动竞赛工作

近年来，公司党委、行政高度重视劳动竞赛工作，由公司工会牵头，相继开展了以优化生产指标为目标的"降本创效、超越自我、持续发展"劳动竞赛、以确保冬季生产和职工采暖用汽"两不误"为目标的"保压供汽、节汽增产"劳动竞赛、以完成生产任务和提

高服务水平为目标的"生产经营上台阶,优质服务上台阶"劳动竞赛,以实现安全生产为目标的"安康杯"劳动竞赛,营造了"比学赶帮超"的良好氛围,促进了公司方针目标的实现。

去年以来,公司把劳动竞赛的重点向基层延伸。各单位行动迅速、积极推进,长赛不断线,短赛攻关键,劳动竞赛活动蓬勃展开。氧化铝一厂在生产班组开展"星级指标挑战赛",在维修班组开展"星级设备挑战赛",在值班室开展"优秀值班室竞赛",在机关开展"服务明星"竞赛,将劳动竞赛渗透到全厂各个层面,把竞赛目标与优化生产指标、提高工作质量、促进工作创新紧密结合;建设公司把劳动竞赛放在施工现场,开展"五赛五保"劳动竞赛,保证了重点工程的工期和质量;碳素厂在主要生产车间开展了"提高产品质量、确保盈亏平衡"劳动竞赛;后勤服务管理中心开展了"提升服务技能,推进超值服务"劳动竞赛;热力厂在公司开展的冬季"保压供汽、节汽增产"劳动竞赛主战场中敢打硬仗,保证了生产、生活用汽"两不误";水电厂在劳动竞赛中开展了季度明星车间、明星班组、明星员工评比活动;水泥厂开展了"大干三四五"建筑杯春季劳动竞赛和"红旗设备"劳动竞赛;电解厂开展了"达标夺魁"班组劳动竞赛;机械制造公司以劳动竞赛为主线,不断提高员工素质,深化首席制;工程公司将劳动竞赛与效能监察有机结合,保证了工程高质量、高效率;氧化铝二厂在竞赛中积极推行"劳模+先进群体"的评先文化,调动员工积极性;总医院、总计控室、研究所、物配中心、保卫消防中心等单位的劳动竞赛都在向纵深发展,激发广大职工的干劲,促进了公司方针目标的实现。

回顾总结近年来公司开展劳动竞赛的成绩和经验,有以下几点体会：

一是坚持融入中心、突出发展主题，找准劳动竞赛的切入点。劳动竞赛必须融入中心，把企业生产经营工作中的重点、难点、薄弱点作为竞赛的切入点，做到与企业发展在目标上同向、决策上同步。

二是坚持以人为本、激发主体活力，扩大劳动竞赛的参与面。劳动竞赛必须突出群众性，广大职工是劳动竞赛的主体，要不断完善竞赛激励机制，调动职工积极性、扩大职工参与面。

最后，祝愿广大职工同志们生活、事业双丰收，百尺竿头更进一步。

【范文二】

【致辞人】城市区领导

【致辞背景】庆"五一"劳模表彰大会贺词

同志们：

今天，我们在这里欢聚一堂，共同庆祝"五一"国际劳动节，并隆重表彰在我区改革开放和现代化建设中做出突出贡献的劳动模范，这对于激励全区人民以先进模范人物为榜样，进一步振奋精神，扎实工作，争先创优，加快推进全区经济社会持续快速健康协调发展，具有十分重要的意义。在此，我代表区委、区政府，向受到表彰的劳动模范表示热烈的祝贺！向战斗在全区各行各业、各条战线上的广大干部职工、劳动群众致以节日的问候和崇高的敬意！

当前，我区正处在经济社会发展的关键时期，既面临难得的机遇，也面临严峻的挑战。在新的形势和任务面前，需要我们付出长期艰苦的努力，需要包括先进模范人物在内的全区人民的共同奋斗。

我们的事业需要劳模，需要劳模精神，需要学习劳模、争当劳模的时代风尚。全区各级各部门和广大干部群众一定要认清肩负的重任，进一步增强加快发展的紧迫感、危机感和责任感，树立敢想敢干、敢为人先的勇气和魄力，开动脑筋，大胆实践，勇于探索，在各自的岗位上尽职尽责、创造性地开展工作，努力为促进全区"三大文明"建设、构建和谐社会贡献力量。

一要求真务实，争当加快发展的标兵。发展是我们党执政兴国的第一要务，也是解决我区当前一切问题的关键所在。各级各部门要紧紧围绕区委、区政府确立的"突出'五个重点'、强化'四项保证'、实现'三个增加'、推进'三个文明'协调发展"的工作思路，大力招商引资、发展民营经济，积极推进新型工业化、农业产业化、城乡一体化、服务现代化，统筹发展各项社会事业，努力实现经济社会的全面协调发展。特别是广大党员干部要深刻领会科学发展观，带头落实科学发展观，始终做推进改革的促进派、加快发展的主力军。要坚持从我做起，从现在做起，立足本职、埋头苦干，比学赶超、争创一流，当好改革发展的领头雁和排头兵。要大力发扬艰苦奋斗、自强不息的精神，以忘我的工作热情和坚强的工作斗志，咬定目标不放松，不达目的不罢休，努力在经济建设中大显身手，为全区改革开放和现代化建设再创佳绩、再立新功。

二要顾全大局，争当维护稳定的表率。稳定是做好各项工作的前提。没有稳定的社会环境，什么事情也干不成。各级各部门要牢固树立发展是政绩、稳定也是政绩，发展是硬道理、稳定是硬任务的观念，深入推进"平安××"建设，全面落实维护稳定的各项措施，建立起维护稳定的长效工作机制，确保社会稳定和谐。要坚持以人为本，坚定"立党为公、执政为民"的理念，权为民所用，情为民所系，利为民所谋，做好增加农民收入、促进就业和再就业、完善社会保障体系、帮扶弱势群体等工作，真心实意地为群众办实事、办好事。要做好深入细致的思想政治工作，引导广大群众支持改革，参与改革，正确处理改革中遇到的矛盾和问题，学会通过正常的渠道、运用合法的形式来表达利益要求、解决实际问题，维护来之不易的安定团结局面。劳动模范是社会各行业、各领域、各阶层的先进代表和精英分子，在群众中有着很高的威信，一定要切实发挥好模范带头作用和党委政府联系群众的桥梁、纽带作用，自觉地做维护稳定的中流砥柱，协助党和政府解决群众关注的热点、难点问题，把方方面面的积极性、创造性引导到推进改革、促进发展、维护稳定上来，努力构建和谐社会。

　　三要提高素质，争当精神文明建设的榜样。要积极参与学习型社会、学习型城区、学习型企业创建活动，增强学习能力、创新能力和竞争能力，争当学习型干部、知识型职工，争做学习和掌握新科技的领头人，帮助职工群众不断提高政治觉悟、道德素养和劳动本领。要大力弘扬爱国主义、集体主义和社会主义精神，切实加强思想道德建设，认真开展文明行业创建活动，积极推进社会公德、职业道德和家庭美德建设，努力成为有理想、有道德、有文化、有纪律的社会主义新型劳动者。当前，要积极参与"做文明市民、树××形象"活动，努力提高市民文明素质和社会文明程度，树立××新驻地的良好形象。要树立正确的世界观、人生观和价值观，自觉抵制拜金主义、享乐主义和个人主义等各种腐朽思想的侵蚀，用新时期劳动模范的先进思想和模范行动影响和带动全社会，努力形成爱岗敬业、诚实守信、办事公道、服务群众、奉献社会的良好风尚，推进社会主义精神文明建设。

四要完善机制，努力营造人才辈出的环境。先进模范人物是我们的宝贵财富，代表着××的形象，展示着全区干部群众的精神风貌。殷切希望广大劳动模范珍惜荣誉，始终保持谦虚谨慎、不骄不躁的良好作风，始终保持艰苦奋斗、奋发有为的精神状态，再接再厉，开拓进取，与全区广大干部群众一起，在新的起点上创造更加优异的业绩，做到评一次劳模、当一辈子先进，真正成为本镇街、本部门、本行业的一面旗帜。各级各部门都要关心、爱护劳动模范，帮助他们解决工作和生活中的实际困难，落实好劳模的政治、经济待遇，使他们得到应有的尊重和保护。要进一步完善激励竞争机制，严格考核，奖优罚劣，让那些兢兢业业、埋头干事的同志得到应有的尊重和褒奖，形成谁干事支持谁、谁干成事让谁干的正确导向，积极培养树立先进典型，鼓励各类人才脱颖而出。要大力宣传劳动模范的高尚品德和先进事迹，以劳模的先进思想和高尚情操引导社会风尚，引导全社会尊重劳模、学习劳模、争当劳模，努力形成劳动光荣、知识崇高、人才宝贵、创造伟大的时代新风。

【范文三】

【致辞人】区工会领导

【致辞背景】在"五一"劳动节表彰大会上致贺词

各位领导、同志们：

在这英模汇聚、群星荟萃的今天，区委、区政府隆重举行庆祝"五一"国际劳动节暨表彰大会。借此机会，我谨代表××区工会向全区奋战在各条战线上的建设者致以节日的问候和崇高的敬意！

第一章 节日庆典

几年来，我区工人阶级和全体劳动群众在党的十七大精神鼓舞下，以邓小平理论和"三个代表"重要思想为指导，紧紧围绕区委、区政府确定的工作目标和任务，积极投身于经济建设主战场，在各自的工作岗位上创造出不平凡的业绩，为××的经济发展和社会进步建立了不可磨灭的功勋，同时涌现了许许多多值得颂扬的先进事迹，这是我们××的光荣，更是我们××全体劳动者和建设者的骄傲。他们那种爱岗敬业、乐于奉献、勇于开拓、艰苦创业的大无畏精神，为我区的改革、开放、发展、稳定做出了贡献。

我们××大开发、大建设、大发展的时机已经到来。××的开发建设速度加快，给我区带来了千载难逢的历史机遇，××的改革开放和现代化建设必将给全区人民带来美好的、全新的生活环境和社会环境。

同志们，艰难困苦，玉汝于成。要实现我区的宏伟蓝图，全区的工人阶级责无旁贷。让我们携起手来，在区委、区政府的领导下，高举邓小平理论的伟大旗帜，认真实践"三个代表"重要思想，坚定信心，同心同德，真抓实干，奋发图强，牢固树立大局意识和科学发展观，坚持与时俱进、勇于开拓创新，一如既往地支持××的改革开放和建设大业，积极投身于××的大开发、大建设热潮，为加快我区的城市化、现代化、国际化进程再立新功、再铸辉煌！

谢谢大家！

【范文四】

【致辞人】 医生代表

【致辞背景】 在医院举办的"五一"演讲会上致贺词

尊敬的各位领导、各位同志：

大家好！在阳光明媚、盛夏来临之际，我们即将迎来又一个"五一"国际劳动节！

人的一生中总有许多美好的梦想，都有过美丽的青春。有的人青春美丽在雪山哨所，有的人青春美丽在菁菁校园，有的人青春美丽在无影灯下……而我，一个平凡的医护工作者，我将青春最美好的年华化做一抹绿色，为春添加色彩之绚，为生带来希望之光，把生命中最美丽的色彩献给那些被疾病缠身的患者们。

儿时做过许多的梦，梦过薄纱起舞，梦过英武戎装……唯独没有梦到过这袭纯洁高尚的白衣！但我在第一眼见到它时，就悄悄地喜欢上了它，并且爱上了它，它不仅是一种职业的象征，而且也在逐步培养着我的道德修养。记得当我穿上这洁白的服装踏上这神圣的岗位时，心中充满了由衷的喜悦，年少轻狂的我怎知这份神圣中蕴藏着的那份无私的奉献！如今，铿锵岁月磨去了我的青春年少，却留给了我成熟与稳重。在人们的眼里，普遍认为医护工作是一份职业风险系数较低、轻松自在的工作，可是又有谁知道其中的艰辛呢？无论是在夜幕漆黑的深夜，还是在东方即将露出鱼肚白的清晨；不管是在严冬的雪夜，还是在盛夏的烈日下……都曾经留下我们的身影，一声轻轻的电话声就是我们战斗的号角，不容做任何理由的阐述，时间就是生命！带着一份炽热的爱心，穿梭在没有硝烟的战场上，当那张及时而准确的报告单出现在医生手里时，当患者治疗后重新露出笑脸时,我们的背影已经悄悄消失在茫茫的夜幕中。匆匆而来,悄悄而去,没有鲜花,没有掌声,却有一种为生命带来希望的自豪在心底弥漫!

曾经有人说过:拉开人生帷幕的是医生,拉上人生帷幕的也是医生。是呀,在人的一生中,有谁不需要医护人员的细致关心和悉心照顾呢?在多年的工作实践中,我深深地体会到,我们每一个温馨的微笑,每一个细微的眼神,每一句耐心的询问,每一个轻微的动作,都与患者有着密切的关联,反复中透着细心,唠叨中透露出耐心。我们要用自己的愉悦、信心去改变病人的沮丧与绝望,用自己的微笑抚慰病人伤痛的心灵,用春天那一抹绿色给他们带来生的希望和力量的源泉!

记得冰心老人曾经说过:"爱在右,同情在左,走在生命路的两旁,随时撒种,随时开花,将这一行长途,点缀得香花弥漫,使穿枝拂叶的行人,踏着荆棘,不觉得痛苦,有泪可落,却不悲凉!"我认为这是对医护职业最好的诠释。我不是诗人,不能用漂亮的诗句讴歌我的职业;我不是歌手,不能用动听的歌喉歌咏我的岗位。我只是一名普通的医护工作者,我要感谢我的职业,是它让我知道如何平等、善良、真诚地面对每一个生命,是它让我理解活着就是一种美丽;我要感谢我的职业,是它让我懂得了如何珍爱生命,明白了平凡就是幸福,奉献让我更美丽,让我懂得了只有把患者放在心中,才能最大限度地实现自己人生的价值!我愿化做一片绿叶,为红花铺衬;我愿化做一片绿叶,带来春天的希望!

"六一"儿童节贺词

在儿童节致贺词既容易又有难度,说容易,是因为贺词的内容比较浅显;说难,是因为要活用儿童化的语言来致贺词。

语言是一种具有交往表情的达意工具,是人与人交往最重要的手段,但只有在充分掌握语言技巧的条件下才是这样。荷兰同德国毗邻,因为面积狭小,到处都能看到德国的电视节目。有人报告说,荷兰看德国电视的孩子,虽然每天在电视上听到德国人说话,他自己却没有学会一点德语。儿童不能从广播或电视上学会说话可能有两个原因:一是所谈的往往不是眼前的事,距儿童生活经验较远,因此儿童学不到如何把自己的意思用适当的词句表达出来;二是从广播或电视听到的话速度太快,不容易加以分解,而且难于同眼前的情境相联系。因此,成人对孩子致贺词要从孩子的角度出发,并不是照本宣科那么简单。

儿童在一定的发展阶段上只能理解他当时的发展水平能够接受的东西。因此,成人在对儿童致贺词时,要充分考虑他的认知水平,最好多采取启发诱导的方式,避免长篇大论和枯燥无味的说教。比如:"小朋友们,今天的阳光,今天的蓝天,今天的鲜花,都是在为你们祝福……因为有了你们,山才有了生命,水才有了灵性。你们像一只鸟,在蔚蓝的天空中飞翔;你们像一艘船,在汩汩的净水中扬帆。因为有了你们，阳光才如此明媚，云儿才如此洁白。愿我们的爱满足于你们点滴的心意，愿你们无邪的眸子里永远溢满幸福！愿你们苹果般的脸上永远写满健康！愿你们在这里张开翅膀，展翅高飞！"这种生动的语言是孩子们能够理解和接受的。在致贺词时，要随时通过孩子的反应判断对孩子说的话是否已被他理解以及是否引起了他的兴趣。

【范文一】
【致辞人】市委代表
【致辞背景】"六一"儿童节贺词

同志们、小朋友们：

在"六一"儿童节即将到来之际，我们在这里隆重集会，庆祝孩子们的节日。在这喜庆的日子里，望着聪明、健康、活泼、可爱的小朋友们，我感到无限的欣慰。我代表市委、市政府向全市少年儿童致以节日的祝贺，向辛勤培育祖国花朵的广大教师、家长、儿童工作者和关心儿童成长的社会各界人士表示亲切的慰问！

儿童事业是一个关系民族兴衰的事业。20世纪90年代《儿童发展纲要》颁布实施后，我市儿童事业得到了长足的发展，儿童生存与发展环境日趋优化，借此机会，我向为促进我市儿童事业发展做出贡献的社会各方面、各界人士表示衷心的感谢！

培养教育儿童是全社会的责任。各级党委和政府要进一步关心儿童事业的发展，贯彻儿童优先的原则，切实关心儿童成长，切实解决儿童工作中的突出问题。社会各界及妇儿工委成员单位，要认真贯彻《中共中央国务院关于进一步加强和改进未成年人思想道德建设的若干意见》，全面落实《小公民道德建设实施纲要》，努力形成关心儿童、爱护儿童，为儿童办好事、为儿童作表率的良好风尚，推动我市儿童事业全面快速发展。

小朋友们，你们是新世纪的主人，肩负着21世纪祖国腾飞的重任，希望你们把爱国主义、民族精神不断发扬光大，从小树立远大的志向和崇高的理想信念，养成良好的道德品质和文明习惯。刻苦学习，加倍努力，全面发展，成长为有理想、有道德、有文化、有纪律的一代新人。

【范文二】

【致辞人】校长

【致辞背景】关于"六一"儿童节的贺词

亲爱的同学们：

在这个阳光灿烂、姹紫嫣红的日子里，我们又迎来了你们最快乐的节日——"六一"国际儿童节。在这欢乐的时刻，我代表全校老师衷心祝愿你们节日快乐、学习进步、身体健康！同时真诚感谢一直关心、支持、帮助××的上级领导、各界朋友和广大家长；更要对为我们的成长付出艰苦劳动、倾注无私爱心的全体老师表示由衷的感谢和崇高的敬意！

同学们，当你们背着书包兴冲冲地来到××读书以后，××的校园变得生机勃勃、充满活力：朗朗的读书声是你们求知的回声；健美的广播操是你们健身的韵律；追逐嬉戏的笑声是你们快乐的音符；运动会上矫健的身影是你们拼搏的勇气；方方面面的进步是你们汗水的结晶……

为了你们的快乐童年，为了嘉奖你们的进步，学校千方百计让你们过好"六一"儿童节。为此学校投入了一定的资金，老师们倾

第一章 节日庆典

注了大量的精力,举办了丰富多彩的"艺术周"活动。这一星期来,校园里到处充满着喜气与欢乐,到处充满着生机与活力,仿佛花草树木都在载歌载舞,欢庆六一。"面向全体、重在参与;大胆表现、体验成功;以艺养德、以艺促智、以艺促乐。"这是我们举办艺术周活动的宗旨。在整个艺术周活动中你们不辜负老师们的希望,充分展示了自己的才华:如,歌声甜美的班级歌咏比赛,滑稽幽默又富有教育意义的课本剧表演,色彩丰富又极富创造力儿童画创作,蕴涵着同学们智慧与美感的"扇面设计"和"水果拼盘",给人鼓舞、催人奋进的阵阵鼓乐,热闹非凡的校园小超市等,无不表现了同学们的智慧和才华。可以说,在我们这所新兴的小学,你们在老师们的循循善诱和无微不至的关怀下,变得越来越聪明了;而我们××也因有了你们,显得充满生机和活力。××是你们成长的摇篮,我们要像爱家一样爱学校。同学们,今天在你们还是含苞待放的花朵的时候,我们每位老师都愿化做最肥的养料施于你们;我们愿化做阳光,温暖你们;我们愿化做甘霖,滋润你们。总之,我们愿化做你们成长所需要的一切,只要祖国的花更美,祖国的明天更灿烂。

　　同学们,在阳光雨露的滋润下你们渐渐地长大了,看着自己辛勤浇灌的花朵慢慢开放,越开越美丽,老师们更是乐在其中。如果过去的时间,你们的幸福是父母、老师、亲戚、朋友创造的,那么今后的幸福则要你们通过自己的努力去获得——不断获得学习的进步,多多练就为他人、为祖国服务的本领,朋友越来越多、友情越结越深……总之,学习是快乐的、幸福的,我们要在学习中获得幸福、享受快乐。当我们长大成人的时候,要用我们的智慧和双手为别人创造更多的幸福,报答所有为我们的成长付出心血的朋友们。

庆典贺词全集

同学们，昨天是值得我们赞美的，因为你们已付出了努力；今天是应该好好把握的，因为把握好每一个"今天"，就意味着把握好了今生；明天是充满竞争和希望的，你们是否应该夯实基础、信心百倍地去面对呢？在今天这个你们最快乐的日子里，作为校长，我再一次衷心地祝福你们，愿你们的每一天都像鲜花般灿烂！

【范文三】

【致辞人】教师代表

【致辞背景】庆"六一"暨"我是文明小天使"文艺演出贺词

少先队员、小朋友们：

今天是"六一"国际儿童节。在这个属于你们的盛大节日里，局团委、教育处、局少工委在这里隆重举行庆"六一"暨"我是文明小天使"文艺演出，就是要号召、引导大家争做推进公民道德建设的小天使，长大成为建设祖国的栋梁之才。在此，我代表局党委、管理局向你们并通过你们向广大少年儿童致以节日的祝贺！向辛勤耕耘在教育一线的少先队辅导员、少年儿童工作者表示衷心的感谢和崇高的敬意！

中华民族具有悠久的历史和灿烂的文化，在几千年的历史实践中，创造了辉煌的文明成果，形成了良好的道德规范，孕育了优秀的民族品格和精神。同时，在建设社会主义的进程中，又形成了许多新的道德观念、道德规范、道德风尚。爱国守法，明礼诚信，团结友善，勤俭自强，敬业奉献……正是在这种优秀道德的激励、推动之下，中华民族才能始终万众一心，历尽风雨而巍然屹立于世界的东方。人无德不立，雷锋、吴运铎、焦裕禄、张海迪、赖宁、孔繁森……历史时空，闪烁着一个个平凡而光辉的名字。每一个名字都代表一段感人的故事，每一段故事都是一面弘扬道德的旗帜，都是一座人格的丰碑。这些名字，不仅为后世传颂和景仰；他们的精神，更是激励广大少年儿童不断学习进取的源泉。"德"字从行，本义"攀登"。良好道德习惯的养成，如同攀登险峻的高山，是一个长期、艰辛的过程，而少年时期正是人的一生道德形成的关键阶段。希望广大少年儿童继承和发扬中华民族积淀下来的优秀民族精神和品格，学习和实践新时期社会主义的道德风尚，时时事事都注意用道德规范自己，"勿以善小而不为，勿以恶小而为之"，逐步达到一个高尚的精神境界，成为对祖国、对社会、对自身有责任感的好公民。要理解和感悟"合格小公民"的标准和要求，积极参与道德实践，从一点一滴做起，从身边的小事做起，做到"知"与"行"相统一，努力成为家庭里的好孩子、学校中的好学生、社会上的好少年、大自然的好朋友，成为有理想、有道德、有文化、有纪律的社会主义新人。

最后，祝广大少年儿童小朋友们节日快乐，学习进步，茁壮成长！

【范文四】

【致辞人】校长

【致辞背景】庆祝"六一"国际儿童节贺词

亲爱的少先队员、小朋友们，你们好！

今天，我们的校园格外美丽，鲜花盛开，彩旗飞舞，鼓乐喧天，喜气洋洋，在这里我们隆重庆祝"六一"国际儿童节。

首先，我代表全体教职员工祝全体少年儿童节日快乐，向关心少年儿童健康成长，支持教育事业的各级领导，社会各界人士表示最衷心的感谢！向到会的各位来客表示热烈的欢迎。

少年儿童们，你们生长在一个繁荣兴旺的社会时代，你们是天之骄子，令人羡慕。今天，你们在××小学愉快地学习，快乐地成长。××小学为你们的健康成长提供了优越的条件，一流的办学条件、一流的师资队伍、一流的教学质量帮助你们奠定坚实的基础。

少年朋友们，你们是祖国的未来，希望你们好好学习，天天向上，做一个品德高尚、诚实守信、全面发展、勇于创新的祖国接班人，少年好学，必成大器，未来的世界属于你们。

母亲节贺词

母亲节的倡议起源于美国西弗吉尼亚州嘉芙顿城的一家主日学校。1876年，美国还在悲悼南北战争中的死者。安娜·查维斯夫人在礼拜堂讲授美国国殇纪念日的课程，讲到战役中捐躯的英雄故事时，她进行祈祷说："但愿在某处、某时，会有人创立一个母亲节，纪念和赞扬美国与全世界的母亲。"查维斯夫人为她的礼拜堂服务超过25年，当她在72岁逝世时，她41岁的女儿安娜，立志创立一个母亲节，来实现母亲多年前祈求的心愿。安娜先后写信给许多有名望的人物，要求他们支持设立母亲节，以发扬孝道。初时反应冷淡，但她并不气馁，继续向各界呼吁。1914年，美国总统威尔逊提请国会通过决议案，将母亲节定为全美国的节日，并促请人们"公开表示我们对母亲的敬爱"。世界各地相继仿效，遂成为"国际母亲节"。

但是，安娜并不满意，事实上她愤怒了。母亲节虽然确立了，但它已不再是孩子们向母亲表示谢意和敬意的淳朴的时刻；相反，它变成了商业的庆典——商店怂恿人们给他们的母亲购买大量贵重礼物的大好时机。商店告诉孩子们，他们应该给母亲买华贵的穿戴，或者新奇的家庭摆设，来显示他们对母亲的爱。母亲节成了一种责任或债务，而不是对母亲的爱和感激之情的自由表达了。安娜决心同这种商品化的倾向进行斗争。无论在哪儿，只要有适当的机会，她就前去向人们宣讲，告诉人们母亲节真正的含义。

母亲节真正的含义，就是去关爱母亲，用感恩的心、用温暖的爱回馈母亲，而不仅仅是送出一份昂贵的礼物。同样，母亲节的贺词也是用心、用爱灌注的。充满深情的贺词，会让母亲们长久地陶醉，甚至回味一生，这是一种难得的精神享受。

【范文一】

【致辞人】公司领导

【致辞背景】在母亲节上向全公司员工的母亲致辞

母亲：

您辛苦了！

在我们呱呱坠地那一刻前，我们的母亲就承受着巨大的疼痛，却怀着满心的欢喜，把我带到这个世界，这个世界如果没有母亲，人类就不会繁衍，更谈不上进步和文明。

当我们牙牙学语时，您总是不厌其烦地为我们引语，重复着同一句话；当我们开始歪歪斜斜地走路时，是您拉着我们的小手，一步一步走过来……

当我们渐渐长大，对事物一知半解时，您会重复地引导我们，那时候的我总会觉得您是一个啰唆的人。

当我们犯错时，最痛苦的是母亲，而最偏袒我们、爱护我们的，还是母亲……

曾听到这样一件事：一厨师在烹制一道菜，当他把一条黄鳝放入油锅中炸时，那条黄鳝拼命用头部和尾部把腹部撑出油面上，尽管鳝的头部已被油炸熟，厨师甚感奇怪，剖开鳝腹一看，发现这条鳝腹中有一条幼鳝。动物尚且如此，何况人？在我们的周围几乎每位母亲都用她独有的方式去保护子女，甚至愿意失去自己的生命，所以，我们说：母爱是最自私的，母爱也是最伟大的！

当我们渐渐长大成人，成家立业，昔日对母亲的依恋也渐渐淡薄，相反的是，无论我们长得多大，甚至多老，我们却是母亲唯一的牵挂、永远的牵挂，当我们忙于工作时，母亲则永远做我们的后盾，母亲的家门永远为子孙敞开，母亲那双苍老的手，还能为她的孙子们烹调出各种美味的菜肴……

母亲，要说出您所有的事，我用一辈子也说不完！

我们也许很少有时间去想您，但是母亲节我们却不会忘记！突然发觉，母亲，您真的老了，老人是最需要陪伴的一个群体，老人的健康也随着年龄的增长而一年不如一年！光阴荏苒，岁月如梭，母亲，您已步入了人生的晚年，所有的孩子，都希望您能健康、快乐地安享夕阳之光，在母亲节到来之际，我将率全体员工代表全天下的儿女陪您度过一个温馨、快乐的母亲节！

第一章　节日庆典

同时，我们也渴望所有子女都能伴着您的母亲来与我们共同度过这个特别的日子！

【范文二】

【致辞人】某中学学生

【致辞背景】在母亲节主题班会上

今天是一年一度的母亲节，同学们对此都不陌生，不过，不知大家是否知道这个伟大节日的来历？

1907年5月，美国一位已故女士的追悼会上，她的女儿安娜·贾伦斯为母亲送上一束康乃馨，接着提出，所有人都应该选定一天纪念母亲的养育之恩。此提议迅速得到了人们的认同。于是翌年5月10日，在安娜的故乡费城人们举行了第一次"母亲日"纪念活动。到了1909年5月9日，当时的美国总统威尔逊正式宣布：每年5月的第二个星期日为母亲节，而康乃馨则成为了母爱之花。

毫无疑问，母爱是伟大的，母亲给予了我们最无私的爱，是她们含辛茹苦、毫无怨言地将我们哺育成人。

我相信，同学们亦与我一样深爱着自己的妈妈，那么我们该怎样表达自己的爱意呢？

首先，我们应该懂得感恩。正所谓"乌鸦反哺，羊羔跪乳"，中华民族向来以"孝"为百善之首先。所以在平时的日子里，希望我们能常像妈妈说句"谢谢"，帮妈妈做一点家务，送妈妈一份精心制作的小礼物……让妈妈们都能感受到来自儿女的。

其次，做个正直、负责的人。每个母亲无不希望子女能够成龙、成凤，纵使我们无法出人头地，但每个人都能做到正直、都能对自己的人生负责，相信，这也是对母亲，最好的报答。

其实，母亲的爱我们永远也报答不完，如今唯有在这特别的日子里，让我们共同祝愿天下间所有母亲节日快乐，永远幸福。

【范文三】

【致辞人】社区工作人员

【致辞背景】"母亲节"活动致辞

各位社区居民：

春风从大地拂过，掠起一层绿色。

温馨的五月悄悄走来，

我们又一次迎来了"母亲节"。

母亲，这是多么神圣而纯洁的字眼，

母爱，这是多么无私而永恒的情感。

风的声音，似在为母亲唱响伴奏曲，

雨的萌动，似在为母爱谱写欢乐颂。

感谢母亲，她承受了人世间最大的痛楚，赋予了我们生命；

感谢母亲，她教我们蹒跚学步、咿呀学语，抚养我们健康地成长；

感谢母亲，她为我们遮风挡雨、竭尽全力，给予我们一生的思念与祝福。

五月的康乃馨，不似牡丹雍容、不似玫瑰华丽，

却如母爱一样柔柔如丝，深沉如海。

当幸福在我们脸上绽放时，岁月也霜染了母亲的青丝；

当事业在我们脚下铺就成路时，皱纹也爬满了母亲的慈脸。

感谢五月，感谢世界上还有这样一个节日，

让我们以一颗感恩的心，

向天下所有的母亲敬礼！

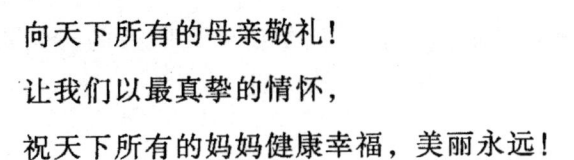

让我们以最真挚的情怀，

祝天下所有的妈妈健康幸福，美丽永远！

【范文四】

【致辞人】工会宣传干事

【致辞背景】某机关单位母亲节活动

高尔基说："世界上的一切光荣和骄傲都来自母亲。"

自地球上有了人类那天起，母亲们无时不在为养育子女呕心沥血，日夜操劳。她们用辛勤的汗水浇灌着子女青春的活力，从无华丽的语言，总是默默地付出。

有人说，世界上没有永恒的爱。此言差矣！母亲的舔犊情怀就是永恒之爱，一颗永世不落的星辰。

母爱，像淅淅春雨，润物无声。如绵绵轻歌，悦耳悠长。

有了母爱，人类才从洪荒沧凉走向繁盛；有了母爱，社会才从冷漠严峻走向祥和；有了母爱，也才有了生命的开始，历史的延续，理性的萌动，人性的回归。

只因工作的忙绿、生活的压力，我们也曾往往疏视远方母亲不尽的思念与祈盼。

那就请在母亲节到来之际，抽空儿打个电话，怀着无限感恩之心，问候敬爱的母亲，说出你的感谢，送上你的祝福，以真情抚慰母亲博大无私的心灵！

那就请在母亲节到来之际，让儿女的祝福、让老公的祝福来弥补母亲一年的辛劳！

母亲节是一个伟大而特殊的节日。我们谨以妇工委、工会的名义送上此书，衷心祝福母亲们节日快乐！希望今天所有的母亲都从心里享受幸福，绽放出微笑！

敬祝天下母亲永远健康、长寿！

父亲节贺词

人们在庆祝母亲节的同时，并没有忘记父亲的功绩。世界上的第一个父亲节在1910年诞生于美国。1909年，住在美国华盛顿州士波肯市的杜德夫人，在参加完教会举办的母亲节主日礼拜之后，她的心里有了很深的感触，她想着：为什么世界上没有一个纪念父亲的节日呢？

杜德夫人的母亲在她13岁时去世，留下6名子女。杜德夫人的父亲威廉·斯马特先生在美国华盛顿州东部的一个乡下农场中，独自一人、父兼母职抚养6名子女长大成人。斯马特先生参加过美国南北战争，功勋卓著，他在妻子过世后立志不再续弦，全心带大6个儿女。

杜德夫人是家里唯一的女孩，女性的细心特质，让她更能体会父亲的辛劳。斯马特先生白天辛劳地工作，晚上回家还要做家务与照料每一个孩子的生活。经过几十年的辛苦，儿女们终于长大成人，当子女们盼望能让斯马特先生好好安享晚年之际，斯马特先生却因为经年累月的过度劳累而病倒辞世。

1909年，正好是斯马特先生辞世之年，当杜德夫人参加完教会的母亲节感恩礼拜后，她特别地想念父亲。于是杜德夫人在1910年春天开始推动成立父亲节的运动。1924年，美国总统卡尔文·柯立芝支持父亲节成为全美国的节日。

当母亲含辛茹苦地照顾我们时，父亲也在努力地扮演着上帝所赋予他的温柔角色。或许当我们努力思考着该为父亲买什么样的礼物过父亲节时，不妨反省一下，我们是否爱我们的父亲，是否记得，他曾为我们无私地付出一生呢？

父爱如山，坚实沉稳，保护我们一天天成长、一步步前行；父爱如海，浩瀚深邃，给予我们无穷无尽的教诲和至真至纯的欢乐；父爱如光，明亮持久，默默地在我们的人生道路上指引方向。因此，给父亲的最好的贺词，不是恭贺，而是理解和感恩。

【范文一】

【致辞人】 美国前总统乔治·W·布什

【致辞背景】 在父亲节当天致贺词

亲爱的兄弟姐妹，亲爱的朋友们：

父亲节是感恩的日子，学会感恩，尤其不要忽略最重要的家人。不要以为父母的爱是理所当然的，让我们一起郑重地对这份最无私伟大的爱表示深深的感激！

父亲在孩子的生命中扮演着许多不可或缺的重要角色：供养人、保护者、养育者、导师和朋友。每一个体贴的父亲都无条件地爱着他的子女，并为了孩子的将来力求做到最好。为了给孩子谋求成功的机会，父亲给予了孩子们所需要的力量，还有谆谆的教诲。

父亲教给孩子许多生活中最基本的事情：如何读书，如何投球，如何打领带，如何骑自行车，如何开车。更重要的是，父亲还把一些传统美德灌输给孩子，例如努力工作、尊重他人、诚实和良好的公民意识。透过他们的话语、行为以及所作出的牺牲，父亲在子女的性格塑造中起到举足轻重的作用。

父亲给予孩子的时间和关注是不可取代的——没有什么可以取代一个负责的父亲的参与和投入。父亲不仅对孩子的健康至关紧要，还影响着家庭的维系和孩子今后的成长。

这个父亲节，我们赞美许许多多成为孩子偶像和楷模的父亲。我们鼓励更多的男同胞们承担起这个责任，全身心地关爱他们的子女，并每天都向子女表达关爱。让我们一起努力来鼓励父亲们做得更好，以此来让我们的社会变得更加强大，让我们所有子孙的幸福能够得到保障。

【范文二】

【致辞人】儿子

【致辞背景】在父亲节这个特殊的节日写给伟大的父亲

一个父亲胜于一百个教师。

父爱可以牺牲一切，包括自己的生命。

父亲的智慧是对儿童最有效的影响。

父亲的德行是儿子最好的遗产。

把无数的思念化做心中无限的祝福，默默地为你祈祷，祝你健康快乐！

爸爸，是您让我拥有了更广阔的天空，是您让我看得更高，更远。

敬爱的爸爸，祝福您岁岁愉快，年年如意。

第一章 节日庆典

您是一棵大树,春天倚着您幻想,夏天倚着你繁茂,秋天倚着您成熟,冬天倚着您沉思。

您常给我理解的注视,您常说快乐是孩子的礼物。所以今天,我送上一个笑,温暖您的心。

虽然您不轻易表露,但我知道您一直都在关心着我。谢谢您,爸爸!

爸爸,在这特殊的日子里,所有的祝福都带着我们的爱,挤在您的酒杯里,红红深深的,直到心底。父亲节快乐!

爸爸,献上我的谢意,为了这么多年来您对我付出的耐心和爱心。父亲节快乐!

老爸!今天是父亲节,你不知道吧?祝老爸身体健康,生意兴隆,股票"变红",要不要什么礼物啊?不过,得要你报销啊!

爸爸,今天是父亲节,节日快乐哦。虽然,你有时很凶,但是我知道你是爱我的,是吗?在这里祝你快乐,健康!

一年一度您的日子,没有我在身边的时候希望也能快快乐乐过每一分每一秒。老爸,辛苦了!

老爸,父亲节快到了,我特为你准备了一份礼物,但你先给我报销报销费用吧。

儿子对父亲的感激是无法言语的,谢谢你,爸爸!

老爸,我给你找来你喜欢听的那首曲子了,祝老爸开心!

每当想起你我就无比得自豪,是你时刻在激励我不断奋进。在这个特殊的节日里我祝福你!

爸爸、妈妈,祝你们身体永远健康,天天快乐。

【范文三】

【致辞人】儿子

【致辞背景】给所有父亲健在人的文字

敬爱的爸爸：

如果，您是一颗沧桑的老树，那么，我愿是那会唱歌的百灵，日夜栖在您的枝头鸣叫，换回您的年轻，让您永远青翠。爸爸，我爱您！

也许在别人眼中，您只是一个平平凡凡的人，但是您的正直不阿，清正廉洁，使我认为：您是伟大的、不平凡的。

爸爸的爱就像秋天的太阳，温暖踏实而又不刺眼。

父亲给了我一片蓝天，给了我一方沃土，父亲是我生命里永远的太阳，祝父亲快乐！

咬定青山不放松，父亲，坚定若您，勇敢若您，我深深地爱您。

爸，您最近身体还好吗？年纪大了，就别太操劳了，儿女们的事会自己处理的，您要多保重身体。今天是父亲节，祝您节日快乐！

【范文四】

【致辞人】女儿

【致辞背景】在庆祝父亲节的演讲会上致贺词

老师、同学们：

大家好！

明天是个值得纪念的日子，是一年一度的父亲节！

母爱深似海，父爱重如山。人们在庆祝母亲节的同时，并没有忘记父亲的功绩。1909年就开始有人建议确立父亲节。1910年6月，人们庆祝了第一个父亲节。当时，凡是父亲已故的人都佩戴一朵白玫瑰，父亲在世的人则佩戴红玫瑰。这种习俗一直流传至今。

据说，选定6月过父亲节是因为6月的阳光是一年之中最炽热的，象征了父亲给予子女的火热的爱。父爱如山，高大而巍峨，让我望而却步，不敢攀登；父爱如天，粗犷而深远，让我仰而心怜不敢长啸。父爱是深邃的、伟大的、纯洁而不可回报的，然而父爱又是苦涩的、难懂的、忧郁而不可企及的。父亲像是一棵大树，总是不言不语，却让他枝叶繁茂的坚实臂膀为树下的我们遮风挡雨、撑起一片绿荫。岁月如指间的流水一样滑过，不觉间我们已长大，而树却渐渐老去，甚至新发的树叶都不再充满生机。每年6月的第三个星期日是父亲的节日，让我们由衷地说一声：爸爸，我爱你！爸爸，父亲节快乐！

教师节贺词

1985年1月21日，第六届全国人大常委会第九次会议作出决议，将每年的9月10日定为我国的教师节。尊师重教是中华民族的优良传统，早在公元前11世纪的西周时期，就倡导"弟子事师，敬同于父"，古代大教育家孔子更是留下了"有教无类""温故而知新""学而时习之"等一系列至理名言。传道授业解惑的教师，被中国人誉为"人类灵魂的工程师"。

其实早在1932年，民国政府曾规定6月6日为教师节，解放后废除了6月6日的教师节,改用"五一国际劳动节"为教师节,但教师节没有单独的活动,没有特点。将教师节定在9月10日是考虑到全国大、中、小学新学年开始,学校要有新的气象。新生入学开始,即尊师重教,可以给"教师教好、学生学好"创造良好的气氛。1985年9月10日,中国恢复建立第一个教师节,从此以后,老师便有了自己的节日。

教师节的贺词,为了渲染气氛、交流情感,开篇可以点明节日的时间和来历,并对听众表示敬意和谢意。例如,一篇在教师节庆祝会上的贺词是这样开头的:"忙碌的新学期刚刚开始,我们就迎来了自己的节日。我谨代表学校党、政、工祝全校教职工节日快乐!"这个开头,语言简洁自然,体现了致辞者的真诚和热情。

贺词的主体是讲话的重点和核心,力求用真挚的情感表达和深刻的事理阐述,丰富和充实致辞的主体内容,给听众以心灵的感染和思想的启迪。

作为献词主体部分的重要内容,这个语段不仅深刻阐述了教师的工作职责和社会作用,而且热情赞颂了教师的敬业精神和奉献情怀,从而突出了教师节献词的主旨。

结束语通常要运用简洁而富有感情色彩的语言,表达致辞者的深切希望和美好祝愿,从而激发听众的强烈共鸣。

【范文一】

【致辞人】某中学党支部书记

【致辞背景】在教师节即将来临之际对教师们的贺词

敬爱的老师、亲爱的同学们:

大家好!还有两天就是我们一年一度的教师节了。在教师节即

第一章 节日庆典

将来临之际，我谨代表学校党支部和校长室向无限热爱中学这方热土，辛勤耕耘在自己心爱的教育园地上的老师们致以最诚挚的节日问候！并向大家表示最崇高的敬意！

古代思想家荀子曰："国将兴，必贵师而重傅。"上周星期四，市人大领导率队来我们学校慰问老师，今天上午潮南区××区长等领导也将来到我们学校问候老师。今日，尊师重教已蔚然成风。而作为教师则无论何时何地都保持着一份恬淡的平和心，几年、十几年甚至几十年如一日地立足于三尺讲台，为了花的盛开、果的成熟不辞劳苦地耕耘着、浇灌着……老师时刻牢记那间教室里放飞的是希望，守巢的是自己；那块黑板写下的是真理，擦去的是功利；那根粉笔画出的是彩虹，流下的是泪滴，奉献的是自己。老师就是在这种充实中完善自我，在宁静中储蓄生命的动力。

开花结果园丁愿，望子成龙父母心。老师虽然平凡，却用平凡来铸就辉煌；老师虽然清贫，却用清贫造就富有。因为老师心中充满爱，老师对学生的爱，比父爱更深沉，比母爱更细腻，比友爱更无私。老师们的心，能在学生求知的眼睛里找到完全神圣的天空，为了这片神圣，老师们愿意奉献！人们常说，老师是蜡烛，照亮别人；我们认为老师是火炬，传播文明薪火，熊熊燃烧中有学生给予的火焰。

同学们，作为学生，我们要感谢学校，感恩老师！老师为了我们学有所成，呕心沥血，无怨无悔；为了使我们养成良好习惯，率先垂范，积极帮扶；为了使我们形成健全人格，言传身教，身体力行……工作中无论怎样繁忙，生活中不管有多少烦恼，总是面带微笑走进课堂。书桌旁的循循善诱，校园里的谈笑风生，家访时的苦口婆心。我们每一个人的成长与成功，无一不伴随着老师细心的教导和悉心的帮助。

同学们，感恩老师，从现在做起，从日常生活中的点点滴滴做起，遵守学校规章制度，尊敬老师，课堂上专心听课，积极思考，主动回答问题，课后按时完成作业，见面说声"老师好"等，希望每一位同学都能用具体的行动来感谢老师的培育之恩。

最后，再一次祝愿各位老师节日愉快，身体健康！祝同学们学业进步，快乐成长！谢谢！

【范文二】

【致辞人】学生代表

【致辞背景】在教师节上对老师的贺词

敬爱的老师们：

九月，丹桂飘香；九月，秋菊逸彩。我们迎来第×个教师节，在这个写满祝福的时刻，校团委、学生会代表全体同学真诚地道一声：老师，节日快乐！

忘不了，老师您的谆谆教导，令我们受益良多；忘不了，老师您饱含期待的眼神，令我们奋发图强。

敬爱的老师，请放心！我们一定会铭记您的谆谆教诲，不辜负您的殷切希望，珍惜时光，发奋读书，努力成为国家的栋梁之才，用丰硕的成果和辉煌的业绩，回报学校对我们的厚望和培养。

一纸薄笺无以承载我们深深的祝福，千言盛赞不能融尽我们浓浓的敬意，再次向您致以节日的祝贺和崇高的敬意，祝您节日愉快，身体健康，阖家幸福，万事如意！

【范文三】

【致辞人】学生代表

【致辞背景】致本校教师的节日贺词

尊敬的各位老师：

这是个平凡的日子，却有着辉煌的内涵；这是个平平淡淡的日子，却有着五彩缤纷的色彩！正是因为你们啊——人类灵魂的工程师，"9月10日"，这个普通的日子，变得伟大而神圣！

寂寞的春放，烦琐的冬日，讲台上的激昂慷慨，书桌旁的循循善诱，校园里的谈笑风生，家访时的苦口婆心，在经济大潮的湃声中，你们，坚守着宁静的一隅，雕塑着精神的形象。

第一滴春雨温暖了冰封的泥土，第一缕朝阳抚慰着心灵的湖水，你们用青春的经纬编织着我们蓝色的憧憬，你们用生命的歌声唤醒了一粒粒沉睡的种子！于是，在你们亮丽的眼眸中，闪烁着人类最动人的光芒！

粉生染白了你们的青丝，岁月压弯了你们的腰板，而你们，依然精神奋发，英姿勃勃，与鲜嫩的生命的相伴，你们的心永远年轻！

一丛丛绚丽灿烂的鲜花，一颗颗饱满硕大的果实，一片片如诗如画的景致，不都浸透了你们不懈的追求、生命的欢笑和泪水？

你们用巨大的牺牲铺设着伟大的道路，你们用心灵的火焰照亮了希望的梦幻，你们怎不该站在共和国的殿堂上，戴上光荣的彩色花环，听世界为你们奏响一曲饱含深情的嘹亮赞歌呢？

【范文四】

【致辞人】老师代表

【致辞背景】在教师节上对所有同行的祝贺词

尊敬的各位领导、各位同行：

大家好！在这金秋送爽、丹桂飘香的季节里，我们怀着激动与喜悦之情迎来了教师节。在此，我谨代表全体教师，向一直关心、支持教育事业的各位领导表示衷心的感谢！

国运兴衰，系于教育；三尺讲台，关系未来。近年来，在各级政府的关心和重视下，我校教育面貌发生了翻天覆地的变化，学生上学免费政策的实施，大大减轻了农民负担，有效保障了农村孩子接受义务教育，现代远程教育工程的开始实施，使农村孩子同样能在教室看到外面的天空，留守孩子受到了政府和各界的普遍关心，我们的教育质量得到明显提升。

从第一个教师节至今，20多年的时光匆匆而过，也正是这20多个由鲜花和掌声、关注与期待交织在一起的教师节，使更多的人把热情与尊重、理解与关怀的目光投向了我们，使我们和学生一起度过的每一个平凡的日日夜夜有了更加不寻常的意义。因为有了我们在静静的课堂上播洒智慧的阳光，懵懂的孩子们才听到了知识的声音，远大的理想激励他们迈出了创新的脚步；因为有了我们在教育的沃野上翻动犁铧，挥洒耕耘的汗水，我镇的教育事业才生机勃勃，蒸蒸日上；因为我们所有教师脚踏实地，开拓创新，几代中国人孜孜以求的强国之梦才熠熠生辉，灿烂辉煌！

正如一代伟人恩格斯所说的"尊师重教是一个民族强大的表现"。的确，如今的中国已经以不可争辩的事实让世界瞩目，让全世界惊叹。作为一名教师，我们为新中国的国富民强而自豪！所以，从踏上教坛的第一天起，我们就无悔地坚守着教书育人这方沃土，并用自己的青春和热血谱就了一曲奉献之歌，因为我们知道，雄鹰用翱翔回报蓝天，骏马用驰骋回报草原，我们唯有把热情与梦想、创新与开拓奉献给祖国人民，才能无愧于教师这个称号。"人才与国相始终，千古兴亡鉴青史。"教育是崇高的事业，需要我们去献身；教育是严谨的科学，需要我们去探究；教育是多彩的艺术，需要我们去创新；教育是系统的工程，需要我们共同参与，齐心协力。"一片丹心唯报国"。

尊敬的各位领导，再长的话语也诉不完我们对教育事业的忠诚，最美的诗篇也表达不尽我们对教育事业的热爱，我们祖国各项事业的迅猛发展就是对我们所从事的教师职业的最高礼赞，我们为自己能从事这种绵延亘古，传递未来的职业而骄傲和自豪！请各位领导放心，民族复兴，我们责无旁贷；爱洒桃李，我们无怨无悔！

中秋节贺词

中秋节是我国的传统节日之一。关于节日起源有很多种说法，也有很多关于这天的传说和传统。中秋节与春节、清明节、端午节并称为中国汉族的四大传统节日。自2008年起中秋节被列为国家法定节假日。

中秋节有悠久的历史，和其他传统节日一样，也是慢慢发展形成的，古代帝王有春天祭日、秋天祭月的礼制，早在《周礼》一书中，已有"中秋"一词的记载。后来贵族和文人学士也仿效起来，在中秋时节，对着天上又亮又圆的一轮皓月，观赏祭拜，寄托情怀，这种习俗就这样传到民间，形成一个传统的活动，一直到了唐代，这种祭月的风俗更为人们重视，中秋节才成为固定的节日，《唐书·太宗纪》记载有"八月十五中秋节"，这个节日盛行于宋朝，至明清时，已与元旦齐名，成为我国的主要节日之一。

在中秋节，我国自古就有赏月的习俗，每逢中秋夜都要举行迎寒和祭月。设大香案，摆上月饼、西瓜、苹果、李子、葡萄等时令水果，其中月饼和西瓜是绝对不能少的，西瓜还要切成莲花状。

中秋贺词以营造中秋的喜庆、团圆、热烈的气氛为主。可以使用一些紧扣时间语境的程式化的语句开篇，新颖、富有文采的开头能更好地调动致辞者的情绪，吸引听众的注意。

贺词的主题以抒情为主，赞美花好月圆，秋高气爽下的团圆气氛。

中秋贺词和春节贺词写法特点相同，贺词的结尾通常表达祝愿、鼓励和希望，一般构成致辞者抒发情感的高潮部分。中秋致辞的收尾应追求一种激情昂扬、振奋人心的气势美，这要求语篇结尾简洁有力而富有一定的文采。因此，这一部分非常重视运用排比、对偶等修辞格，并使用便于直抒胸臆的祈使句和感叹句，使收尾处气势畅达、情感炽烈，产生强烈的感召力量。

第一章 节日庆典

【范文一】

【致辞人】某某公司领导

【致辞背景】在中秋节上致辞

全体职工同志们：

时值中秋佳节来临之际，总公司领导向坚守在生产一线的广大干部职工致以节日的问候！向你们道一声辛苦了！

中秋是中华民族的传统节日，是阖家团圆的好日子，然而，我们广大职工为了全市人民能够及时回家团聚，仍然坚守岗位，无怨无愧地工作着。他们就是这样一个节日又一个节日，年复一年默默无闻地坚守在岗位上，你们舍小家为大家为国家的高尚情操，充分地展现出公交人的优秀品质和美德，充分地体现出公交职工的良好素质。

目前，总公司改制工作正在进行中，清产核资、资产评估工作将要完成，与此同时总公司也努力想办法为职工多办实事，解决历史遗留问题。广大干部职工此时对班子工作给予了极大的支持，做到了队伍稳定，思想稳定，有什么问题都能按程序反映解决，充分体现出广大职工对改制工作的拥护和支持。总公司班子也决心不辜负广大干部职工的期望，做好改制工作，维护好职工的利益，抓好生产经营。

我们衷心希望全公司广大干部职工和衷共济同心同德，努力抓好生产创收，为职工多办好事实事，使广大职工以企业为家，以企业为荣，共同营造公交的美好未来。

最后祝愿全体干部职工节日愉快，工作顺利，阖家欢乐！

【范文二】

【致辞人】××公司老总

【致辞背景】中秋晚会领导致辞

员工朋友们：

大家晚上好！

在这金秋送爽、丹桂飘香，喜获丰收的季节，当人们还沉浸在举国欢腾的"国庆"氛围之时，又迎来了一年一度的中秋佳节，两节同辉，九州共庆！

中秋节，是中国传统的节日，是丰收的节日，是合家团聚、把酒邀明月的喜庆节日；关于中秋，自古就流传着许多美丽的传说，"嫦娥奔月"在中秋之夜不仅给人以无穷的遐想，而且将中秋之夜点缀得浪漫、温馨，更加迷人。古往今来，多少文人墨客在中秋之夜，尽情抒发自己情怀，留下许多不朽的诗句！"海上升明月，天涯共此时"、"举杯邀明月，对饮成三人"、"举头望明月，低头思故乡"……

中国人历来把团圆看得弥足珍贵，月圆人有缘，相聚在，此时此刻，员工朋友们！你们放弃了与家人、与亲人共祝佳节美好时光，仍然坚守岗位、辛勤工作在销售第一线，我代表公司向你们表示感谢！员工朋友们，你们辛苦了！

三年，时光飞逝，我们一起共同走过，正因为有你和你们这些可敬、可爱员工的不懈努力，才会如旭日东升，销售业绩年年攀升，取得了一次又一次的辉煌与成就。的发展需要靠你、靠我、靠大家！靠员工朋友们的共同的努力，才会做强、做大，才能够实现可持续发展。

员工朋友们，你们在自己的岗位上，用饱满的热情、辛勤的汗水和优质的服务，正在谱写壮丽的诗篇；你们如同一滴滴雨露，滋润着这片沃土。如今，销售旺季已经到来，愿员工朋友们抓住商机，再创佳绩，再立新功。努力吧！员工朋友们，我为你们喝彩！我为你们加油！我相信，在我们大家共同努力下，明天一定会更加美好！

最后，祝员工朋友们拥有更多快乐和更大的收获！

祝愿员工朋友们中秋佳节愉快、阖家幸福！

【范文三】

【致辞人】总经理

【致辞背景】中秋佳节贺词

全体干部员工：

值中秋佳节来临之际，分公司总经理室向你们致以诚挚的问候和衷心祝福。祝你们节日愉快，阖家欢乐，万事如意！

今年，是××公司实施发展战略的重要一年。你们在市场竞争日趋激烈、创业任务十分繁重、业务发展极度艰难的形势下，坚定信念，顽强拼搏，充分发挥各级领导班子的战斗堡垒作用和业务骨干的模范带头作用，把广大员工的智慧和力量凝聚到坚决贯彻落实分公司总经理室制定的发展战略部署中，及时转变观念，锐意开拓进取，不断增强发展意识、抢占意识、超前意识，在激烈的竞争中打出了一片天地，在重重困难中创出了一番超常业绩，为全省系统实现业务高速增长、争创管理一流水平做出了积极贡献。你们用辛勤的汗水浇灌出丰硕的成果，用优异成绩为公司献上了一份真诚的礼物！

我们深知，这份厚礼来之不易，这厚礼凝聚着全体同志们的心血，饱含着广大员工奋斗的酸甜苦辣，同时，也渗透着家属们的理解与支持。在此，分公司总经理室向你们以及你们的家人表示衷心的感谢，并致以崇高的敬意！

十月金秋，硕果累累，是成熟的季节，收获的季节。在过去的日子里，你们以奋斗的艰辛、攻坚的酸楚、成功的喜悦铸就了辉煌的佳绩；在今后的时光中，你们还要继续拼搏，乘势前进，干劲不减，脚步不停，强力拓展新的发展空间，力争取得更大成就，全面完成公司下达的各项任务指标，为年终再攀新高多做贡献，为明年的全面发展抢占先机，赢得主动。

"关山初度尘未洗，快马加鞭再奋蹄。"让我们以只争朝夕的旺盛斗志和与时俱进的高昂气势，沉着应对各种挑战，在充满无限商机的市场上，团结一心，携手共进，倾力打造金字品牌，共创新辉煌！

国庆节贺词

1949年10月1日，是新中国成立的纪念日。1949年10月2日，中央人民政府通过《关于中华人民共和国国庆日的决议》，规定每年10月1日为国庆日，并以这一天作为宣告中华人民共和国成立的日子。从此，每年的10月1日就成为全国各族人民隆重欢庆的节日了。

国庆纪念日是近代民族国家的一种特征，是伴随着近代民族国家的出现而出现的，并且变得尤为重要。它成为一个独立国家的标志，反映这个国家的国体和政体。

每年国庆，各国都要举行不同形式的庆祝活动，以加强本国人民的爱国意识，增强国家的凝聚力。各国之间也都要相互表示祝贺。

国庆节贺词一般以撰文的形式出现，开篇主要以热情的语言渲染气氛，歌颂祖国母亲。语言自然，感情真挚。

结束语通常要运用富有感情色彩的语言，表达致辞者对祖国的美好祝愿，从而激发听众的强烈共鸣。

【范文一】

【致辞人】学生

【致辞背景】国庆节座谈会致辞

尊敬的各位领导、各位老师，亲爱的同学们：

金秋在秋风里擂起收获的鼓点，岁月在奋斗中阔步向前。沐浴着祖国的繁荣昌盛，我们在幸福中一天天长大，从一个稚童成长为朝气蓬勃的青年。今天，在即将迎来新中国60华诞之际，能有机会和各位领导、老师、同学欢聚一堂，共话新中国60年沧桑巨变，共话我们幸福安康的生活，作为一位青年，我感到的不仅是幸福，更是一种自豪和荣耀。

60年来，新中国各项事业蒸蒸日上，祖国的教育事业更是翻天覆地，我们的学校也是飞速发展，进入到发展的黄金期。我们自己也深深地感受到，作为中华民族的一员，深感荣幸与骄傲。

当我们以一种无法言说的激动，迎接新中国60华诞的时候，我们懂得了今天的幸福来之不易，今天的发展凝聚着无数先辈的心血，他们的背影已经化做了青山绿水，他们的名字已经镌刻在厚重的历史丰碑之上，他们的笑靥与五星红旗一起飘扬在蔚蓝的天空！

昨天是一页翻过的历史；今天是一个崭新的起点；明天是一幅宏伟的蓝图。"中华儿女多奇志、敢叫日月换新颜。"我们应该有"为中华之崛起而学习"的宏伟抱负，应该有为祖国富强而献身的远大志向，让我们用全部的聪明才智和生命热血来建设我们的祖国吧！现在，我要深情地说一声："我爱你——中国！"

【范文二】

【致辞人】厂长

【致辞背景】工厂国庆节联欢晚会致辞

各位领导、各位来宾、同志们：

今天我们迎来了新中国的第×个生日。在这里，我代表厂党委、厂行政向各位来宾、全体演员、全体员工及家属表示节日的祝贺和诚挚的问候！

回首×××厂今年走过的9个月，经过全厂上下一心、卓有成效的工作，我厂各项工作都取得了丰硕的成果。不仅实现了原油稳产和天然气的持续增长，而且企业的综合管理水平和地位都得到了全面提升，今年上半年我厂业绩考核指标名列油田公司第三名，员工收入也有了大幅度提高。成绩的取得来之不易，归根结底是我们目标明确，思路清晰，措施有效，狠抓落实的结果；是我厂各级管理干部和广大员工顽强拼搏、锐意创新、开拓进取的结果；同时也是地方政府、兄弟单位鼎力支持的结果。在这里，我再次代表厂行政、厂党委向地方政府、兄弟单位、全厂和服务公司的全体员工及一直默默支持我们工作的家属们表示最衷心的感谢！展望今后的工作，我们要以创新为动力，以维护稳定为前提，以减少亏损、改善员工生产生活条件、提高员工收入为目标，携手共进，再铸新的辉煌。同时，也衷心祝愿我们的友邻地方政府的经济更加繁荣，人们生活更加富裕。最后，预祝晚会圆满成功，祝大家度过一个轻松、愉快的国庆节！

【范文三】

【致辞人】老师

【致辞背景】庆祝伟大新中国60周岁生日贺词

老师、同学们：

大家好！

今天，我们学校全体师生欢聚在学校的操场上共同庆祝我们伟大的新中国60周岁的生日。

60年的激情岁月，60年的光辉历程，显示着中华民族顽强不屈的意志和旺盛的生命力。60年的发展，让我们看到今天的日新月异，勤劳勇敢的中国人用辛勤和汗水建设着自己美好的家园。

60年前的东方巨变，终于让五星红旗在北京天安门广场上空升起，一位巨人向世界宣告：中华人民共和国中央人民政府成立了！从那一刻起，我们逐渐开始摆脱了贫穷和落后，我们逐渐跻身于世界强国之列。

开学以来，为搞好此次活动，广大师生积极准备，精心挑选歌曲，辛苦排练，终于取得了今天演出的圆满成功，为此，我代表学校向积极参与此次演出的全体师生、退休老教师和为此次演出辛勤付出的老师们表示衷心的感谢！

最后，让我们再次祝愿我们伟大的祖国永远繁荣昌盛、国泰民安！

谢谢！

【范文四】

【致辞人】 市领导

【致辞背景】 在国庆招待会上致辞

女士们、先生们，同志们、朋友们：

60年激情岁月，60载春华秋实，伟大的中华人民共和国迎来了又一个华诞。今夜，浦江两岸万众欢庆，展览中心胜友如云，在此，我代表我们市人民政府，向全市人民和在我们工作、生活的海内外朋友，致以亲切的问候！向所有关心和支持我们发展的同志们、朋友们，表示衷心的感谢！

新中国成立60年来的光辉历程，显示了中华民族不屈的意志和旺盛的生命力。伴随着祖国的腾飞，我们的发展日新月异。在这座充满活力的城市，勤劳勇敢的人民正在用智慧和汗水建设自己的美好家园。

改革开放以来，党中央领导对我们的发展始终深切关怀，倾注心血，为我们的改革开放和现代化建设指明了方向。今年以来，在党中央、国务院领导下，我们把树立和落实科学发展观贯穿于各项工作的始终，坚决、积极、全面、有力地贯彻落实中央宏观调控政策，并取得了显著成效，全市经济保持平稳健康发展，各项社会事业全面进步，城乡人民生活继续得到改善。

沧桑巨变今胜昔，明珠熠熠耀浦江。中央要求我们率先全面建成小康社会，率先基本实现现代化，这是我们的光荣使命。我们人民要紧密团结在党中央周围，高举邓小平理论和"三个代表"重要思想伟大旗帜，求真务实，艰苦奋斗，开拓创新，服务全国，向着社会主义现代化国际大都市和国际经济、金融、贸易、航运中心之一的宏伟目标迈进！

节日贺词佳句欣赏

元旦贺词佳句欣赏

1. 难忘的是你我纯洁的友情，可贵的是永远不变的真情，高兴的是今生与你有缘，献上我最温馨的祝福，祝你新年愉快！

2. 一份不渝的爱情，执着千万个祝福，送给思念的爱人，捎去温馨的问候。不管我们的距离有多么远，关怀你的心永远不变。祝你新年好！

3. 花开花谢，此消彼长，云卷云舒，又是一年。愿时间更替带给你美丽心情，飘送着我的祝福，萦绕在您的身边。祝你新春快乐！快乐每一天！

4. 我想要昙花永不凋谢常开在人间；我想要冬天阳光明媚融化冰雪寒；我想要流星永不消失点缀夜灿烂；我更想要你在新的一年开心天天！

5. 祝福加祝福是无数个祝福，祝福减祝福是祝福的起点，祝福乘祝福是无限个祝福，祝福除祝福是唯一的祝福，祝福你新年快乐幸福平安！

6. 漫天的雪花是飞舞的蝴蝶，采集着思念的芬芳，传递着祝福的花香，带你进入甜蜜梦乡，祝你好人一生平安！

7. 片片绿叶饱含着对根的情意，他乡的我载满对家乡的思绪，每逢佳节倍思亲，想你想家想亲人。送去美好的祝福，愿全家幸福生活更甜蜜！

8. 日出＋日落＝朝朝暮暮；月亮＋星星＝无限思念；腊梅＋雪花＝期盼新春；流星＋心语＝祝福万千；祝你新年愉快，幸福天天！

9. 心愿是风，快乐是帆，祝福是船；乘着心愿的风扬起快乐的帆起航着祝福的船驶向永远幸福的彼岸。轻轻地问候一声，新年好！

10. 长长的河流连绵的山，远远的距离你我隔不断。新的一年即将来到，我时时在牵挂着你，祝你新年快乐！

11. 新年谁最红？速度赶超刘翔，挺拔有如姚明，英俊盖过田亮，富裕抗衡武兹，女友靓过晶晶。还有谁，就是你呀！

12. 今年过节不收礼，其实给点也可以。十块八块不嫌弃，十万八万过得去。你要真是没得送，短信一条也可以。新年快乐！

13. 老婆：爱你！新年好！感谢你又一年辛勤的操劳！祝你新年工作顺利！身体健康！继续辛勤操劳！谢谢！

14. 新年到了，事儿多了吧？招待客人别累着，狼吞虎咽别撑着，啤的白的别掺着，孩子别忘照顾着，最后我的惦念常带着。

15. 如果有钱也是一种错，祝你一错再错！新年快乐！

16. 新春佳节到，向您问个好：办事处处顺生活步步高；彩票期期中好运天天交；打牌场场胜口味顿顿好；家里出黄金墙上长钞票！

17. 一斤花生二斤枣，好运经常跟你跑；三斤苹果四斤梨，吉祥和你不分离；五斤桔子六斤蕉，财源滚进你腰包；七斤葡萄八斤橙，愿你心想事就成；九斤芒果十斤瓜，愿你天天乐开花。

18. 我在睡梦中问神，什么是幸福？神说：幸福是有一颗感恩的心，健康的身体，称心的工作，一位深爱你的人，一帮信赖的朋友，你会拥有这一切！祝你元旦快乐！

19. 新年快乐！阖家幸福！在新的一年里好事多多！笑容多多！开心每一秒，快乐每一天，幸福每一年，健康到永远！

20. 值此春回大地、万象更新之良辰，敬祝您福、禄、寿三星高照，阖家康乐，如意吉祥！祝您万事如意，心想事成！

21. 敲响的是钟声，走过的是岁月，留下的是故事，带来的是希望，盼望的是美好，送来的是祝福，愿朋友新年快乐。

22. 祝福您：新年大吉，一如既往，二人同心，三口之家，四季欢唱，五福临门，六六顺意，七喜来财，八方鸿运，九九吉祥，十分美满！

23. 一年一度，新春伊始，短信传情特恭祝：大财小财意外财，财源滚滚来；官运财运桃花运，运运总亨通；亲人爱人和友人，人人都平安。元旦快乐，万事如意！

24. 新的一年，幸福卫星跟踪你，快乐导弹瞄准你，财富枪支指向你，祝福子弹围剿你，看你还能往哪躲。祝元旦快乐！

25. 送你贺词一条，收到就"新"；加上诚挚祝福，理解就"新"；配上贴心问候，感动就"新"；元旦来了，开心就"新"。祝新年快乐！

26. 过去的一年，你做牛人走牛运发牛财，就连牛皮也吹得清新脱俗；未来的一年，你行虎步发虎威有虎气，就连老虎的臀部也可以摸几把。新年快乐！

27. 新年翩翩而至，旧岁渐渐而逝。元旦的到来，伴随着我的祝福，满怀希望的望眼幸福，携手快乐欢度这个新年的伊始，让我们大声喊出"元旦快乐"！

28. 日照元旦生紫烟，遥看幸福挂前川，飞流直下三千尺，疑是快乐落九天。横看健康竖平安，远近高低各好运，不识元旦真面目，只缘未收我短信。元旦快乐！

29. 元月元日元旦至，圆梦圆心圆万事，欢快轻快更畅快，喜乐娱乐天伦乐。元旦节到了，真诚祝您幸福万年长，快乐无边疆，好运更健康！

30. 去年今日此门中，人面焰火相映红，焰火今日又升起，人面依旧笑春风。元旦一切红红红，元旦气氛融融融，元旦祝福快快快，元旦幸福同同同！

31. 经常感到快乐，说明你对生活有很大包容性；经常收到我的短信，说明你在我心中有很重要的地位性！新年到了，祝：微笑挂嘴角，幸福多一秒！元旦快乐！

32. 地球是圆的，我的祝福也是圆的。我把原原本本的心愿，变成原汁原味的新年祝福！祝你：爱圆情圆，花好月圆，人缘财源，源源不断！元旦快乐！

33. 过了这个元旦，你的幸运会"元元"不断；过了这个元旦，你的烦恼会全部完"旦"；过了这个元旦，你这条小船会立即靠到幸福彼岸。元旦快乐！

34. 新年到，新年好，新年祝福少不了。带上我的诚心诚意，送上我"成字"的祝福。祝你：大器早成，马到功成，家业大成，笑容倾城！成心想事，事事都成！

35. 1月1日元旦，一个月亮，一个太阳，组成了新年；祝福你，新的一年，每天都有月光一样美丽的机遇；祝福你，新的一年，每天都有阳光一样灿烂的好心情！

36. 清晨有阳光陪伴，夜晚有星辰陪伴，平时有快乐陪伴，一生有安康陪伴，感情有幸福陪伴，元旦有我祝福陪伴：新年快乐，天天开心是我最大的心愿！

37. 俗话说：一年之计在于春，一天之计在于晨，那么美好开头就在于我温馨的祝福，祝你心想事成，幸福安康，阖家欢乐，万事如意，元旦快乐！

38. 牵着旧年的尾，拉着新年的手，年末到了祝福到。愿你带着旧年的幸福与欢笑迎接新年的美好，从此事业步步高，幸福乐逍遥！

39. 走过冬至，过完圣诞，迎来年末，快到新年，祝福先送，问候依然。天气转寒，保暖是关键；出门加衣，身体健康记心间；元旦快到，预祝元旦快乐！

40. 捧着一颗关注、关照、关怀之心；表达一种真实、真诚、真挚之情；传递一股感谢、感动、感恩之意；书写一条祝福、祝愿、祝贺之信息：祝你元旦快乐！

41. 本短信可保平安，促健康，增财气，包你看完后，一年都生龙活虎，万事如意，财运亨通。这是元旦节的必备佳品，一定要收藏好，还要和朋友分享，不能独吞哦！

42. 元旦来临心情好，风景入目挑一挑，帘卷西风你莫听，夜凉如水你莫察，黄花落地你莫看，没事信息翻一翻，祝你好运连成串，喜上眉梢又一年。

43. 旧的一年就要远去，年末的祝福忙用短信送去。虽然时光匆匆而去，但是珍贵的情谊依然在延续，心底的思念依旧属于你，愿你一生平安，幸福永远！

44. 敲响元旦的闹钟，驱散郁闷的寒冬，赶走烦恼的跟踪，好运过来吹吹风，新年快乐有几重，祝福给你是无穷，温暖温馨最从容，祝福祝愿喜相逢。元旦快乐！

45. 你收到的是信息，我发送的是祝福；你看到的是文字，我发送的是牵挂；你打开的是消息，我发出的是吉祥，元旦来临之际，愿小小短息能传达我对你不变的祝福，元旦快乐！

46. 成功源于选择，动力源于梦想，运气源于行动，收获源于付出，友情源于延续，祝你元旦快乐！

47. 元旦启示录：做事要一板一眼，成功贵在脚踏实地；恋爱要一心一意，浪漫贵在坚持专一；对朋友要一诺千金，祝福贵在人人有份。元旦快乐！

48. 阴转晴，晴转阴，又出太阳又结冰。元旦节，假期近，祝你玩得舒心，吃得开心，想起顺心，忘记伤心，收到我祝福顿时和我心心相印！

49. 操纵自己的快乐，定义自己的快乐，把握自己的快乐，传递自己的快乐，我的快乐我做主，莫让烦恼来欺负，元旦即将来临，记住传递快乐，让快乐感染你我。

50. 【圆】一个心愿，【诞】生一份希望；【圆】一个梦想，【诞】生一种快乐；【圆】一个故事，【诞】生一段美丽。朋友元旦快乐！

51. 新年到，祝大家在新的一年里，工作顺利，家庭幸福，身体健康，万事如意！

52. 前程似锦，吉星高照，财运亨通，合家欢乐，飞黄腾达，福如东海，寿比南山！

53. 不经历风雨，怎么见彩虹，没有人能随随便便成功！加油！新的一年更不同！

54. "春风得意马蹄疾"。新年伊始，愿你乘着和煦的春风，朝着灿烂的前景，马不停蹄，奔腾前进！

55. 我托空气为邮差，把我热腾腾的问候装订成包裹，印上真心为邮戳，37度恒温快递，收件人是你。祝你节日愉快！

56. 闭上眼睛，我小小的心愿会在新年晚钟里飞临你的窗前，和你新世纪所希冀的梦幻轻轻地重叠……

57. 第一缕阳光是我对你的深深祝福，夕阳收起的最后一抹嫣红是我对你衷心的问候，在新年来临之际，送上真挚的祝福，新年快乐！

58. 一朵花，采了许久，枯萎了也舍不得丢；一把伞，撑了很久，雨停了也想不起收；一条路，走了很久，天黑了也走不到头；一句话，等了好久……祝新年快乐！

59. 每年的这个时候，祝福就会像波洋涌向你，希望我的祝福像一叶轻舟，载你乘风破浪，到达成功的彼岸！新年快乐！

60. 岁月可以褪去记忆，却褪不去我们一路留下的欢声笑语。祝你新春快乐，岁岁安怡！

61. 新年快乐！亲爱的，因为牵了你的手，所以我要抓住你的手。给你幸福给你快乐相伴永远！我爱你！

62. 一条贺词，有如此多的牵挂，只因它承载了浓浓的祝福。愿好友新年幸福，阖家欢乐。

63. 好久没有听到你的声音，好久没有人听我谈心，在雪花飞舞的日子里，真的好想你，祝新年快乐！

64. 不需要多么贵重的礼物，也不需要多么郑重的誓言。我只需要你一个甜甜的微笑，作为我新年最珍贵的礼物。

65. 轻轻推开冬季的窗，静看雪花飘起，给你捎个讯息，你还好吗？真是惦记，祈愿你新年快乐甜蜜！

66. 所有的记忆如落定的尘埃，不经意间惊醒，在岁末新春之际，默默执著的思恋。

67. 祝福串成一首诗，一段旋律，开启一片温馨的春的园地。

68. 朋友啊朋友，让我们一起静静地等待未来、希望和光明，还有就要敲响新年的钟。

69. 转眼之间，已走至寒冷的冬末，在这样凛冽的日子里，对你的思念更深更浓。祝你平安快乐！

70. 请你打开窗，让新春的风吹进你的屋子，让新春的雪飞进你的屋子，让我新春的祝愿，飘进你的心坎。

71. 仰首是春，俯首是秋，愿所有的幸福都追随着你。新年快乐！

72. 这个时节，双脚开始温柔地冲动。走出门吧，探寻花开的消息。

73. 所有的日子酿为一杯浓酒，佳节醉倒成流动的相思。

74. 千里试问平安否？且把思念遥相寄。绵绵爱意与关怀，浓浓情意与祝福。新年快乐！

第一章 节日庆典

75. 这一季有我最深的思念，就让风捎去满心的祝福，缀满你甜蜜的梦境。祝你拥有一个灿烂的新年！

76. 新年的第一件事，就是准时查收我的祝福，里面有你想要的甜蜜，还有我想看到的笑容。祝新年快乐！

77. 新年的钟声即将响起，愿这吉祥的钟声能为您及家人带来平安、幸福、健康和快乐！祝新年快乐！

78. 新年好！新年到，好事全到了！祝您及全家新年快乐，身体健康，工作顺利，吉祥如意！

79. 祝你新年快乐，洋洋得意；晦气扬长而去，好运扬眉吐气；阳春白雪漂亮，洋洋洒洒纳福；万事阳关大道！

80. 在这新的一年即将来临之际，真诚的祝愿你好运常伴，笑口常开！

81. 年年有今日，岁岁有今朝。恭喜发财，新年好！！！

82. 新年伊始，喜气洋洋，祝快乐开心朝午暮夜！辞旧迎新，如烟往事随风逝，愿轻松幸福春夏秋冬！

83. 祝新年快乐，前程似锦，吉星高照，财运亨通，阖家欢乐，飞黄腾达，福如东海，寿比南山！

84. 祝福送不完，话语道不尽。还有我们的兄弟姐妹、朋友同事、爱人，在新春佳节之际，祝愿你们趁着春风，扬起理想，辉煌自己的人生！

85. 年年有个年要过，年年祝福的话儿道不完。年是我们拼搏的加油站，年是我们奔跑的接力棒，年能催生我们的爱情，年也可增加我们的年轮，年是岁月溜冰的歌，年也是事业起舞的风。

86. 春敲起了战鼓，年吹响了号角！我们把愿望写在今天，听事业的口哨响起，和祖国一起在明天的跑道上冲刺！不管汗能流多少，也不怕血可洒许多，我们在今天铭刻下人生的理想，我们将永远和懒惰与涣散作别！

87. 元旦来到，祝你在新年里，事业如日中天，心情阳光灿烂，工资地覆天翻，未来风光无限，爱情浪漫依然，快乐游戏人间。

88. 送上我一份真诚的祝福，愿你在新的一年里，拥有更安康、更快乐的时光，祝你新年快乐！

89. 人生贵相知，相知在急难；患难识朋友，谊长情永在。祝你新年如意，日日欢欣。

90. 新年到，新年到，我把祝福来送到，请你张开嘴来笑，新的一年新时尚，祝你天天都顺畅，喜气洋洋发大财，千万不能把我忘！

91. 我在乎生命中经历过的酸甜苦辣，在乎人生中随处可见的真诚和感动，也许我做得不完美，可是我懂得珍惜生命中每一位一起走过的朋友，真心地祝福大家，新年快乐！

92. 云淡风轻，随意放飞美丽心情！诗情画意，爱心在阳光下沐浴！盈盈笑语，管它哪堪泪水委屈！祝福为你，生活洋溢！

春节贺词佳句欣赏

1. 装一袋阳光两把海风，自制几斤祝福，托人到美国买了些快乐，法国买了两瓶浪漫，从心的深处写下几许关怀，作为礼物送给你。祝新年快乐，万事如意！

2. 送你一份100%纯情奶糖：成分＝真心＋思念＋快乐，有效期＝一生，营养＝温馨＋幸福＋感动，制造商：真心朋友。

3. 谨以此联祝福祖国母亲：华夏儿女政通人和俱兴奔腾三江六川，炎黄子孙国强民盛两旺驰骋五湖四海。横批：龙马精神。

4. 百福临门常有余，吉祥富贵聚新春！

5. 不需要多么贵重的礼物，也不需要多么郑重的誓言。我只需要你一个甜甜的微笑，作为我新年最珍贵的礼物。

6. 祝福串成一首诗，一段旋律，开启一片温馨的春的园地。

7. 朋友啊朋友，让我们一起静静地等待未来、希望和光明，还有就要敲响新年的钟。

8. 请你打开窗，让新春的风吹进你的屋子，让新春的雪飞进你的屋子，让我新春的祝愿，飘进你的心坎。

9. 所有的日子酿为一杯浓酒，佳节醉倒成流动的相思。

10. ＄＄＄＄＄＄＄＄＄＄当你收到这些钱的符号时，就表示你已接到财神爷的祝福，他会为你在新的一年里带来财运哦！

11. 祝：年年有今日，岁岁有今朝，月月涨工资，周周中彩票，天天好心情，日日好运道，白天遇财神，夜晚数钞票。

12. 愿你的春色迷人，愿你的夏露清凉，愿你的秋风潇洒，愿你的冬雪皎洁，愿你有一个收获丰足的来年，祝新春愉快！

13. 愿你抱着平安，拥着健康，揣着幸福，携着快乐，搂着温馨，带着甜蜜，牵着财运，拽着吉祥，迈入新年，快乐度过每一天！

14. 有句话，很珍惜的话，要对你说，因为一年或许才能说一次，我想现在是该大声说出来的时候了，我要大叫……春节快乐！

15. 悠悠的云里有淡淡的诗，淡淡的诗里有绵绵的喜悦，绵绵的喜悦里有我轻轻的问候，新春大吉！

16. 银铃轻响，是思念和祝福的投递。轻轻的一声问候，不想惊扰你，只想真切地祝你新春快乐！

17. 一直很想跟你说，但不知你会不会觉得我太心急，我又怕被别人抢先一步，所以我决定鼓起勇气，告诉你——新春快乐！

18. 一个影子很孤单，两朵玫瑰才新鲜；一颗心儿常期盼，两处天空多浩瀚；正看短信的小笨蛋，为何让我总怀念，祝你春节快乐！

19. 新年祝福你：好运伴着你，财神跟着你，名车美女属于你，霉运躲着你，喜事围绕你！

20. 新春快乐！祝你在新的一年里，所有的好梦依偎着你，所有的财运笼罩着你，所有的吉星呵护着你！

21. 新春快乐！吉祥如意！幸福康健！新的一年，心平气和，顺顺利利，和和美美，团团圆圆！

22. 新年好，财神把你找，找你有何事？送你大元宝。今年送得多，明年也不少。好！好！好！

23. 新年的钟声里举起杯，任酒的醇香在空气中荡漾，任我对你的感激在杯里慢慢沉淀，深深祝福我的朋友，祝你新年幸福美满，健康快乐！

24. 新年到了，送你一个饺子，平安皮儿包着如意馅，用真情煮熟，吃一口快乐两口幸福三口顺利然后喝全家健康汤，回味是温馨，余香是祝福。

25. 新年到、新年到，贴春联、放花炮，喜气洋洋真热闹！发个短信问声好，升官发财步步高！

26. 新春到，祝君：百事可乐！万事芬达！天天哇哈哈！月月乐百事！年年高乐高！心情似雪碧！永远都醒目！

27. 新的一年又将到来，无情的时间将一切拉远，只有我们的爱情却从来没有改变过。亲爱的，祝你春节快乐！

28. 新的1年开始，祝好事接2连3，心情4季如春，生活5颜6色，7彩缤纷，偶尔8点小财，烦恼抛到9霄云外！请接受我10心10意的祝福。祝新春快乐！

29. 新春快乐，我的朋友！愿你年年圆满如意，月月事事顺心，日日喜悦无忧，时时高兴欢喜，刻刻充满朝气，祝福你！

30. 新春到来喜事多，阖家团圆幸福多；心情愉快朋友多，身体健康快乐多；一切顺利福气多，新年吉祥生意多。祝您好事多！多！多！

31. 向你拜大年！祝你心情越来越好，人越来越漂亮，生活越来越浪漫！新春快乐！

32. 我怕明天起得晚，所以现在就预定第一缕阳光给你，祝你新春快乐！预定第一阵晨风给你，祝你一帆风顺！预定第一声鸟鸣，祝你心想事成！

33. 为了提倡环保，节省纸张，在春节千万别送我贺卡，请在尽可能大的人民币上写下祝福的话送我就可以了，节约是美德，祝春节快乐！

34. 为了久藏你的影子，在深冬，我给心灵再上一把锁。而如今，在这个日子，我从锁眼里仿佛又听到了自己的声音，祝新年快乐！

35. 瑞雪兆丰年。愿片片洁白美丽的雪花，带着我良好的祝愿，飞到您的身边，祝您新年快乐，万事如意！

36. 让新春带去我的祝福。祝你一帆风顺，二龙戏珠，三阳开泰，四季发财，五福临门，六六大顺，七星捧月，八面春风！

37. 新的一年，每年都有新的变化，但我的心没有变，我的誓言没有变，我要……陪你一起变老。

38. 新年将至，辞旧迎新，新的开端在等待您，那般阳光灿烂！诚挚地祝福您——新年快乐，幸福常伴！

39. 祝你：新年大吉大利、百无禁忌、五福临门、富贵吉祥、横财到手、财运亨通、步步高升、生意兴隆、东成西就、恭喜发财！

40. 感谢你的关怀，感谢你的帮助，感谢你对我做的一切！请接受我最真心的祝愿！新年快乐，身体健康！

41. 盼你，冬日里；想你，春风里；梦你，夏日里；见你，秋风中。任岁月来去匆匆，任时光飞逝，对你的思念永久不变。

42. 新年到，鸿运照，烦恼的事儿往边靠，祝君出门遇贵人，在家听喜报！年年有此时，岁岁有今朝！新春快乐！

43. 祝你新的一年里大红大紫，大吉大利，大放异彩，这是我给你的大大礼物，你就给我回个小红包吧，支票你来签，数字我来写。

44. 朋友，当你忆起我的时候，也正是我想念你最深的时刻，在这想念的日子里，我想问你近来好吗？快乐吗？祝你新年快乐！

45. 祝你：工作清闲自在，打牌从不输钱，存款位数递增，口袋装满美元，精力充沛无限，永远得意洋洋。

46. 财神除夕到，全家老少笑；开春喜鹊叫，好事不间断；盛夏日炎炎，欧美任你游；金秋重阳节，事业步步高！给你拜年了！

第一章 节日庆典

47. 亲爱的，新年快乐！我已经准备一份心爱的新年礼物给你！那就是我！让我好好地照顾你一生一世！我爱你！

48. 新春佳节到，我把福来祝，好运天天交，生活步步高，彩票期期中，打牌次次赢，口味顿顿好，若敢把我忘，小心挨棍棒！

49. 在这阔别的岁月里，愿喜庆的春节带给你无边的快乐！祝你新年幸福！朋友们给你拜年了！

50. 朋友总是心连心，知心朋友值千金。灯光之下思贤友，小小讯儿传佳音。望友见讯如见人，时刻勿忘朋友心。祝新春愉快！

51. 当你看见这信息时，幸运已降临到你头上，财神已进了你家门，福气滚滚奔向你。祝福你新春快乐！

52. 衷心地祝愿你在新的一年里，所有的期待都能出现，所有的梦想都能实现，所有的希望都能如愿，所有的付出都能兑现！

53. 玫瑰是我的热情，糖果是我的味道，星星是我的眼睛，月光是我的轻吻，一起送给你，我的爱人，新年快乐！在我心里你最美。

54. 尊敬的阁下：非常感谢您一年来对我们的支持，借新春佳节之际，祝您新年愉快，身体健康，万事如意。

55. 微风轻拂，白云远逝，在我心中永恒的是友情，祝新年快乐，万事如意。请你把这最诚挚的祝福带在身边，让幸福永远伴随你。

56. 无惊无险，又是一年，新年来临，衷心祝愿，银行存款，只增不减，美好未来，努力今天，人生目标，一直向前！

57. 新年辞旧岁，祝你在新的一年里，有新的开始，有新的收获，新年快乐，万事如意！

58. 祝你新的一年致富踏上万宝路，事业登上红塔山，情人赛过阿诗玛，财源遍布大中华。

59. 有些事并不因时光流逝而褪去，有些人不因不常见面而忘记，记忆里你是我永远的朋友。迎新之际，恭祝事业蒸蒸日上。

60. 新春快乐！万事大吉！阖家欢乐！财源广进！吉祥如意！花开富贵！金玉满堂！福禄寿禧！恭喜发财！

61. 祝你在新的一年里，事业正当午，身体壮如虎，金钱不胜数，干活不辛苦，悠闲像老鼠，浪漫似乐谱，快乐非你莫属！

62. 新春佳节到，向你问个好；身体倍健康，心情特别好；好运天天交，口味顿顿妙；家里出黄金，墙上长钞票。

63. 祝你老兄：龙马精神事业旺，吃喝不愁不发胖，媳妇越来越漂亮，老的小的身体壮，新年会有新气象！

64. 祝愿你在新的一年里，所有的希望都能如愿，所有的梦想都能实现，所有的等候都能出现，所有的付出都能兑现。

65. 在这阳光灿烂的节日里，我祝你心情愉悦喜洋洋，家人团聚暖洋洋，爱情甜蜜如艳阳，绝无伤心太平洋。

66. 天气预报：今年你将会遇到金钱雨幸运风爱情雾友情露幸运霞健康霜美满雷安全雹，请注意，它们将会缠绕着你一整年。

元宵节贺词佳句欣赏

1. 放游一盏盏五彩荷灯，曳动你心湖快乐的涟漪；敲一声声佳节的晚钟，让我的爱在你的心里悸动！元宵快乐！

2. 元宵佳节祝福你，做个元宵送给你！滑滑的，甜甜的，对你的感情黏黏的！

3. 赏月，观灯，我等你！花灯，月下，我想你！月圆，汤圆，缘梦圆！

4. 花好，人圆齐相聚。情人，佳节永同乐，恋人我爱你。

5. 额圆面嫩外表白皙，多情含蓄心甜如蜜，肤靓美体蕊红艳绿，温柔甘饴令我痴迷，十五灯夜吻你吃你。

6. 在这灯如昼的时节，我们一起相约黄昏后，今晚我要让你成为最幸福的人儿。

7. 这一刻，有我最深的思念，让云捎去满心的祝福，点缀你甜蜜的梦，愿你拥有一个幸福快乐的元宵节。

8. 一声声锣鼓一阵阵沸腾一幕幕烟火一盏盏彩灯和着二月丝丝缕缕的微风踱进你心窝，串串企盼祝愿你，元宵快乐！

9. 正月十五月儿圆哪，祝福的话倍儿甜啊，愿你漂亮一年胜一年呀，好运好事常连连啊，元宵节快乐！

10. 月亮，元宵，映衬着你的欢笑，正月十五回荡着你的歌调，今年新春充盈着你的热闹，此时我心久恋着你的美妙。

11. 你是馅我是面不如做个大元宵；你是灯我是纸不如做个大灯笼；你情我愿庆佳节！欢欢喜喜闹花灯！

12. 月到十五分外圆，把你疼爱把你怜，常常把你挂心间，今夜的汤圆甚是黏，我们何时能团圆。

13. 元旦除夕没谋面，宵夜早茶没约见，节前假后没做伴。相会团圆暂无缘，思念惦记梦无限。

14. 祝你元宵节家人团圆，朋友欢聚，情人浪漫，手舞足蹈，动感十足，早晚笑脸，欣慰的表情上演节日的异彩纷呈！

15. 正月里来是新春，十五花灯闹乾坤，汤圆味美香喷喷，祝你佳节福满身，好运和你不离分，万事如意永开心！

16. 敲响的是钟声，走过的是岁月，留下的是故事，带来的是希望，盼望的是美好，送来的是祝福，愿你幸福快乐。

17. 天上月儿圆，地上人团圆，事事都圆！花好，景好，心情更好！祝愿你和家人元宵节快乐！

18. 正月十五月儿圆，月儿代表我的心！让明月捎去我对你的祝福，元宵节快乐！

19. 又一轮美丽月亮，又一个元宵佳节，又一段幸福时光，又一次真诚祝福。祝你：团团圆圆！甜甜蜜蜜！顺顺利利！

20. 喜迎元宵：日圆，月圆，团团圆圆！官源，财源，左右逢源！人缘，福缘，缘缘不断！情愿，心愿，愿愿随心！

21. 用呵护做糯米，揉捏进一颗真心，裹住美满与甜蜜，黏稠的浆汁是我的良苦用心，愿你品出好心情！

22. 月有阴晴圆缺，人有离合聚散，今宵月儿圆又圆，想你的心甜啊甜，佳节自有佳人伴，元宵夜唯君叫我最思念！

23. 送你一碗汤圆愿你的爱情甜甜蜜蜜；送你一盏彩灯盼你的事业顺顺利利；送你一颗真心祝你的节日快乐洋溢！

24. 元宵佳节不送礼，发条短信祝福你：健康快乐长伴你，好运和你不分离，最后让我告诉你，钞票滚滚进袋里，好处全都送给你。元宵节快乐！

25. 你是馅我是面，不如做个元宵大团圆；你是灯我是纸，不如做个灯笼生活火；你情我愿庆佳节！欢欢喜喜闹花灯！你我爱情比元宵甜！

26. 在这快乐分享的时刻，思念好友的时刻，美梦成真的时刻，祝你元宵快乐，团圆美满！

27. 元宵节到了！朋友，我对你的思念，就像这元宵一样，塞得鼓鼓的，捏得圆圆的，煮在锅里沸了，盛在碗里满了，含在嘴里，呀，太甜了！

28. 正月十五的时候一定记得出去看月亮，还要记得背张弓，拿支箭，对着月亮大声喊：嫦娥，下来吃元宵了！说不定嫦娥 MM 真会飞到你的怀抱哟！

29. 圆圆的圆圆的月亮的脸，甜甜的甜甜的香糯的汤圆，满满的满满的盛给你一碗，装上我美美的美美的元宵祝愿！

30. 就是现在，用我最真切的思念。让风捎去满心的祝愿，给我生命中不可多得的你！愿你拥有一个幸福快乐的元宵节！

31. 盏盏花灯报元夜，岁岁瑞雪兆丰年，玉烛长调千户乐，花灯遍照万家春，祝我亲爱的朋友，元宵节快乐！

32. 汤圆是圆的，包裹着甜蜜浓缩着思念；月儿是圆的，有你一生不遗憾；真想梦也是圆的，陪你走过一年又一年！

33. 在这个充满喜悦的日子里，在长久的离别后，愿元宵节的灯火带给你一份宁静和喜悦，还有我深深的思念！

34. 送你一碗汤圆，你将圆一场事业的美梦，圆出温暖如春的爱情，圆得家人幸福的团聚，圆来今年精彩的运程！

35. 元宵之夜月儿圆，合家欢乐吃汤圆，甜甜蜜蜜满心间，幸福一年又一年。

36. 元宵佳节到，请你吃元宵，香甜满心间，新春人更俏。

37. 三五良宵，花灯吐艳映新春；一年初望，明月生辉度佳节。

38. 我要用一缕（情思）一颗（红豆）一勺（蜜糖），月圆时分我会让玉兔送去我特制的元宵！

39. 收到我的祝福的人事业顺畅；阅读的人会飞黄腾达；储存的人会爱情甜蜜；删除的人会好运连连；转发的人薪水猛涨！元宵节快乐！

40. 如果一滴水代表一份寄挂，我送你整个东海；如果一颗星代表一份思念，我送你一条银河；如果一勺蜂蜜代表一份祝福，元宵节我送你一个马蜂窝！

41. 年过完了吧，人跑烦了吧，钱花光了吧，心也疼了吧，短信少了吧，没人埋了吧，野不成了吧，老实上班吧，幸亏还有我预祝你元宵节快乐！

42. 天上的月儿圆，锅里的元宵圆，吃饭的桌儿圆，你我的情更圆，就像元宵一样黏黏糊糊团团圆圆。

43. 水是山的相思，云是天的依托，风在夜里轻轻私语，我在你窗前鸣唱，一切团圆。

44. 祝元宵节，生活正当午，金币不胜数，干活不辛苦，您闲像老鼠，浪漫似乐谱，快乐似小猪！

45. 正月十五喜庆多，阖家团圆幸福多，心情愉快朋友多，身体健康快乐多，财源滚滚钞票多，年年吉祥如意多，祝愿好事多多多！

46. 带着盈盈相思，带着温馨祈愿，祝福你元宵节快乐。

47. 所有璀灿的光芒映照你，所有欢乐的声音都是你，所有温馨的祝愿送给你：花好月圆人长久，情意浓浓闹元宵。

48. 月到十五分外圆，把你疼爱把你怜，常常把你挂心间，今夜的汤圆甚是黏，象征我俩圆圆圆。

49. "橘灯"、"绢灯"、"五彩羊皮灯"、"无骨麦秸灯"、"走马灯"、"孔明灯"，灯灯照亮你的未来道路，祝你事事顺心，万事如意！

50. 元宵夜，夜元宵，夜夜元宵夜；喜庆年，年喜庆，年年喜庆年！

51. 玉兔呈祥！万马奔月！阖家团圆！万事吉祥！庆佳节！欢欢喜喜闹花灯！

52. 新年第一次月圆，海天湛蓝又明灿，平川灯火配花鲜，良宵辉映你欢颜。我迷醉于你笑脸，好似见嫦娥再现。

妇女节贺词佳句欣赏

站在21世纪的门槛上，许多专家预言，新女性将成为世界舞台的主角。所以，你们要敢于竞争、善于竞争，认真工作、创造性地工作。相信你们一定会比男性干得更漂亮、更出色！愿我们公司的每一位女性都成为"巾帼不让须眉"的杰出代表！

春天带来春的希望，今晚的相聚是为明天更好地起航。

只要稍加留意，就会发现女性英才辈出，灿若群星，她们中有许许多多的人已成为推动社会进步和发展的一支不可缺少的力量！如今，她们的经济地位、政治地位、社会地位是以前任何时候都无法比拟的。今天，改革开放的浪潮把女性推到了浪尖，成为时代的弄潮儿！全新的科技信息时代和透着无限商机的市场为女性们开创了更加广阔的天地，使她们能够发挥才干、展示风采！

劳动节贺词佳句欣赏

同志们，希望你们继续发扬甘于奉献、勇于拼搏、众志成城、协同作战的团队精神，保质保量地完成各项工作任务。最后，衷心地祝大家节日快乐，身体健康，万事如意！

劳动节，祝你劳有所获，劳有所得，还要劳逸结合，劳动节快乐！

"五一"到来之际，为您送上一份衷心的祝福：诚祝您与您的家人度过一个愉快的节日！

伟大的成就来自不懈地奋斗，幸福的生活要靠劳动创造。

劳动可以让你快乐生活，劳动可以让你摆脱困境；劳动是幸福的来源，劳动是成功的动力。值此"五一"劳动节到来之际，祝你劳动着并快乐着！

用一月的冰雪浸泡，用二月的春风酝酿，用三月的桃花点缀，用四月的细雨清洗，用五月的阳光熬煮，做成这杯祝福的春酿送给你，祝"五一"快乐，幸福如意！

儿童节贺词佳句欣赏

宏伟理想鼓斗志，幼小心灵开红花。

温室里的花草不会有强大的生命力，请不要在你温暖的帐篷里沉睡，时代在前进。紧跟它向前吧！

青春是人生的希望，但年岁才能增长智慧。

欢歌笑语庆佳节，百态千姿展新颜。

同学们，未来是美好的，但美好的未来总与克服困难相伴，与奋力进取相依，我深信，我们学校的每一位同学都会用自己的努力开创一片美好的未来。

小朋友们，你们是新世纪的主人，肩负着21世纪祖国腾飞的重任，希望你们把爱国主义、民族精神不断发扬光大，从小树立远大的志向和崇高的理想信念，养成良好的道德品质和文明习惯。刻苦学习，加倍努力，全面发展，成长为有理想、有道德、有文化、有纪律的一代新人。

少年有志，国家有望，少年强则国家强。

同学们，今天在你们还是含苞待放的花朵的时候，我们每位老师都愿化做最肥的养料，施与你们；我们愿化做阳光，温暖你们；我们愿化做甘雨，滋润你们。总之，我们愿化做你们成长所需要的一切，只要祖国的花更美，祖国的明天更灿烂。

母亲节贺词佳句欣赏

今朝风日好,堂前萱草花。持杯为母寿,所喜无喧哗。(王冕)

世界上的一切光荣和骄傲,都来自母亲。(高尔基)

母爱是一种巨大的火焰。(罗曼·罗兰)

世界上有一种最美丽的声音,那便是母亲的呼唤。(但丁)

慈母的胳膊是由爱构成的,孩子睡在里面怎能不香甜?(雨果)

在孩子的嘴上和心中,母亲就是上帝。(英国谚语)

女人固然是脆弱的,母亲却是坚强的。(法国谚语)

人生最美的东西之一就是母爱,这是无私的爱,道德与之相形见绌。(日本谚语)

人的嘴唇所能发出的最甜美的字眼,就是"母亲";最美好的呼唤,就是"妈妈"。(纪伯伦)

母爱是世间最伟大的力量。(米尔)

母爱是多么强烈、自私、狂热地占据我们整个心灵的感情。(邓肯)

我的生命是从睁开眼睛,爱上我母亲的面孔开始的。(乔治·艾略特)

全世界的母亲是多么的相像!她们的心始终一样,每一个母亲都有一颗极为纯真的赤子之心。(惠特曼)

世界上一切其他都是假的、空的,唯有母亲才是真的、永恒的、不灭的。(印度谚语)

第一章　节日庆典

没有无私的、自我牺牲的母爱的帮助，孩子的心灵将是一片荒漠。（英国谚语）

看着母亲一丝丝的白发，一条条逐日渐深的皱纹，多年含辛茹苦哺育我成人的母亲，在这属于您的节日里，请接受我对您最深切的祝愿：节日快乐，永远年轻！

亲情在这世间，总是让生活充溢着一份份平平常常但却恒久的温暖，亲情是贯穿生命始终的。为此，我们祝福天底下每一位母亲——母亲节快乐！

我的美好祝福浓得化不开；我的美好祝福深得抹不去；我的美好祝福只献给你——我最亲爱的母亲！

让我们多给母亲一点爱与关怀，哪怕是酷暑中的一把扇子、寒冬中的一件毛衣，让母亲时刻感受到儿女的关心。

您是一棵大树，春天倚着您幻想，夏天倚着您繁茂，秋天倚着您成熟，冬天倚着您沉思。

您的爱是崇高的爱，只是给予，不求索取，不溯既往，不讨恩情。

用我的心抚平您额上的皱纹，用我的情感染黑您头上的白发。

您生命的秋天，是枫叶一般的色彩，不是春光胜似春光，时值霜天季节，却显得格外神采奕奕。

母亲给了我生命，而我则成了您永远的牵挂。在我无法陪伴左右的日子里，愿妈妈每一天都平安快乐。

也许，在我们这一生中，有许多人、许多事，经历了转身便会忘记，但在我们的心灵深处，永远不会忘记我们的母亲，永远不会因为岁月的流逝而减少我们对母亲深深的爱。

父亲节贺词佳句欣赏

是您指引我走出第一步,帮助我找到以后的路。爸爸,祝您节日快乐,身体健康,永远开心!

岁月的流逝能使皮肤逐日布满道道皱纹,我心目中的您,是永远年轻的父亲。远方的我祝您节日快乐,身体健康,万事如意!

燃烧的岁月,已将父亲的青春焚尽,但坚强的信念,仍在父亲额头闪光,父亲在我心目中永远高大伟岸,父亲的爱护、关怀和勉励将伴我信步风雨人生。

爸爸,不论何时你都是我的拐杖,给我支持,给我方向,给我力量,让我可以走好今后的每一段路。也许有一天,你老到无法再给我支持,但在我心里,那份浓浓的父爱仍然会帮助我,直到永远。

我的脉搏里流淌着您的血液,我的性格上深烙着您的印记,我的思想里继承着您的智慧,这一切的一切,我永远不会忘记。多少座山的崔嵬也不能勾勒出您的伟岸,多少个超凡岁月也不能刻画出您面容的风霜,爸爸,谢谢您为我做的一切。

爸爸的教诲像一盏灯,为我照亮前程;爸爸的关怀像一把伞,为我遮蔽风雨。

爸爸,不管您打过我也好,骂过我也好,我知道都是为了我好,恨铁不成钢,我心里一点也不怪您,我要告诉您,您是我永远的好爸爸。

亲爱的爸爸,很怀念儿时您常带我去公园游玩,那时您的手掌好大、好有力,谢谢您对我的培养,祝您父亲节快乐!我永远都会记得,在我肩上的双手,风起的时候,有多么温热;我永远都会记得,伴我成长的背影,用你的岁月换成我无忧的快乐。

爸爸,您生我育我,我能到今天,离不开您的支持。我有时说话不知轻重,冒犯了您,请您别放在心上,今天是父亲节,祝您节日快乐!

年少的青春,未完的旅程,是你带着我勇敢地看人生;无悔的关怀,无怨的真爱,而我又能还给你几分?祝父亲永远快乐!

一年又一年,风风雨雨;一日又一日,日落日起。父亲的厚爱渗入我的心底。敬上一杯真挚的酒,祝父亲安康长寿,欢欣无比!

教师节贺词佳句欣赏

您不是演员,却吸引着我们饥渴的目光;您不是歌唱家,却让知识的清泉叮咚作响,唱出迷人的歌曲;您不是雕塑家,却塑造着一批批青年人的灵魂。

假如我能搏击蓝天,那是您给了我翱翔的翅膀;假如我是击浪的勇士,那是您给了我弄潮的力量;假如我是不灭的火炬,那是您给了我青春的光亮。

刻在木板上的名字未必不朽,刻在石头上的名字亦未必永垂千古,而刻在我们心灵深处的您的名字,将真正永存。

如果说我们是彩虹,那您就是太阳,给予我们七彩之光,如果说我们是鱼儿,那您就是水中的空气,给予我们新的呼吸;如果说

庆典贺词全集

我们是小草,那您就是春季的雨滴,给予我们生命的源泉。

让阳光送去我们美好的期待,让清风送去我们深深的祝福,让白云和蓝天永远点缀你的生活,愿你的生活充满快乐。

是谁不断重复昨天的故事?是谁不断铸就今日的辉煌?是谁不断培养明日的栋梁?——老师,您辛苦了!

白色的粉笔末,一阵阵地飘落。它染白了您的黑发,却将您青春的绿色映衬得更加浓郁。

敬爱的老师,在感念的季节,风吹过我的眼眸,雨落在心中,几番幕起又幕落,忍不住又忆起童年往事,那时的您还很年轻,却担起了母亲的责任,老师,您的爱伴我成长。

天底下的老师们,你们是天上耀眼的星星,用你们那明亮的星光照亮每一位学生的心灵,祝福你们,感谢你们!

教师是一种个体,有一定数量,分布于这个世界的各个角落,这类个体充当两代生命之间知识传递的媒介。

新竹高于旧竹枝,全凭老干为扶持。明年再有新生者,十万龙孙绕凤池。谢谢您,老师!

风吹来,雨打来,雪飞来,年复一年,老师,您总是毅然地站着,巍如高山。

这一天,是您的自豪;桃李满天下是您的骄傲;纯洁的师生情是您的最大财富。这么多年,您的谆谆教诲,我牢记在心。祝您桃李遍天下!

老师,您是一棵挺拔的树,曾结过成熟的果实,岁月在您的身上镌刻下苍老的年轮,您的身旁却崛起一片郁郁葱葱的森林。

中秋节贺词佳句欣赏

举杯仰天遥祝：月圆人圆花好，事顺业顺家兴。皓月闪烁，星光闪耀，中秋佳节，美满时刻！共赏圆月一轮，喜迎中秋良宵。

华夏九州同祝福，中秋两岸盼团圆。

明月当空洒银泻玉，中秋正至喜世悦人。三五良宵秋澄银海，大千世界光满玉轮。月到双节分外明，节日喜气伴你行。

人逢喜事精神爽，人团家圆事业成。

祝福中秋佳节快乐，月圆人圆事事团圆，人顺心顺事事都顺。祝全家幸福、和气满堂、合家欢乐！

月是中秋分外明，我把问候遥相寄；皓月当空洒清辉，中秋良宵念挚心；祝愿佳节多好运，月圆人圆事事圆。

以真诚为半径，以尊重为圆心，送您一个中秋圆圆的祝福。愿您好事圆圆，好梦连连，月圆人更圆！

海上明月共潮生，千里相思随云去，遥寄祝福千万缕，化做清风入梦中。中秋快乐！

送上香甜的月饼，连同一颗祝福的心！

相思是一种浓浓的酒，总在举杯时散发出醉人的芬芳；乡愁是一份厚厚的情，总在月圆时轻唤起难言的惆怅。

中秋之夜我在月宫宴请客人，为大家准备丰盛的晚餐：清蒸浪漫，红烧祝福，水煮团圆，油炸快乐糕，真诚温馨汤，十分开心果，温暖幸福酒。敬请光临！

重阳节贺词佳句欣赏

古枫吐艳，晚菊傲霜。

家有老翁，屋有吉祥。

黄菊倚风村酒熟，紫门临水稻花香！天高气爽，人寿花香！

敬老鼓琴仙度曲，爱老种杏客传书。

九九芳辰重阳鹤添寿，愿秋风捎去我的思念和祝福，祝你越活越精神，越活越年轻！

秋天的重阳，不是春光胜似春光，时值霜天季节，却显得格外神采奕奕。祝您老重阳节快乐，健康长寿！

老年时最大的安慰，莫过于意识到已把全部青春的力量献给了永不衰老的事业。

一个真正具有生命力的天才，就是能将一片赤子之心带入老境的人。

六十年内不分离，七老八十手牵手，共渡八千里路云和月，九月九日重阳日，十指紧扣笑回首！

秋风徐徐，重阳九九，蒸上九重的粢糕，备好香醇的菊酒，等着与你分享。

老年只是青年的开花时节，是一个更成熟、更卓越的青年。

松柏不残四季翠，山村难老百岁人。

桃熟三千老人星耀，春光九九华堂歌喧。

年轻人是春天的美，而老人则能使人体味到一种秋天的成熟和坦率。

人们尽可跑得比老年人快,却不能超过他的智力。老人们,重阳节快乐!

国庆节贺词佳句欣赏

今天的建设是为了我们的未来,天佑中华,生生不息,让我们大家坚守各自的岗位,共同携手,建立一个更加和谐、更加繁荣富强的中国吧!

我们的决心是坚定的,我们的步伐是坚实的,我们的声音是最响亮的。光明就在眼前,为了祖国,为了明天,让我们爆发全部的激情,冲向理想的彼岸吧!

这两个字,有青铜铭文的激扬,有青花瓷的婉约,有五千年的古老,也有五千年的沧桑。这两个字,只有笔直的横竖和刚劲有力的一点,却被岳飞背上的"精忠报国"刻得方方正正,这两个字便是——中国!她地大物博、风光秀美,孕育了瑰丽的传统文化,"大漠收残阳,明月醉荷花",广袤土地上多少璀璨的文明还在熠熠闪烁;她大河奔腾,浩荡的洪流冲过历史翻卷的漩涡,激流勇进,洗刷百年的污浊,惊涛骇浪拍击峡谷,涌起多少命运的颠簸;她高山巍峨,雄伟的山峰俯瞰历史的风狂雨暴,暮色苍茫,任凭风云掠过,坚实的脊背顶住了亿万年的沧桑与从容。

又是一个金秋送爽的季节,又是一个欢乐祥和的好日子。在喜洋洋的锣鼓声中,我们迎来了新中国的第××个生日。在佳节来临之际,祝愿我们的祖国繁荣昌盛!

秋天，总给人们带来喜庆，带来诗意，带来遐想，带来憧憬，更带来希望。而今年的秋天，非同一般，更不寻常。在这美好的季节，从江南水乡到北国边陲，从赣江之滨到拉萨林卡，新中国每一平方千米的热土都浸透着欢欣与幸福，流淌着甜蜜与歌唱。十三亿华夏儿女以豪迈激越的歌声放飞金色的理想与玫瑰色的憧憬，放飞坚如磐石的信念与对伟大祖国赞美的诗行。

朋友们，迎着太阳，秋风送爽，让我们站在古老的长城上，以一种深情，以一种豪迈，以一种庄严的仪式，端起金杯，畅饮欢庆的美酒，轻轻抚摸脚下的每一寸土地，共同祝福我们亲爱的祖国国泰民安、前程似锦。

不管对于哪个国家、哪个民族来说，祖国都是一种魂，是擎天巨树上的落叶飘向大地母亲怀抱时的殷殷深情，是使一个国家虽然饱经沧桑忧患却仍能焕发出生命光泽的力量支柱，是使自己的儿女无论走到哪里、身处何方，都将魂萦梦萦、日牵夜挂的精神召唤，更是一种流在每个人血管里，祖祖辈辈、生生不息、光照千秋、与日月争辉的魂！而我们，跨世纪的青年们，手挽着手，万众一心，冒着敌人的炮火前进的中国人，便是那巍巍国魂下永不变心、永不褪色的赤诚！

今天，在这大喜的日子里，举国欢腾，我要大声歌唱！看，全中国正以春天般明媚的心态为您庆祝××周岁寿诞呢！在这里，我要以满腔真诚为您献上火红的玫瑰。

"长江后浪推前浪，一代更比一代强。"我坚信，在我们的不懈努力下，祖国的明天，天更蓝、山更绿、水更清、经济更繁荣、人民更幸福、国力更强盛，祖国的明天更美好！

第二章 开业庆典

开业庆典的意义与特点

开业庆典主要为商业性活动，小到店面开张，大到酒店、超市商场等的商务活动。开业庆典的规模与气氛，代表了一个工商企业的风范与实力。公司通过开业庆典的宣传，告诉世人，在庞大的社会经济肌体里，又增加了一个鲜活的商业细胞。

从客观上来看，一个单位的开业庆典，就是这个单位的经济实力与社会地位的充分展示。从来宾出席情况到庆典氛围的营造，以及庆典活动的整体效果，都会给人一个侧面的诠释。通常来说，人们习惯用对比的方法来看待开业庆典，比如某商场举行开业庆典，人们首先想到的是，同等规模的其他商场开业时的情形，对比之下，人们会对新开业的商场持有一种看法，也就是认知程度的问题，如果印象比较好，对商场信赖程度就会提高，无形之中成为未来的潜在的顾客群体。

开业庆典是一个经济实体的外貌，如何走好第一步尤为重要，要迈好这第一步，庆典仪式方案及与之相关的庆典道具运用，无疑是挂"帅"点"将"，十分重要！

同时，开业庆典也是中国人的一项传统风俗，从沿海到内陆都有着同样的风俗，认为开业庆典能给之后的活动带来好运。

开业庆典贺词从表达形式上看可分为两类。

1. 现场即席致辞祝贺。一般说来，在较为随意轻松的场合可以即兴表示祝贺，但在公共事务场合下，为庄重严肃起见，应按事先拟好的祝贺词发言。

2. 花篮贺词。有时祝贺人无法到场祝贺，在这样的情况下，可以用送花篮方式来表示祝贺之意。

开业庆典贺词的语言崇尚平实，表达委婉，崇尚质朴，不事华美。但是，如果在贺词中加入一些富于文采、饱含情韵的文学化的句子，会使得致辞精彩出众，给开业典礼增添一抹别样的"亮色"。

酒店食府开业庆典贺词

酒店食府开业典礼开始时，企业代表应向来宾简单致辞，向来宾及祝贺单位表示感谢，并简要介绍本企业的经营特色、经营目标、具体措施及未来展望等内容。接着，可安排上级领导和来宾代表在会上致贺词，整个讲话仪式应紧凑、简洁。

酒店食府是餐饮休闲场所，在此类单位的开业庆典上致辞，从内容上说，要健康、文明、高尚；从形式上说，要优美、雅俗共赏。致辞的开篇最重要，精彩的开篇等于成功的一半。开篇要简短，用一两句话点明活动的主旨，表达谢意或贺喜等。但这一两句话不能讲得直白平淡，没一点气氛；而要讲得情感饱满，气氛浓烈，把人们的情绪调动起来。为了实现这样的讲话效果，致辞的开篇往往运

庆典贺词全集

用烘云托月的写法，先是进行一番渲染，把气氛调动起来，之后用一个承上启下的句式，引出主要话题。如："金秋十月，清风送爽。今天，四面八方的朋友会聚在这里，都是为了庆祝一个共同的盛事，即凤凰大酒店开业庆典仪式！凤凰，是中华民族古老传说中的鸟中之王，它雍容华贵，富贵吉祥。而今天，在我们欣欣向荣的××区，迎来了凤凰的到来！它，就是我们即将开业的凤凰大酒店！从此，龙飞凤舞，互依互助，共图大业，共创辉煌！它将引领我们造就斑斓春秋、锦绣繁华！"

有了好的开篇，如何让贺词的正文不落俗套？如祝贺开业的致辞，经常使用开业大吉、生意兴隆、财源广进等，但使用传统的贺词祝语，要注意与时俱进，推陈出新，赋予鲜活的时代内容，以增强致辞的高雅格调。比如说："俗话说：十月怀胎一朝分娩，一个新生命的诞生是需要经过一个艰辛的历程的。我们××公司在历经了整整十个月的波折与等待后，今天终于和大家见面了。她就像一个刚刚出生的婴儿一样稚嫩柔弱，但我相信她会一天天地长大，渐渐成熟起来！作为公司的创始人，在这里我替我的孩子许下一个美好的愿望，愿她前程远大，一片光明！"

【范文一】

【致辞人】区委会主任

【致辞背景】酒店开业庆典致辞

各们来宾，各界朋友：

大家好！

能够受邀参加××大酒店的开业庆典，我感到万分荣幸，在此，我谨代表××区管委会，向××集团的盛情邀请表示衷心的感谢！

第二章 开业庆典

经过十年开发建设，××区形成了优越的投资环境、较好的经济科技基础，便利的交通、日趋完善的配套、旺盛的人气，这一切使这里成为新的生活、发展领域和投资开发的热土，也是各企业家理想的创业场所。

××集团就是其中的一个优秀的创业者，××不仅是一个正在奋发向上，蓬勃发展的集团，也是一个具有独特投资眼光的集团。从××到××大厦，××立足于×区，投资建设了许多具有深远意义和较大价值的项目，特别是四星级宾馆——××大厦的顺利落成和运行将推动××区的招商引资步入一个新的台阶，为××区的发展注入更多新的活力，带动整个××区经济的繁华和兴旺！

作为××区的行政管理部门，我们××区人民政府按照市场经济的要求和国际惯例建立了精简、高效的管理体制，力求为各企业提供优质的创业环境和优越条件，方便和适应投资者的需求。今天，我们很欣喜地看到，××大酒店圆满落成并开业！相信在不久的将来，它必定会欣欣向荣，成为××区经济和文化的视窗，成为周边企业的表率，并和他们携手共同繁荣××区，实现经济的腾飞！

最后，我希望××大酒店能立足新区、稳步发展、生意兴隆！同时，也衷心地祝愿××集团的事业灿烂辉煌！

预祝××大酒店开业庆典圆满成功！

谢谢大家！

庆典贺词全集

【范文二】

【致辞人】应邀出席的某局局长

【致辞背景】在酒店开业庆典上致贺词

同志们：

金秋时节，清风送爽，丹桂飘香。今天，××大酒店开业庆典仪式在这里隆重举行。我谨代表××市×××局向莅临今天盛会的各位领导、各位嘉宾表示热烈的欢迎和衷心的感谢！向为酒店建设付出心血和汗水的全体施工管理者和工程建设者表示亲切的问候！

"千秋伟业千秋景，万里江山万里美。"我局按四星级标准投资建设的××大酒店于×××年×月破土动工以来，全体建设管理者和工程建设者克服了地质复杂、施工难度大、资金紧缺等方面的困难，经过两年多的奋力拼搏，保证了酒店顺利开业。建成后的××大酒店，设计新颖、风格别致、功能齐全，无论是主体建筑，还是装饰装修，都构思宏伟、气势恢弘、手笔大气。酒店主体共××层，建筑面积×××平方米，定位于旅游休闲性酒店，内有仿真凯旋门、多功能会议厅、中西餐厅、茶室、桑拿保健中心、多种格调的标准房、商务用房和豪华套房。酒店前为×××平方米的喷泉休闲广场，后部设有面积×××平方米、××个泊位的现代化停车场。酒店还有一个独一无二的优势——温泉，含钙、钠、镁、钾、碘等多种有益人体身心健康的元素，是可遇而不可求的保健温泉。××大酒店的建设和开业，是我局实现房产经济由管理型效益向经营管理型效益转变的重大举措，对提升整个××市旧城区的档次、打造旅游名市，增添了光彩。

"有朋自远方来，不亦乐乎。"酒店开业之后，我们期待各位领导、四方来宾、各界朋友予以更多的支持、关心、重视和理解,同时也希望酒店管理公司和全体职员要强化管理,规范运作,热忱服务,爱岗敬业,尽心尽力把××大酒店做成××市乃至全省有品位、有档次、有影响、有效益的一流酒店。

最后祝各位领导、各位嘉宾身体健康,生活幸福,事业兴旺!祝××大酒店开业大吉,生意兴隆,鹏程万里!

谢谢大家!

【范文三】

【致辞人】酒店总经理

【致辞背景】在酒店开业庆典上致贺词

尊敬的领导、来宾、各位业界同人和朋友:

大家好!

很高兴在今天这个特别的日子里,我们能够相聚一堂,共同庆祝××大酒店隆重开业!首先,请允许我代表××大酒店的全体员工,向今天到场的领导、董事长和所有的来宾朋友表示衷心的感谢和热烈的欢迎!

××大酒店位于××市××区中心地带,集商铺、办公、酒店、餐饮、休闲、娱乐于一体,是按照四星级旅游涉外饭店标准投资兴建的新型综合性豪华商务酒店。值得一提的是,它是××市首家客房内拥有干湿分离卫生间及景观阳台的星级酒店,其优越的地段、豪华的环境、优质的服务和智能化的配套设施,必将给您耳目一新的感受。它是顺应××市特大型城市建设发展的精品建筑,是××区的地标,也是各商家投资、置业、理财的新途径。

正如我们的董事长所说,××大酒店是"我们××人智慧和汗水的结晶"。它的筹划和诞生，倾注了我们××人的所有心血，凝聚了××全新的理念。值得欣慰的是，有这么多的朋友默默地关心和支持着我们，陪伴我们一路走来。其中，有××区领导的高度重视和政策指导，有我们××集团高层的殷切关怀和鼎力扶持，有社会各界朋友的热心帮助等，让我们感激不已。

跨入新世纪，××市的现代化建设突飞猛进，××区的发展如火如荼，未来的竞争日益激烈，作为总经理、××大酒店的具体运营者，我深知自己肩负的重担和使命，我的一言一行、一举一动，都将和××大酒店乃至整个城市未来的建设发展联系在一起。但是，困难与希望同在，这么多朋友的关心和指导，是支撑××大酒店存在并运作的信心和源泉！面对挑战，我坚信，××大酒店必将在市场上傲然挺立，拥有一席之地！为此，我将携全体工作人员，用良好的业绩来回报各界，以不辜负领导、董事长和社会各界的期望！同时，我们××大酒店全体员工，将坚持求变创新的开拓精神，和诸位业界同人一起，全力以赴，共同致力于××区的建设发展，为××市进一步的繁荣昌盛添上辉煌灿烂的一笔！

正如我们××大酒店的宗旨所阐述的一样，我们要做好××市××区的地标和窗口，要奏响新区的最强音，要为××市人民创造一个永不落幕的新型都会！

最后，我要特别感谢××区领导的莅临指导，感谢董事长于百忙之中能够亲临开业现场致辞！再次感谢各位朋友的光临！谢谢大家！

【范文四】

【致辞人】镇领导

【致辞背景】在农业旅游园区开业庆典上致贺词

各位领导，各位来宾：

"稻米迎客香，金橘满枝头。"在这秋风送爽、百菊吐芳的金秋十月，我们迎来了××天池园正式开业的日子。首先，我代表××镇党委、镇政府向各位嘉宾表示最热烈的欢迎！向关心和支持我镇经济社会发展的各级各部门及各界人士表示最衷心的感谢！向各位领导致以最诚挚的谢意！

近年来，我镇狠抓农业结构调整，着力建设城郊旅游休闲园区，涌现了一批独具特色的城郊农业园区，对调整农业产业结构、提升城郊农业品位、树立××城市形象发挥着积极作用。

××天池园是一个集旅游观光、休闲娱乐、餐饮服务于一体的城郊农业旅游园区，园区坚持建设农业园区与促进农业增效相结合，坚持发展城郊旅游与弘扬民族文化相结合，坚持带动农民增收与发展特色产业相结合，立足以建设园区为基础，以传承花灯文化为特色，以城郊旅游为理念，为我镇城郊经济园区发展树立起一面新的旗帜。

××天池园的开业，标志着我镇城郊农业园区经济带的初步形成。它与花灯寨、良马园艺、惠丰等城郊特色园区一起在我镇产业结构调整和农村经济发展中发挥着越来越重要的作用，是我镇农业产业化建设的一支生力军。

"长风破浪会有时，直挂云帆济沧海。"我们希望××天池园乘着中央一号文件的东风，抓住党中央重视"三农"工作的机遇，加强管理，优化服务，注重质量，讲究品位，积极依托自身优势，不断挖掘花灯文化的丰富内涵和城郊园区的发展潜力，在西部大开发的号角中开创我县城郊旅游园区经济的新篇章。

最后，祝愿各位领导、各位嘉宾身体健康、万事如意、生活幸福！

祝××天池园生意红火、财源滚滚！

谢谢大家！

公司开业庆典贺词

公司开业典礼上的致辞分为两类：一是以主人的身份发表的讲话，这样的致辞也叫欢迎词；二是以来宾代表的身份发表的讲话，这样的致辞也叫贺词。前者致辞的主旨在于推广本单位、感谢来宾；后者致辞的主旨在于祝贺和鼓励。按照一般的要求，开业典礼上致辞的语言崇尚平实，不事委婉；崇尚质朴，不事华美，这也是礼仪致辞应当遵循的基本要求，但是，在各类开业典礼上我们不难发现，如果在致辞中加入一些富于文采、饱含情韵的文学化的句子，会使得致辞精彩出众。这些句子多为致辞者即景即情而作，也可以直接取之于诗词名句，或者对诗词名句改造化用，从形式到内容都给开业典礼增添了一抹别样的"亮色"。比如在某环保产品公司的开业典礼上，有人在贺词中这样说道：

"'五彩云霞空中飘,天边飞来金丝鸟。'各位领导,同志们,女士们、先生们,朋友们,大家好!在济南,在十月,在这层林尽染、金风送爽的季节;在泉城,在十月,在这片火热赤诚、多情的热土,今天,我们意气风发,每一张笑脸都像春天的彩霞;今天,我们喜气盈盈,每一面旗帜都舒展着节日的快乐。不论你是远来的贵客,还是泉城的嘉宾;不论你是尊贵的合资伙伴,还是坦诚的泉城主人,我们的心情都是同样的激动,我们的脉搏都跳动着同样的旋律。开发绿色环保型产品、繁荣地方经济、造福一方人民,为实现这一美好夙愿,我们怀着大展宏图、筚路蓝缕、共创伟业的雄心相聚在此;我们带着讲诚信、打造名牌闯市场的信念相聚在此。我们相聚在此是为了今日的庆典,我们今天为××公司开工建设举行隆重而热烈的庆典!"

这种富于文采、饱含情韵的文学化的"靓词丽句"使得贺词语言在简练明快之余又不失活泼生动,不但没有成"蛇足"之累,反而有"点睛"之效。

【范文一】

【致辞人】总经理

【致辞背景】科技公司开业庆典致辞

朋友们,同事们:

今天,是圣诞节,是一个欢乐而祥和的节日,在这个值得庆祝的日子,我们的××科技有限公司隆重开业了!在此,我要感谢为××公司的诞生作出努力的朋友,感谢每一位为××付出的朋友!

6个月前的今天,××还是一个在思想上在语言中的幻想,还是一个憧憬的梦,甚至连××这个名字都还没有;3个月前的今天，××有了一个模糊的概念，并且有了一个域名 TQ168，这个名字标志着××无论如何都要诞生，无论如何都会成长；1 个月前的今天，我们开始在艰难中谋划××，开始让这个梦变为现实，开始让 TQ168 找到了一个家。经过一个多月的努力，××诞生了，从此开始了它今后无尽的生命历程。今天，我们在这里庆祝××公司正式开业，这不仅是我个人人生中的一件大事，也是我们××全体员工的一件大事，我们将在这里共同努力，让××成长，让我们与××一起成功。

××的经营重点是电子商务，这是一个新兴的产业，一个朝阳产业。随着信息化的深入人心，它越来越主宰着经济和发展方向。经济信息化、全球化趋势不断加剧，电子商务在这个趋势中的作用是不可替代的，未来的经济可以说就是网络化、电子化的经济。我们作为电子商务领域的一员，必须超前谋划，站在潮头，抢抓机遇，扩大发展，站在经济发展的前沿。谁能抓住机遇谁就是英雄，谁就能够成功；谁不能抓住机遇必然就会被抛弃。我们××的员工都是年轻有朝气的，我们都有着远大的抱负，有着创业的欲望，我们将以××为一个平台，让大家都有机会展示自己的才能，创造自己的事业，让大家在不断地努力中使自己得到发展，也使××得到发展。

朋友们，我们本是陌生人，是××让我们走到一起来，没有××，我们不会成为同事，不会成为朋友。我和你们一样，都是××的第一代员工，崭新的××公司是我们一起创造的，也将在我们手里发展壮大。在我们大家的共同努力下，××从无到有，在我们的共同努力下，它也将由小到大，由弱到强，最终成长为同行中一颗夺目的明珠。

朋友们，今天××公司正式开业营运，标志着我们这个团队有了统一的战斗力，我们的利益是一致的，我们的理想是一致的，我们的未来是美好的，成功必将属于××，属于我们大家。让我们举起杯，共同祝愿××公司走向壮大，走向辉煌！

谢谢大家！

【范文二】

【致辞人】应邀出席的领导

【致辞背景】在汽车服务有限公司开业典礼上致贺词

各位领导，各位来宾，同志们：

大家好！

非常荣幸出席今天的"×××汽车服务有限公司"开业典礼。首先，我代表××区党委、区政府对××汽车服务有限公司的隆重开业表示衷心的祝贺！向出席今天庆典活动的各位领导、各位来宾表示热烈的欢迎！

近年来，随着改革开放和招商引资步伐的不断加快，××区经济得到了快速发展，汽车服务行业也逐渐成为××的一个主要产业。××汽车服务有限公司是××区去年招商引资引进的新企业，目前已经投入资金×××万元，完成了公司一流展厅和修理车间的建设，被核定为××省汽车维修一类企业、政府招标定点企业。新展厅及车间的投入使用，必将给××公司的发展插上强有力的翅膀，使××公司在一个更高的平台上走得更快、飞得更高。

希望××区所有的企业以××公司为榜样，加快发展，加强建设，把企业做大做强，为我区经济的持续、长足发展做出更大的贡献！

最后祝贺各级领导、各位来宾身体健康，工作顺利，阖家快乐，万事如意！

谢谢大家！

【范文三】

【致辞人】区领导

【致辞背景】在高新技术工业园奠基仪式上致贺词

各位领导、各位来宾，同志们，朋友们：

今天，××高新技术工业园举行隆重的奠基仪式。在此，我代表××区委、区政府，对××公司及全体员工表示热烈的祝贺！向关心、支持项目规划建设的市领导、市直部门及各界朋友表示衷心的感谢！

××集团是我区一家生产洗涤用品原料的较大的企业，生产规模在全国同行业中位居前五位，在省同行业中位居第一，在全国民营企业中位居第一，××高新技术工业园的奠基标志着××集团进入了一个崭新的阶段。希望××集团以此次新厂建设为契机，从提升规模档次、提升市场竞争力、不断增强发展后劲出发，结合壮大优势产品产出、更新装备、开发产品、延伸配套，进一步加大技改投入力度和项目建设力度，不断提高产品科技含量，提高规模产出效益，积极推动企业做大、做强、做优，为××经济社会的快速、健康发展做出更大的贡献。

最后，衷心祝愿××集团新厂项目开工大吉，兴旺发达，财源滚滚！祝各位领导、各位来宾工作顺利，身体健康，万事如意！谢谢大家！

第二章 开业庆典

【范文四】

【致辞人】医药行业同仁

【致辞背景】在医药企业开业典礼上致贺词

各位代表,各位来宾朋友:

沐浴着和煦的阳光,享受着清爽的秋风,我们相约来到舒适怡人的××酒店,参加××医药中心的开业盛典,喜乐之情难以言表。刚才,集团、中心、医药主管部门和政府领导的发言与讲话,简洁而又细致地勾画出了××医药中心的发展蓝图,作为有着长期合作与友谊的医药工业同仁,我们为中心的发展远景欢欣鼓舞,对与中心的长久合作充满了美好的期待。在此,我谨代表参加会议的医药工业同仁,对中心的成立表示最诚挚的祝贺!

××药业集团和×××医药有限公司都是我们与会工业企业的长期合作伙伴。多年来,我们之间在互通有无、相互合作、共同发展的旗帜下,走过了艰苦而又充满友谊的合作之路,各自都在这种良好的氛围中得到了不同程度的发展壮大。今天,目睹××医药集团与×××医药事业发展,我们感到由衷的高兴,同时也寄予深深的祝福,祝愿新诞生的××医药中心在为人民健康事业奋斗不息的征途中,一步一个脚印地发展壮大。作为你们的坚强后盾,我们将一如既往地为中心的发展提供无私的帮助与支持,并借助于中心这个平台,实现工商、商商及医疗单位的密切合作,共创医药经济的美好未来,为人民健康事业的发展做出新的、更大的贡献!最后,祝××医药中心开业盛典圆满成功!

谢谢大家!

公益、文化机构开业庆典贺词

公益、文化机构的开业典礼少了几分商业气息，多了几分人文关怀，因此，贺词既要讲究修辞，让语言富有文采，又要丰富风趣，让说理生动起来。此类贺词免不了要进行议论，以表明自己的观点和看法，但贺词中的议论，不宜抽象枯燥，把理说得老气横秋、呆板沉闷，而往往要做到生动活泼、富有趣味。

【范文一】

【致辞人】宣城梅氏宗亲代表

【致辞背景】在信阳梅氏根亲文化研究会成立仪式上致贺词

各位领导、各位嘉宾、海内外梅氏宗亲代表，女士们、先生们：

大家上午好！

金秋十月，鲜花绽放，丹桂飘香。今天，我们来自海内外的梅氏后裔，欢聚河南信阳，共庆中国信阳梅氏根亲文化研究会的成立。值此吉日良辰，我谨代表安徽宣城梅氏宗亲以及筹组中华梅氏文化研究会的全体成员，向大会致以热烈的祝贺！预祝大会圆满成功，与会代表福寿安康！

中原地区乃华夏民族之摇篮、中华文化发祥地。厚重黄土育我梅氏先祖，汝淮之水滋其枝繁叶茂。梅颐、梅陶名垂史册，梅娟、梅思祖封地于斯，故中华梅氏素有"汝南梅氏"之美称，这是黄淮

第二章 开业庆典

中原梅氏的荣耀,是先祖馈赠的精神财富。文化系民族之魂、宗族之源。信阳梅氏宗亲响应胡锦涛主席"弘扬中华文化,建设中华民族精神家园"的号召,成立根亲文化研究会,追根溯源,敦亲睦族,弘扬传统文化,传承家族精神,这是德披后世之义举,作为每一个热爱家族的梅姓子孙,都应该给予积极赞扬与大力支持。

我宣城梅氏起始后唐,泱泱千余年,根正源清,世系井然,子孙遍布环宇,名家声播海内,素有"宣城梅花遍地开"之誉。当前,宣城梅氏文化研究已拓展到全国17个省市50多个市县,仅梅氏谱牒就搜集有30多种。即将定稿印刷、近百万字的梅氏文化大型典籍《宣称梅氏》,收录了全国各地100多处梅氏情况的简介。现在,我们的工作引起了当地政府领导的高度重视,得到了全国各地宗亲的大力支持,产生了广泛的影响,受到了海外世界梅氏宗亲总会的关注。日前,以梅先生为首的世界梅氏宗亲总会嘉宾一行赴宣城考察,并授权宣城梅氏宗亲筹组中华梅氏文化研究会。这是海内外梅氏宗亲对宣城梅氏文化的历史积淀及其研究成果的肯定,是赋予我们团结广大内地梅氏宗亲,弘扬、传承中华梅氏文化神圣职责的厚望与期待。

我们宣城梅氏宗亲将不辱使命,克服困难,在当地政府的领导、帮助下,在世界梅氏宗亲总会及海内外梅氏宗亲的配合、支持下,以宣城中华梅氏文化研究会为平台,通过建网站、办刊物、出书籍、设基金、搞联谊等多种形式与途径,将宣城打造成一个研究、传播中华梅氏文化,扩大梅氏家族社会影响,后代子孙励志教育的文化基地;一个海内外梅氏宗亲联络、沟通,相互提携、帮助,谋求共同发展,共建和谐族群的亲情家园。

"梅魂绝俗，梅裔雄奇，傲岸籍秀，匡世济时。"我们是梅的子孙，任何艰难困苦，冰雪严寒都阻挡不了含笑报春的步伐。我坚信，只要海内外一千多万梅家儿女，同心同德，众志成城，梅氏家族一定会在振兴中华民族的伟大事业中，走在现代社会的前列！

【范文二】

【致辞人】街道工委书记

【致辞背景】在社区服务中心开业典礼上致贺词

各位领导，各位嘉宾：

大家好！

在市委、市政府和上级民政、劳动部门的亲切关怀下，××街道社区党员服务指导中心、社区服务中心、爱心超市今天正式面世了！这是××街道工委、街道办事处为民办实事的一件大事，也是广大居民群众盼望已久的一件喜事。在此，我谨代表中共××街道工委、××街道办事处向参加今天揭牌仪式的各级领导、各位来宾、各界人士和各位朋友表示最热烈的欢迎和衷心的感谢！创设××街道社区党员服务指导中心、社区服务中心、爱心超市，是身体力行"三个代表"重要思想的具体体现，也是贯彻落实市委、市政府亲民、爱民、抚民和利民、便民之策的一项重要举措。我们本着以人为本、便民服务、救助贫困的宗旨创设了党员服务指导中心、社区服务中心和爱心超市。

党员服务指导中心的主要任务是：指导各党总支部、各社区，管理好改制企业回社区的党员、管理好外出打工的党员、管理好来我地工作的党员，更好地调动单位党员、社区党员、流动党员的积极性，更好地发挥其先锋模范作用。

第二章 开业庆典

建立社区服务中心是我们争创社区建设示范街道的举措之一，也是打造服务型、魅力型、特色型社区的需要。社区服务中心是依靠社区力量，利用社区人员，协调社区关系，为社区居民群众服务的一个组织。为真正实现"上为政府分忧，下为百姓解难"这一目标，我们在中心分设了信访接待、党建服务、民政服务、社区服务、法律服务、劳动保障、人口计生、家政服务八大窗口，随时随地为居民提供全方位的优质服务。

为实现"党得民心，民得实惠"的目标，我们多方筹措建立了××市第一家"爱心超市"，其主要目的在于探索建立一种长久有效的社会捐助机制，帮助社区贫困居民解决日常生活中的部分实际困难。同时，也可解决单位和群众"有爱无处献"的问题。有的人苦于找不到献爱心的渠道，想捐而无处捐，因此，建立"爱心超市"，是建立了一条方便、快捷、简易、广泛的捐助通道。我们坚信，随着创建全国文明社区建设示范街道的深入开展，随着党员服务指导中心、社区服务中心和爱心超市的创设，在上级领导的关怀下，在仁爱之士的支持下，××街道的社区大家园内必将更加阳光灿烂、爱洒人间。

再次感谢各位领导、捐助单位以及社会各界人士的光临！祝大家身体健康，工作顺利，万事如意！

谢谢大家！

【范文三】

【致辞人】台儿庄领导

【致辞背景】在贺敬之文学馆开馆典礼上致贺词

各位领导，各位来宾，同志们：

在庆祝贺敬之同志 80 寿诞和他从事文学创作 65 周年之际，今天，我们在这里隆重举行贺敬之文学馆开馆典礼。在此，我代表中共台儿庄区委、台儿庄区人民政府向参加活动的各位领导、各位来宾表示热烈的欢迎和衷心的感谢！

贺敬之同志是我国当代著名诗人、剧作家，是当代社会主义文化事业的引路人，被称为"人民的歌手"、"时代的歌手"。半个多世纪以来，他以辉煌的文学成就、坚定的艺术主张、卓越的文化建树而蜚声中外。他执笔创作的歌剧《白毛女》开创了中国新歌剧的新纪元；他创作的《南泥湾》《翻身道情》等歌曲唱遍了中华大地、经久不衰；他创作的《放声歌唱》《回延安》《雷锋之歌》《中国的十月》等政治抒情诗震撼人心、闻名遐迩，教育和激励了一代又一代人。在就任中宣部副部长、文化部代部长期间，他坚定不移地贯彻执行毛泽东主席提出的"两为""双百"方针；坚定不移地贯彻党在新时期文艺工作的路线、方针、政策；坚定不移地同"资产阶级自由化"进行斗争，是我国文化界卓越的领导人。

我曾多次拜访过贺敬之同志，深深地为他坚定的党性、高尚的品德、谦虚的精神以及他情系家乡人民、关心家乡建设的深情厚谊所感动。无数事实表明，他不愧是我们台儿庄人民的光荣和骄傲，是我们学习的榜样。为表达故乡人民对贺老的崇敬之情，回顾他的成长和创作道路，研究和发扬他的文艺思想和艺术主张，用优秀的作品鼓舞人、教育人，我们在国家和省、市领导的关怀下，投资300多万元兴建了贺敬之文学馆。该馆全面介绍了贺敬之的人生经历和辉煌的艺术成就，生动地表现了一位诗人、歌剧作家、高级领导干部的风范。现已成为培养青少年、宣传党的文艺思想和路线方针、弘扬民族精神的重要基地。我们将进一步充实馆藏，完善设施，筹建贺敬之文学研究会和贺敬之书画研究会，组建贺敬之艺术学校，使之尽快成为培养文艺新秀的摇篮和艺术家的活动基地，使贺敬之同志的文艺思想和文学艺术在新时代绽放新的魅力、做出新的贡献。同时，我们将以这次活动为契机，弘扬先进文化，繁荣文艺创作，以更多的文艺精品，高扬主旋律，加强精神文明建设，凝聚全区上下的智慧和力量，扩大对外交流与合作，推动全区经济更快更好地发展，创造台儿庄更加美好的明天。

最后，祝各位领导、各位来宾家庭幸福、万事如意！

谢谢大家！

奠基仪式贺词

奠基仪式是各类开业仪式的形式之一，通常是一些重要的建筑物，比如大厦、场馆、亭台、楼阁、园林、纪念碑等，在动工修建之初，正式举行的庆贺性活动。对于奠基仪式现场的选择与布置，有一些独特的规矩。奠基仪式举行的地点，一般应选择在动工修筑建筑物的施工现场，而奠基的具体地点，按常规均应选择在建筑物正门的右侧。在一般情况下，用以奠基的奠基石应为一块完整无损、外观精美的长方形石料。在奠基石上，通常文字应当竖写。在其右上款，应刻有建筑物的正式名称；在其正中央，应刻有"奠基"两个大字。在其左下款，则应刻有奠基单位的全称以及举行奠基仪式的具体年月日。奠基石上的字体，大都讲究以楷体字刻写，并且最好是白底金字或黑字。

在奠基石的下方或一侧，还应安放一只密闭完好的铁盒，内装该建筑物的各项资料以及奠基人的姓名。届时，它将同奠基石一道被奠基人等培土掩埋于地下，以志纪念。通常，在奠基仪式的举行现场应设立彩棚，安放该建筑物的模型或设计图、效果图，并使各种建筑机械就位待命。奠基仪式的程序大体上共分五项。

第一项，仪式正式开始，介绍来宾，全体起立。

第二项，奏国歌。

第三项，主人对该建筑物的功能以及规划设计进行简介。

第四项，来宾致辞道喜。

第五项，正式进行奠基。此时，应锣鼓喧天，或演奏喜庆乐曲。首先由奠基人双手持握系有红绸的新锹为奠基石培土。随后，再由主人与其他嘉宾依次为之培土，直至将其埋没为止。

【范文一】

【致辞人】××镇镇长

【致辞背景】公司奠基仪式上的讲话

尊敬的各位领导、各位嘉宾、同志们、朋友们：

大家上午好！

今天，我们在这里隆重举行×××有限公司奠基仪式。首先，我谨代表××镇党委、政府，向参加这次开工奠基仪式的市级领导、各位嘉宾表示热烈的欢迎！对长期以来一直关心、支持、帮助×××发展的各位领导及各界朋友表示衷心的感谢！

今年以来，我镇坚持以科学发展观为指导，按照市委、市政府

"一四六三一"工作部署,围绕建设"生态文化旅游名镇"这一目标,加大"工业强镇、文化兴镇、生态立镇"实施力度,通过加大资金投入,严格措施落实,全镇经济和社会各项事业取得长足发展,今年1—10月份,全镇完成固定资产投资10.9亿元,同比增长42%;完成工业主营业务收入6.8亿元,实现利税7500万元,分别增长46%和43%;完成地方财政收入765万元,同比增长32%,其中地税收入689万元,同比增长31%。我镇先后荣获××低碳经济示范乡镇、××旅游强镇、××省环境优美乡镇、××省文明村镇和××市十佳产业发展示范镇等荣誉称号。

×××有限公司是由×××集团投资建设,是我镇实施"以园区建设为重点,加快工业强镇步伐"发展战略的又一重要成果。该项目是我镇原为吉山工业园引进的项目,因吉山工业园土地手续尚未办妥,而投资方急于开工建设,镇党委、政府经多方论证,将××市场用地调出,承担这个项目。工程总投资1.2亿元,一期投资4000万元,总占地面积40亩,集生产、销售、安装各种钢结构装饰材料于一体,产品主要供应长江以北广大建筑装饰材料市场。该项目的投资建设填补了我镇装饰材料生产加工业的空白,必将成为我镇经济新的增长亮点,为我镇经济持续快速高效发展带来新的活力。为此,在工程建设过程中,镇党委、镇政府将竭力为企业发展提供全程优质服务,全力保障工程顺利实施并尽快建成投产达效。全镇上下要以此项目的开工奠基为契机,紧抓年终在外人员返乡有利时机,不断解放思想、更新观念、理顺思路,进一步加大招商引资力度,采用走出去、请进来、主动出击的方式,全面掀起我镇招商引资新热潮。

最后，衷心祝愿×××有限公司开工大吉、兴旺发达、财源滚滚！祝各位领导、各位嘉宾工作顺利、身体健康、万事如意！

谢谢大家！

【范文二】

【致辞人】街道主任

【致辞背景】在凤凰街道办公楼奠基仪式上的讲话

尊敬的各位领导、各位来宾、同志们、朋友们：

莲花金顶耀金秋，澜湖水笑迎佳宾！乘着全国人民意气风发、深入贯彻落实党的十七大精神的东风，我们在这里隆重举行凤凰街道办公楼暨社区服务中心奠基仪式，这是我街发展史上的一件大事，也是全街人民期盼已久的一件喜事！首先，我代表街道党工委、办事处向一直以来支持我街工作，关心支持我街社区服务中心建设的市委、市人大、市政府、市政协以及各部门的领导表示最衷心的感谢！向出席今天奠基仪式的各位领导和来宾表示最热烈的欢迎！

近几年来，我们凤凰街道经济和社会各项事业得到了长足的发展，一些工作走在了全市前列，但我们的办公条件却一直没有改善，甚至连许多偏远的乡镇都不如，目前城区四个街道办事处也只有我们凤凰街道还是租房子办公，这与我们作为××形象窗口的地位以及建设和谐××首善之区的目标是不相适宜的。因此，建设一个既朴实耐用又美观大方的办公楼是全街人民长期以来的共同心愿，也是时代和事业发展的客观需要！今年以来，为了我们办公楼的建设，全街上下团结一心，群策群力，扎实工作，得到了市委、市政府和市里相关部门的大力支持，尤其是市发改委和市民政局为我们积极向上争取社区服务中心建设专项资金90万元，市土地储备中心还将公开拍卖办公楼建设剩余的部分土地，净收益部分将全部返还我街道用于社区服务中心的建设，这样基本上解决了我们建设资金的困难和压力。目前，经过全街上下的共同努力，已经圆满完成了办公楼规划设计、地质勘探、施工设计、审核报批、公开招标等前期工作，为今天我们办公楼开工建设奠定了良好的基础。在此，我还要向为街道办公楼建设做出贡献的专业人员、工作人员以及莲花村的广大干部群众表示最衷心的感谢！

根据规划设计，我们凤凰街道办公楼暨社区服务中心总建筑面积约4500平方米，总投资约700万元。其中，一至三楼约2000平方米是社区服务中心用房，实行一站式服务，封闭式管理，可为全街人民群众提供社会保障、劳动就业、法律咨询、计划生育、信访协调、文化娱乐等多方面的综合配套服务。四至七层为街道机关办公使用。新办公大楼落成后，不仅能为社区服务搭建起良好的工作平台，还将极大提升凤凰街道的社会形象和地位，增强内部的凝聚力和外部的影响力，促进街道经济社会的又好又快的发展！

为了确保街道办公楼建设的顺利进行，我恳请各级领导、各相关部门继续支持和关心凤凰办公楼的建设，加强检查和指导，促成办公楼早日竣工。希望施工、监理、设计等单位坚持"百年大计，质量第一"的指导思想，精心组织、精心施工、精心管理，确保工程质量、工程进度和工程安全。希望全街上下要进一步发扬勤俭节约、艰苦奋斗的优良传统，发扬团结拼搏、克难奋进的工作作风，努力将街道办公楼工程建成我们凤凰的品牌工程、标志工程、廉洁工程！并且要通过机关办公楼的建设，积累经验，开拓思路，进一步加快社区居委会硬件建设的步伐，使街道、村组、社区的形象能够在十一五末有一个全新的变化!

同志们,街道办公楼暨社区服务中心的建设将为我们提高社区服务水平提供强大的硬件支持,这就要求我们要在优质服务上下更大的工夫,希望我们全体街道、村组和社区干部要以更高的工作热情、更扎实的工作作风为广大人民群众提供更优质的服务,为全面建设小康社会做出更大的贡献!

最后,祝各位领导、各位来宾、同志们、朋友们身体健康,工作顺利,万事如意!

谢谢大家!

【范文三】

【致辞人】 工商局长

【致辞背景】 在工商所落成典礼上致辞

各位领导,各位来宾,同志们:

大家好!

今天我们在这里欢聚一堂,共庆××工商所办公楼落成。在这个值得庆贺的日子里,我代表××县工商局,向百忙之中参加典礼的×书记、×书记、×镇长、×乡长和大力支持工商所建设的××镇、××乡有关部门和同志们表示热烈的欢迎!向奋战在基层工作一线的同志们表示亲切的问候!向长期关心支持工商工作的社会各界表示衷心的感谢!

为了改善基层工作条件,创造一个拴心留人的工作环境,我们按照"关口前移、重心下移,小局大所、精局强所"的基本思路,紧紧抓住全省工商系统加强基层工商所建设的有利机遇,在人员多、各项经费支出紧张的情况下,千方百计挤出资金,宁可干部职工工资不增长，也要投资加强基层建设。到目前，已多方筹资500多万元，相继对全县20个基层工商所中的18个进行了新建和改造。工商所新址工程从规划到建设，××镇党委政府都给予了大力的支持，在位置优越、交通便利的地方无偿提供了4.5亩的地皮，并从资金、水电等方面上给予帮助，××乡党委政府也给予了大力支持。通过大家齐心协力，彻底改变了工商所办公设施落后的局面。××工商所从过去的8间破旧平房，变成现在占地3000平方米、使用面积650平方米、房屋23间，办公楼气派大方、院子整洁敞亮的崭新工作环境，并配备了车辆、电脑、打印机、办公桌椅等设施，实现了电脑联网，小伙房、小浴室、小菜园、图书室、娱乐室一应俱全，为基层干部职工提供了一个舒适的工作和生活环境，也为广大经营业户创造了一个良好的办事环境。

工商所标准化建设为各项工作的开展提供了坚实的保障，下面我代表县局党组对同志们提几点希望和要求。

一是要紧紧围绕党委政府的工作大局，认真履行工商行政管理职能，以服务地方经济发展为己任，积极推进职能到位，加强市场监管，以实际行动服务于人民，支持、促进辖区经济快速、健康发展。

二是要进一步提速增效，为广大群众提供热情、优质、高效的服务，为经济发展营造一个良好环境，主动为党委、政府当好参谋，认真履行职责，做合格的市场经济卫士。

三是要狠抓队伍建设，进一步正行风、树形象，用一流的队伍、一流的作风、一流的工作，努力开创工作新局面，紧密配合党委、政府的中心工作，努力打造"服务型"工商，让辖区人民群众满意。

同志们，让我们乘着大楼新起的东风，在新的起点上，以新的风貌、新的姿态、新的作风，戮力同心，勤政务实，努力开创××镇和××乡经济繁荣、和谐平安的新局面！

春节将至，在此，我祝愿大家身体健康，工作顺利，合家欢乐，万事如意！

谢谢大家。

【范文四】

【致辞人】董事长

【致辞背景】在合资项目新厂房奠基仪式上致辞

尊敬的××书记、××市长，各位领导、各位来宾，女士们、先生们：

你们好！

首先，我代表集团有限公司向光临今天××和××合资项目新厂房奠基仪式的领导和嘉宾表示热烈的欢迎和衷心的感谢！

今天，我们迎来了××和××合资项目新厂房奠基仪式隆重奠基的喜庆时刻。在此，我谨代表集团5000名员工向各级领导、各位嘉宾致以最诚挚的感谢！

当前，在世界经济全球化形势的驱使下，区域经济结构正处于巨大的变革之中，中国经济已经融入经济一体化的大潮，并对制造业的发展产生着深远的影响。今后5—10年，是中国实施第三步战略部署的重要时期，要提高人民的生活水平，就必须迅速提高人民生存和生活质量的重要物质基础，那就必须加快制造业的发展。同时，在加入WTO以来，世界制造业的重心正在向中国转移，这必将使中国成为制造业的产生和出口大国，从而，为我们制造业的发展带来难得的发展机遇。

正是在这种良好的背景下,我们集团借助于20年发展积累下来的优势和经验,投资兴建××牌机电工程。我们集团有限公司创建于1986年,现拥有1家控股上市公司,11家子公司,总资产15亿元,主要经营电机及自动化、房地产、金融商贸投资等。当前,在集团下属的工业园已经顺利建成并全面投产。为使我集团有更大的发展,积极打造我们品牌机电行业制造业的基地,在××市委、市政府和各级领导的关心支持下,经过多次论证及深思熟虑,我们的品牌将在我们今天站立的这块地方,通过3年的努力,形成以制造业为主体、以机电产业为主要产业链、以机电配套企业为延伸产业链的机电产品区域经济,争取在×年,实现机电工程销售收入22亿元、利润3亿元的产业规模。

××和××合资项目,是我们公司机电工程的第一个顺利奠基项目,我相信,明年的这个时候,在我们所在的这个地方,这个项目将初见成效,同时,以打造世界电机制造业基地为己任的集团将会在这里加速起步、腾飞。

祝××和××合资项目新厂房奠基仪式圆满成功!

谢谢大家!

开业庆典贺词佳句欣赏

公司开业贺词

1. 长征步向三春迈，伟业图从四化描。
2. 起程虽是小天地，创业如同大文章。
3. 乌龙竞舞振兴志，新矿宏开奋起图。
4. 乘风誓兴鹏程路，兴厂功高有志人。
5. 无限春光无限路，有为时代有为人。
6. 万众一心齐奋力，百舸千里竞争流。
7. 四化腾飞天永盛，千军奋进业方兴。
8. 雄心创大业，壮志写春秋。
9. 开张迎喜报，举步尽春光。
10. 凌霄挥巨手，立地起高楼。
11. 飞驰千里马，更上一层楼。
12. 闭关非良策，开放架金桥。
13. 一代风流健步腾飞奔四化，十层楼厦雄姿威武奋千军。

树雄心创大业江山添锦绣，展壮志发豪情市场增英杰。

14. 万民便利,百货流通。

15. 兴隆大业,昌裕后人。

16. 升临福地,祥集德门。

17. 萃集百货,丰盈八方。

18. 鸿图大展,裕业有孚。

19. 财源若海,盛客盈门。

20. 隆声远布,兴业长新。

21. 同行增劲旅,商界跃新军。

22. 开张添吉庆,启步肇昌隆。

23. 利泽源头水,生意锦上花。

24. 货好门若市,心公客常来。

25. 财源通四海,生意畅三春。

26. 吉星欣在店,祥霭喜盈门。

27. 昌期开景运,泰象启阳春。

28. 恒心有恒业,隆德享隆名。

29. 货畅其流通四海,誉取于信达三江。

30. 三江顾客盈门至,百货称心满街春。

31. 财如晓日腾云起,利似春潮带雨来。

32. 五湖寄迹陶公业,四海交游晏子风。

33. 友以义交情可久,财从公取利方长。

34. 文明经商生意好,礼貌待客顾客多。

35. 公平交易财源广,合理经营利路长。

36. 货有高低三等价,客无远近一样亲。

37. 湖海交游凭道义,市场贸易具经纶。

38. 贸易岂无德贤志，权衡须用公正心。

39. 经商不教陶朱富，买卖常存管鲍风。

40. 根深叶茂无疆业，源远流长有道才。

41. 门迎晓日财源广，户纳春风吉庆多。

42. 事与人便人称便，货招客来客自来。

43. 凤律新调三阳开泰，鸿犹丕振四季亨通。

44. 荷叶承雨财气益盛，藕根连绵店门呈盈。

45. 气爽天高经营伊始，日增月盛利益均红。

46. 开业经营门庭若市，热心服务寒月如春。

47. 顾客如川川流不息，生财有道道畅无穷。

48. 经之营之财恒足矣，悠也久也利莫大焉。

49. 门前大道通八方利路，店后小溪纳四面财源。

50. 礼谦宜贸无论东南西北，应时便民当分春夏秋冬。

51. 奇货任流通大地何论南北，商场尽发达中华不分东西。

52. 品类繁多倾注主人殷殷意，价格低廉吸摄顾客颗颗心。

53. 四面八方客来客往客不断，十全九美货进货出货无存。

54. 开张呈喜无边春色融融乐，举业有方不尽财源滚滚来。

55. 祝开门大吉喜看四方进宝，贺同道呈祥欣期八路来财。

56. 举鹏程北汇南通千端称意，祝新业东成西就万事顺心。

57. 生意通东西财源贯南北经营有道，新风送冬夏信誉奉春秋盈得多方。

58. 兴旺发达文明待客生意沟通四海，繁荣昌盛礼貌经商财源融汇三江。

59. 秉管鲍精神，因商作战，富陶朱学术，到处皆春。

饮食开业贺词

1. 生意如春意，新行胜旧行。
2. 盈门飞酒韵，开业会春风。
3. 满面春风开业喜，应时生意在人为。
4. 看今日吉祥开业，待明朝大富启源。
5. 公平有德财源广，和气致祥生意兴。
6. 酒店兴宏图大展，人缘广裕业有孚。
7. 开张笑纳城乡客，开业喜迎远近宾。
8. 红梅献瑞祝新店，瑞雪拥祥贺启门。
9. 色香味形多雅趣，烹调蒸煮俱清奇。
10. 生意兴隆通四海，饭肴佳美誉三京。
11. 饭肴誉名三江水，信誉感召四海心。
12. 路旁小店都沿路，天下美肴誉满天。
13. 待客人诚挚百倍，做生意信诺千金。
14. 酒楼开业逢盛世，贺客盈门颂吉祥。
15. 唯求利若源头水，但得财如锦上花。
16. 花发上林生意盛，莺迁乔木好音多。
17. 善性经营多得利，良心交易广生财。
18. 一川风月留人醉，百样菜肴任客尝。
19. 酒店新开杨柳岸，青帘高挂杏黄旗。
20. 美酒佳肴迎挚友，名楼雅座待高朋。

21. 四座了无尘世在，八窗都为酒人开。
22. 莫笑阳春供一饱，须知风味有三鲜。

文卫开业贺词

1. 文坛生异彩，艺苑溢芳花。
2. 上沃群芳艳，国宁百艺生。
3. 雄心开伟业，妙墨系春秋。
4. 大地文风布，长空墨气存。
5. 欣文坛喜溢，看艺苑花荣。
6. 心联四化业，笔绘九州春。
7. 风月有情常似旧，丹青妙处不可言。
8. 妙曲吹开百花艳，英姿舞得万马腾。
9. 大地山川生笔底，神州伟业出毫端。
10. 荧窗虽小观今古，屏镜呈方映乾坤。
11. 书画诗词歌大治，吹拉弹唱庆升平。
12. 艺苑花开添锦绣，文坛春暖布阳和。
13. 展望文山增智慧，挖掘遗产写新篇。
14. 两只起死回生手，一颗安民济世心。
15. 妙手两肩担道义，良医三指续春秋。
16. 誓奉银针开笑面，愿将玉液护春晖。
17. 救死扶伤医术高明精道业，励精图治国家昌盛灿春霞。
18. 沾禧露医林劲旅千花竞秀，迎春晖华夏药坛百草生香。

第三章 周年庆典

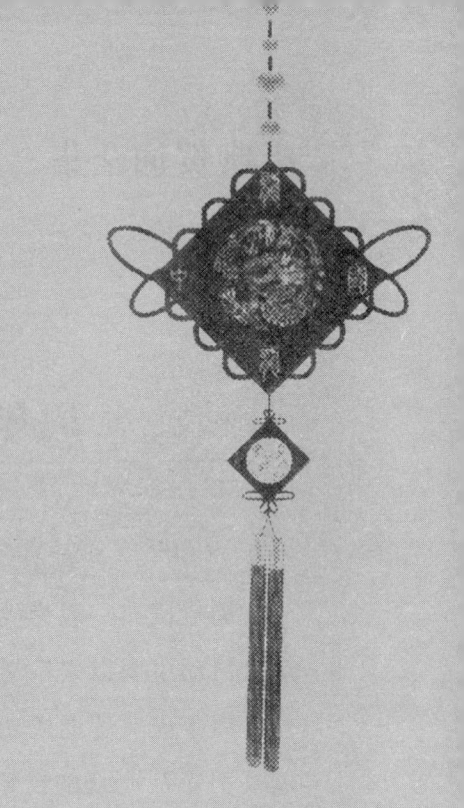

周年庆典的意义与特点

周年庆典一般为大型公司或企事业单位逢周年时举行的庆祝活动。活动主要以娱乐活动为主。其中周年庆典上的贺词必不可少。

周年庆典贺词成功的秘诀只有"热情"二字。致辞者的热情可以"引爆"听众的情绪，热烈的话语会在听众的心里掀起层层热浪，让人热血沸腾，群情激昂，情不自禁地欢呼喝彩。

单位成立周年庆典，通常都是逢五逢十进行的，即在本单位成立五周年/十周年以及它们的倍数时进行；就形式而论，各单位所举行的各类庆祝仪式，都有一个最大的特色，那就是要务实而不务虚，若能依此而增强本单位全体员工的凝聚力与荣誉感，并且使社会各界对本单位重新认识、刮目相看，那么，大张旗鼓地举行庆典，多投入一些人力、财力、物力也是值得的。

周年庆典的礼仪，即有关庆典的礼仪规范，是由组织庆典的礼仪与参加庆典的礼仪两项基本内容所组成。以下，对其分别予以介绍。

组织筹备一次周年庆典，要对它作出一个总体的计划。办好周年庆典需要记住两大要点：其一，要体现出庆典的特色；其二，要安排好庆典的具体内容毋需多言，周年庆典既然是庆祝活动的方式，那么它就应当以庆祝为中心，把每一项具体活动都尽可能组织得热烈、欢快而隆重。不论是举行庆典的具体场合、庆典进行过程中某个具体场合，还是全体出席者的情绪、表现，都要体现红火、热闹、欢愉、喜悦的气氛。唯有如此，庆典的宗旨——塑造本单位的形象、显示本单位的实力、扩大本单位的影响，才能够真正地得以贯彻落实。

参加周年庆典时不论是主办单位的人员还是外单位的人员均应注意自己临场之际的举止表现，其中，主办单位人员的表现尤为重要。

在举行庆祝仪式之前，主办单位应对本单位的全体员工进行必要的礼仪教育。对于本单位出席庆典的人员，还需规定好有关的注意事项，并要求大家在临场之时，务必严格遵守。在这一问题上，单位的负责人，尤其是出面迎送来宾和上主席台的人士，只能够"身先士卒"，而绝不允许有任何例外。道理非常简单，因为在庆祝仪式上，真正令人瞩目的，还是东道主方面的出席人员。假如这人在庆典中精神风貌不佳，穿着打扮散漫，举止行为失当，很容易对本单位的形象进行"反面宣传"。

外单位的人员在参加庆典时，同样有必要以自己上佳的临场表现，来表达对主人的敬意与对庆典本身的重视。倘若在此时此刻表现欠佳，是对主人的一大伤害，所以宁肯坚辞不去，也绝不可去而失礼。

外单位的人员在参加庆典时，若是以本单位代表的身份而来而不是仅仅只代表自己的话，更要特别注意自己的临场表现，丝毫不可对自己的所作所为自由放任。

校庆贺词

校庆典礼上,通常会安排本校的领导、学校老师,以及老校友、上级领导等嘉宾致辞,一场庆典通常有多人致辞,讲稿要符合讲者身份,避免雷同,如果千篇一律,就会令听者生厌。

校庆致辞不可缺少的一个内容就是回顾学校历史,这一部分是最容易重复雷同的。那么将如何避免呢?对策只有"以情感人"。无论是本校的领导、老师,还是校友、上级领导,每个角色对学校的感情都是不同的。有的为学校的悠久历史感到骄傲,同时又肩负着振兴学校的责任,荣誉与压力并存;有的将一生中最美好的时光留在了学校,学校早已成为他们人生中不可分割的一部分;有的对学校满怀深情,感念至深;有的对学校大力支持,充满期待……以情为本,以情感人,从这点出发,贺词便能出奇制胜。

【范文一】

【致辞人】校长

【致辞背景】地区一小校庆20周年

尊敬的各位来宾,朋友们、同学们:

大家好!

金秋十月,硕果累累,在这收获的季节,地区一小喜迎20华诞。今天,我们迎来了地区一小最尊贵的领导、客人和朋友与我们

第三章　周年庆典

共同分享地区一小20年成长的历程。在此，请允许我代表学校对参加庆典的各位领导、社会各界朋友表示最热烈的欢迎和最崇高的敬意，是你们20年的深情支持和殷切鼓舞，地区一小才能不断地成长壮大。也向为地区一小倾洒心血和汗水的创业者表示最衷心的感谢，是你们勤奋执著的探索、无私无畏的打拼、甘为人梯的奉献及与时俱进的开拓，赢得了地区一小昨日的累累硕果，也构筑了地区一小辉煌的今天。今天的地区一小虽然年轻，但在这短短的20年里，积淀的是宝贵的办学思想，丰富的是精粹的教学经验，孕育的是优良的文化传统，形成的是艰苦奋斗、执著奉献的品质和攻坚克难、战无不胜的精神。正是基于这样的灵魂和动力，才能使我们砥砺风雨而百折不回，在后继中逐渐地凝重而前行。

　　20年来，地区一小在基础教育领域艰苦求索，经历了从无到有、从小到大的沧桑巨变。建校初期，学校仅8名教师，32名学生，条件十分艰苦，可就是在教学设备缺乏、教学条件艰苦的校园内辛勤耕耘，知难而上，实现了建校时期的奋斗目标。在短短20年的时间里，毕业生升学率连续名列前茅，教师队伍113人，学生1600余人，在社会上产生了极为强烈的反响。而今的一小人坚持科学发展观，大力实施素质教育，张扬学生个性，彰显办学特色，在探索中逐步确立了"继承优良传统、发展固有优势、寻找新的增长点"的办学思路，秉承"科研兴校、和谐发展"的办学理念，用高尚的情操陶冶人，用严爱的思想塑造人，从而形成了"吃苦耐劳、无私奉献、团结协作、务实进取"的一小精神。学校曾先后荣获过"全国优秀中队""全国示范家长学校""全国红旗大队""自治区文明学校""全区民族团结进步先进集体"

"地区规范化管理先进学校、教育教学质量优胜学校"等近30项先进集体称号，培养出了全国名校长、全国师德标兵、全国巾帼英雄、自治区级地区级优秀教育工作者、名师、骨干教师、优秀班主任等累计30余人。学校教育教学质量也稳步提升，获得了自治区、地区各级领导及社会的高度评价。

20年，弹指一挥间，学校发展的每一个足迹都铭刻着一小人的心血和智慧，凝聚着一小人的光荣与梦想。一路走来，我们在博采众长中壮大自己，努力创造着一个又一个神奇。展望地区一小的未来，我们更加充满信心和希望，地区一小的未来一定要构建优势更突出、特色更鲜明的服务型校园；内涵更丰富、发展更协调的文化型校园；思想更解放、学研更活跃的跨新型校园；交流更广泛、合作更深入的开放型校园，因此，我们将一如既往端正办学思路，为争创自治区一流名校的办学目标而努力。回望20年的风雨历程，我们是辛勤的耕耘者，地区一小的今天因我们而精彩、恢弘。展望未来，我们更是未来的奠基人，地区一小会因我们的今天而更加精彩。我们坚信，地区一小在各级领导和社会各界朋友的关心支持下，精诚团结、励精图治、拼搏进取、奋力开拓。

最后，让我们衷心地祝愿××教育蓬勃发展，祝愿地区一小的明天更加辉煌灿烂，祝愿各位领导、同志们、朋友们、同学们万事顺意！

【范文二】

【致辞人】校长

【致辞背景】××大学30周年校庆

尊敬的各位领导、各位来宾、各位老校长、老教师、校友们、老师们、同学们，早上好！

今天，我们欢聚在此，隆重集会，庆祝我校30年校庆，佳宾盈门，高朋满座，各级领导、各届朋友、各届师生齐聚于此，这是学校无尚的光荣，在此，我代表××一中全体师生员工对各位的光临，表示热烈的欢迎和衷心的感谢！

30年沧海桑田，30年岁月如歌，遥想当年，学校原址，荒草凄凄、坟墓垒垒，是你们，一中的老前辈们，是你们，一中的老校友们，手提肩挑、披星戴月、艰苦创业、同甘共苦，用心血和汗水谱写出一曲曲绚丽的乐章。学校在你们的手中壮大，批批学子从这片热土上踏上大学之路，书山中，携手同攀登，学海上，共勉齐邀游，年年岁岁，岁岁年年，一批又一批学子在这里实现大学之梦，奔向祖国四面八方。回首走过的路，低吟浅唱、泥泞坎坷、春意盎然、桃李芬芳。作业本谱写青春，粉笔灰染白双鬓！日貌已随岁月去，春风又绿展新颜。

雄关漫道真如铁，而今迈步从头越，新的一中，新的希望，教师用情、学生用心、百花争艳、果实满园，这就是我们的追求和心愿。一中的办学，得到了各级领导的关心、支持，得到了社会各界的理解与鼓励。今后，仍将需要大家的关心支持、理解、信任。我们坚信，××一中只要继续沿着"三线并进、特色兴校"的发展思路办学，在精和尖上做文章，××一中，一定会成为享誉全省的优质特色完中。最后,再一次向各位领导、各位来宾、各位校友的光临,表示衷心的感谢!

【范文三】

【致辞人】校长

【致辞背景】××师范大学百年校庆

条山擎日月,黄河流古今;

华夏五千载,文明溯河东。

×师百年,根植这方沃土;

百年×师,传承历史文化。

黑暗中诞生,携带火的种子;

风雨中走来,迈开雷电脚步。

战争时期,芸芸书生,投笔从戎,赤胆热血,捍卫故土;

和平年代,莘莘学子,孜孜以求,书山学海,鹰击长空。

几迁校址,几更校名,不变的是理想、信念、追求;

几多风雨,几度沧桑,不改的是学风、教风、校风。

历史跨进新世纪门槛,时代步入小康和谐社会。

新领导班子团结、进取、实干,胆识卓越,思路领先,校容校貌、独领风骚;

全体师生员工协作、务实、创新、负重赶超、竞创一流,三晋大地,捷报频传。

骄傲属于过去,未来任重道远。百年一瞬,又是开端。

××××年,省政府核准×城师范改制升格为×城学院师范分院,群情振奋,干劲倍增,管理教学,慎密谨严,各界同仁,翘首瞩目。

×师人心系一处，不负众望，秉承传统，砺志创新，携手并肩，与时俱进。深化教育改革，规范校园管理，惟质量以生存，借特色谋发展，为再铸运师辉煌，打造三晋名校，顺应时势要求，奠基河东教育，再立新功，再谱华章。

【范文四】

【致辞人】学校党委书记

【致辞背景】××职业技术学校50周年校庆

亲爱的校友们、朋友们：

你们好！

2008，百年奥运年，是一个值得全体国人欢庆讴歌的一年；2008，50年校庆年，是一个值得全体安职院校友欢庆讴歌的一年。

风雨兼程五十载，桃李飘香九州馨。踏着2008年新春的脚步，我们的心怦然而动。这一年有太多的期待，需要我们尽情畅想；这一年有太多的风景，需要我们共同欣赏；这一年有太多的事业，需要我们大胆开创。在全院教职工认真实践科学发展观，凝心聚力推进国家示范高职建设之际，我们即将迎来建校50周年华诞。我们将通过系列庆典活动，汇聚广大校友的爱心和热情，凝聚社会各界的智慧和力量，推进学院新一轮跨越式发展。

五十年沧桑历程，五十年栉风沐雨。为促进新中国工业的发展，1958年××省纺织工业学校应运而生。2003年，经省人民政府批准，由××纺织职业技术学院、××省轻工业学校、××省材料工程学校和××省工业经济学校四校合并，成立××职业技术学院，这是××职业教育发展史上一次重大资源整合，也是我院发展史上的一次大跨越，学院从此进入了一个全新的发展时期。

五十年兴学育人，五十年春华秋实。50年来，××职业技术学院一代代创业者以他们强烈的时代使命感和教书育人精神，为国家培养了一批批高技能人才。学院培养的5万余名校友活跃在祖国各条建设战线上，在不同的领域、不同的岗位，奉献着聪明才智，推动着社会发展，谱写着辉煌人生。5万名校友见证着母校的发展，支撑着母校的声誉，代表着母校的形象，母校永远以你们为荣！

五十年奋斗不懈，五十年铸就辉煌。50年来，学院全面贯彻党的教育方针，传承依托行业办学传统，不断强化办学特色，坚持校企合作、产学结合的职教模式；坚持勤俭务实、艰苦奋斗的创业作风，坚持依法办学、民主治校的管理观念；坚持抢抓机遇、与时俱进的争先意识；发扬精诚合作、和谐发展的团队精神，创造了一系列骄人的业绩，学院先后获得"全国人才培养工作水平评估优秀单位"、"××省文明单位"、"××省职业教育先进单位"、"就业先进单位"等诸多荣誉。2007年10月，学院荣膺"国家示范性高职院校建设计划立项建设单位"。

五十年励志创新，新世纪奋发图强。当前，我国进入了新型工业化时期，学院再一次面临着新的机遇和挑战。我们清醒地认识到，高等职业技术教育要适应新时期社会发展对高素质人才的需要，任重而道远。面向未来，我们将自豪地肩负起时代赋予我们的使命，坚持以国家示范高建设为核心，全面提升办学理念，加快人才培养模式改革，努力创建国内一流、国际知名的高职学院，为中国的现代化建设培养出更多的高质量的专门人才。

50周年校庆既是学院总结发展成就的重要时机，也是迈向新征程、开创新辉煌的重要机遇。庆典活动期间，我们诚邀各界校友，齐聚母校，同叙师生深情，共商发展大计，共创母校美好的明天！

衷心祝福各界校友明天更美好！

企业周年庆贺词

企业周年庆典越来越受到社会的关注，周年庆典不仅是一项庆祝活动，更是一种独特的推广活动，它不仅可以激发企业员工的自豪感，也可以借助周年庆典的东风，顺势将企业文化等无形资产进行有效整合推向社会，使之成为企业经营的有效动力。

在企业周年庆典的贺词中，要涵盖以下几个方面：发展回顾，展望未来，总结企业多年来走过的岁月，回顾企业在这些年里取得的累累硕果，在新形势下向全体人员说明企业的发展前景，促进企业内部的团结，从一定程度上加强企业内部文化建设，传达企业高层战略发展方向，统一企业全体员工思想，朝着企业既定的策略方向前进。

可以把贺词的着重点放在企业文化上面，企业文化是所有企业成功因素中唯一无法克隆的一个重要因素，企业管理、产品开发、人力资源等一切经营活动过程均可从中找到企业文化的影子。

此类贺词成功的要点在于能否激发出听众的热情，要做到这一点，致辞者首先要热情洋溢。人们常说"热情似火"，这是因为，热烈的话语会在听众心里掀起层层热浪，让人热血沸腾，群情激昂，情不自禁地欢呼喝彩，感情的火焰久久不能平息。

可见，热情可以引爆听众的情绪，其冲击力、鼓动性都极强，热情也最能表现致辞者的人格魅力。那么，怎样才能使致辞热情洋溢呢？首先，致辞者要找一个引爆点，把自己的感情激发出来，燃烧起来。自己有了感情和热情，才能口吐莲花，迸发出煽情的语句。另外，致辞者还要收放自如地驾驭热情，既不泛滥热情、哗众取宠，也不压抑回避热情，要恰到好处地用炙热鼓动的语言，激昂奔放的热情感染听众，让他们因共鸣而振奋激动，这样才能显示出热情的力量。

【范文一】

【致辞人】××公司负责人

【致辞背景】在××公司×周年庆祝会上致辞

各位领导，各位来宾，员工同志们：

日月轮回，斗转星移，今天，××公司×周岁了，我们在这里为她的生日举行隆重的庆典会。首先，请允许我代表公司全体员工向关心和支持我们的××领导表示衷心的感谢和崇高的敬意，让我们以热烈的掌声，欢迎他们的到来！同时，请允许我代表公司向各位员工的辛勤劳动表示亲切的慰问。

×年前，为了配合××机关转体改制的顺利实施，在原机关的决策和直接部署下，××公司诞生了，与其他企业相比，它还肩负着为我省体制改革探索新道路的艰巨任务。几年来，公司从无到有，不断地发展壮大，走过了一条平凡而又不平凡的路，取得了较辉煌的成绩：企业利税额连年增长，增幅较快，进入了中国轻工业强，已发展成我国最重要的××产品开发生产基地之一，为我省省直机关转体改制工作积累了一定的经验，实现了××上级机关对我们的要求。这些成绩是在以××为首的原省××机关党组领导的直接关心和直接领导下取得的，与公司原董事长××付出的心血是密不可分的，在此，让我们以热烈的掌声对他们表示感谢！

回首往事，一幅幅平凡而充满激情的历史片断在我们每个人的眼前交相辉映，汇集成一段××公司发展的历史，一段××公司人奋斗的历史。

××公司人的奋斗史是一段现代企业制度从建立到不断完善的历史！公司创建伊始，我省××机关就站在历史和发展的高度上，提出了××企业要实施现代企业制度，建立起一种高效、权责明确的全新机制。实践证明，这一决策正确地把握住了现代企业的发展方向。

展望未来，市场竞争日益加剧，充满了无穷的机会与挑战。我们不应该满足于现有的成功，而是以此为基点，向着新的目标，满怀信心，同心协力，积极进取。

【范文二】

【致辞人】公司经理

【致辞背景】在××贸易公司成立十周年庆典上的贺词

各位领导，各位来宾，同志们：

今天我们怀着无比激动和喜悦的心情在这里隆重聚会，共同庆祝××贸易公司成立十周年。在此，我代表××贸易公司对大家的光临表示热烈的欢迎和衷心的感谢！

光阴似箭，岁月如梭，十年弹指一挥间。十年间在集团公司的正确领导下，××名职工辞掉了舒适的机关工作，怀抱着一腔热情，带着憧憬和梦想，共同走上了艰难的创业之路，在市场经济的大潮中接受洗礼，经受考验；在复杂多变的商海里奋发有为，阔步前进，取得了一个又一个成绩，实现了一次又一次飞跃。目前，我们在××市开办了各类网点××余家，拥有资产×××万元，员工×××余人，生产经营各类商品百余种，企业常年保持稳定的增长速度，以良好的品牌形象牢牢根植在××××这片热土。

十年风雨坎坷，十年励精图治，十年艰苦创业，十年硕果辉煌。在我们共同走过的3650个日日夜夜里，每迈出一步，我们都比别人承担了更大的压力和风险；每前进一次，我们都比别人付出了更多的艰辛和努力。为了发展，我们曾经南下北上，在布满诱惑和陷阱的商海中艰难跋涉；为了发展，我们义无反顾，始终在市场的风口浪尖上挑战自我。我们先后在××市创办了第一家×××、第一家×××……无数个第一使我们争取了主动，赢得了先机，超前的意识使我们终能在激烈的竞争中独领风骚，笑傲江湖。

一部创业史，十年辉煌路！当荣誉的花环被一次次戴在我们头上的时候，我们不能忘记长期关怀、支持我们的各级领导，不能忘记那些为企业的发展做出过巨大贡献的新老同志，是你们为了企业的今天而埋头苦干、任劳任怨，是你们为了企业的发展而抛家舍业、无私奉献。在这里，让我再次向大家说声：谢谢！

同志们，历史是我们的财富，未来是我们的宝藏，我们今后的路还很长，困难和挑战会更多，但我们坚信，只要我们坚定信心，团结一致，我们将无坚不摧，无往而不胜。让我们振奋精神，与时俱进，再次吹响前进的号角，重新续写我们光辉灿烂的明天！

最后，祝大家心情愉快，身体健康，万事如意！

第三章 周年庆典

【范文三】

【致辞人】医院院长

【致辞背景】在庆祝××建院三周年典礼上致贺词

尊敬的各位领导、各位同仁，女士们、先生们：

大家晚上好！

今晚，我们欢聚一堂，在这里隆重举行文艺晚会，庆祝××医院建院三周年。值此良辰，我谨代表医院的全体职工，向莅临庆典晚会的各位领导、各位同仁表示最热烈的欢迎和最衷心的感谢！同时，向奋战在医院各科室一线，在平凡的岗位上勤勤恳恳、任劳任怨、无私奉献的全体干部职工，致以最诚挚的祝福和最亲切的问候，你们辛苦了！

光阴荏苒，岁月如歌。不经意间，××医院已经走过了1095个日日夜夜。三年来，在集团的正确领导下，在全院职工的共同努力下，我院逐步探索出了一条适合自己发展的道路，明确和坚定了自己的办院方针、办院宗旨和发展战略，在圆满地完成集团所下达任务指标的同时，不断加大和夯实基础设施建设和技术人才队伍建设投入，用扎实的技术和良好的服务，赢得了良好的口碑。我们以精湛的医术、先进的诊疗设备和优质的服务，赢得了广大患者的高度评价和广泛赞誉。我们在××市树立了自己的品牌形象，提升了医院的知名度，这为医院以后的发展奠定了良好的基础。

"雄关漫道真如铁，而今迈步从头越。"忆往昔峥嵘岁月，我们豪情满怀；展未来光辉前景，我们任重道远。在市场经济的大潮中，面对激烈的市场竞争，我们必须与时俱进，勇敢地应对挑战，在改革中求生存，在创新中求发展。作为一家年轻的医院，我们备感责任重大。我们深知，离集团的要求还有很大差距，与兄弟单位相比还有很多不足。我们应当清醒地认识到自身的不足，进而扬长避短，查漏补缺。沧海横流，方显出英雄本色，我们将以三周年院庆为新的起点，时刻牢记责任，不负重托，以更加饱满的热情，更加奋发的精神，更加务实的作风，更加昂扬的斗志，用高度的责任感和使命感，去描绘新的蓝图，谱写新的篇章，努力开创更加辉煌灿烂的未来，绝不辜负领导对我院的期望。我们将迎难而上，让××精神放射出更加璀璨耀眼的光芒！

我们坚信，在集团的正确领导下，通过全院职工的共同努力和不懈奋斗，××医院一定可以勇攀高峰、再创辉煌！最后，预祝晚会取得圆满成功，祝愿各位来宾家庭美满，生活愉快，幸福安康！

祝愿××医院投资集团的明天更加辉煌！

谢谢大家！

【范文四】

【致辞人】公园园长

【致辞背景】在公园开园五周年纪念会上致贺词

各位领导、各位来宾、同志们：

大家好！金秋十月，××湖畔，我们欢聚一堂，共同庆祝××公园开园五周年。各位领导和来宾能放弃休息时间应邀光临这次纪念活动，我们深感荣幸，我代表××公园管理处全体员工对各位领导的到来表示最热烈的欢迎，并致以深深的谢意！

五年前的今天，××市委、市政府为祖国的××华诞献上了一份厚礼——××公园隆重开园。它的位置得天独厚，湖光山色尽收眼底，独具匠心的构思和巧夺天工的设计，自然和科技的完美结合，游乐设施的丰富多彩都足以体现它的魅力。从成千上万的游客蜂拥而入的那一刻起，××公园已注定成为我市的骄傲，注定成为一道亮丽的风景线。五年的风雨兼程，我们走过了一段××风景区的发展之路；五年的艰苦奋斗，我们开辟了××旅游业的一片天地。五年来，××公园从零起步，在各级领导的关心支持下，抓基础，促规范，求质量，谋发展，一步一个脚印，一年一个台阶。

回顾××公园走过的历程，我们忘不了各级领导对我们的亲切关怀和大力支持；我们忘不了投资者对我们的信赖和在公园创业中结成的真诚合作、共谋发展的深厚友谊；我们忘不了各位专家用他们的智慧和知识对我们的悉心指导；我们忘不了兄弟单位一路相扶相持的深厚情谊。这一切已载入××公园的史册，并珍藏在××人的心中。

回顾过去，道路坎坷，业绩显著。我们虽然取得了一些成绩，但我们也清醒地认识到，公园的发展绝不会是一条坦途，有蓝天、白云，也有阴霾。只要我们恪守公园的发展理念，上下团结一致，不断总结经验，坚持科学发展观，就能无往而不胜，公园的明天将更加灿烂辉煌！

再次对各位领导和来宾的光临表示衷心的感谢！

谢谢大家！

社团组织周年庆贺词

在社团组织周年庆典上致贺词，需谨记以下四个重要的问题：一是上下场时要沉着冷静。走向讲坛时，应不慌不忙，不要急奔过去，或是慢吞吞地"起驾"，在开口讲话前，应心平气和，不要气喘吁吁、面红耳赤、满脸是汗、急得说不出话来。二是要讲究礼貌。在发言开始，不要忘记说一句"大家好"或者"各位好"。在提及感谢对象时，应目视对方。在表示感谢时，应郑重地欠身施礼。对于大家的鼓掌，则应以自己的掌声来回礼。在讲话末了，应当说一声谢谢大家。三是发言一定要在规定的时间内结束，而且宁短勿长，不要随意发挥，信口开河。四是应当少做手势。尤其含义不明的手势，在发言时坚决不用。

【范文一】

【致辞人】市委宣传部领导

【致辞背景】在摩托车俱乐部成立五周年的庆典上致贺词

各位来宾，各位朋友，亲爱的×××摩托车俱乐部的兄弟姐妹们：

大家好！

金桂飘香，秋高气爽。刚送走了中秋佳节，我们又迎来了×××摩托车俱乐部成立五周年的喜庆日子。怀着喜悦的心情，俱乐部

第三章 周年庆典

的"鸟儿"们从各自奋斗的工作岗位上来到了这里,兄弟姐妹济济一堂,共同庆祝我们自己的节日。我代表俱乐部向全体兄弟姐妹们表示热烈的祝贺和衷心的感谢!正是有了在座各位兄弟姐妹们对俱乐部真心的热爱和无私的奉献,俱乐部才得以在艰难的征途中一步一个脚印地走到了今天。

我觉得我们的俱乐部是一支宣传队。在祖国广袤的大地上,好多地方都曾经飘扬过×××俱乐部的队旗、都留下了×××人矫健的身影。在海南岛的天涯海角,在彩云之南的西双版纳,在高耸入云的珠穆朗玛,在黄土高坡的贺兰山下,我们的队员每到一处,在尽情地游览了祖国的大好河山之后,都自觉地融入到当地的摩托车爱好者之中,给他们带去了×××摩友对朋友们的问候。我们的俱乐部更是一台"播种机"。在××市众多的摩托车爱好者的团队里,活跃着许多曾经是×××俱乐部队员的人,他们虽然离开了我们的俱乐部,但×××的烙印却永远留在了他们的心里。他们自觉或不自觉地把我们的精神、意志带入到他们现在所在的团队之中,就好比把种子撒进了肥沃的土地,总有一天,我们会看到代表我们俱乐部精神、意志的种子在遍地发芽、长叶、开花、结果。

朋友们、兄弟姐妹们,回顾五年来我们走过的路,虽然蜿蜒曲折,却是一步一个坚定的脚印。虽然遇到了不少的挫折和艰辛,却也留下了美好的回忆,收获了更多的欢愉。看看现在,我们俱乐部虽初具规模,却还有不少工作要做,如:进一步完善我们的规章制度,发现和吸收有责任心和奉献精神的年轻朋友参与俱乐部的组织和管理工作,进一步加强互联网上的网站建设,加大把俱乐部推向社会的宣传力度,以寻求有实力的合作伙伴等,这些事都要我们脚踏实地地去做、去完成。

　　展望未来，任重道远。我们有信心在大家的共同努力下把我们×××摩托车俱乐部办得更好。如果将来有那么一天，我们的休闲旅游活动搞得更加丰富多彩，我们的队员玩得更加尽兴愉快，到那个时候，我们才能认为办这个俱乐部达到了我们的初衷和目的。朋友们、兄弟姐妹们，让我们为早日实现这个美好的目标而努力奋斗吧！我们的目标一定要达到！我们的目标一定能够达到！

【范文二】

【致辞人】市委宣传部领导

【致辞背景】在老年集邮协会成立两周年的庆典上致贺词

各位来宾、各位老年朋友们：

　　××××年××月××日是××市老年集邮协会成立两周年的重要日子，我代表×××向市老年集邮协会表示热烈的祝贺！同时也借此机会，向长期以来支持集邮事业的各界人士、集邮爱好者及协会会员表示衷心的感谢！

　　××市老年集邮协会成立两年来，在市委老干部局、老干部活动中心的领导下，在老年邮协会员的共同努力下，坚持弘扬先进文化的前进方向，以发展和巩固老年集邮队伍为重点，以开展丰富多彩的集邮活动为主线，树立昂扬向上、与时俱进、老有所为、老有所乐、陶冶情操、勤奋工作的工作思路，为丰富集邮文化，实现老年朋友增智益寿、陶冶情操的夙愿和勇攀更高境界的人生追求，推进老龄事业和集邮事业全面发展做了卓越而富有成效的工作。归纳起来，有以下几个方面：一是加强了老年集邮协会组织建设。市老年集邮协会成立后，全市×个县市区中有×个县市成立了老年集邮协会，其他几个也在筹建中。二是积极发展老年集邮队伍。两年来，全市老年集邮协会会员由初期的××人发展到现在的近×××人，老年集邮队伍逐步壮大。三是开展了丰富多彩的集邮活动。××市老年集邮协会成立两年来，通过开展一系列丰富多彩的集邮活动，如组织邮展进军营、进机关、进校园、进社区活动，为广大人民群众宣讲了集邮知识，传播了集邮文化。四是积极开展集邮学术研究。老年邮协先后编印出版了《××××》，并创办了会刊《××××》，为老年集邮人提供了一个展示才华的平台。

集邮是一项高雅的文化活动，正是有了这样一群阅历丰富的老年朋友的参与，××市集邮事业才会蒸蒸日上，健康发展。希望××市老年邮协工作继续坚持以人为本，按照快乐集邮、健康集邮、重在普及、贵在参与的原则，继续加快全市老年集邮队伍的组织建设，已建立县市区老年集邮协会的要更加完善，未建立的要抓紧时间尽快建立，同时要在当地老干部局、老干部活动中心和集邮协会的监督管理下，提高全市老年集邮协会的凝聚力，积极开展各种健康有益的、适合老年人的集邮活动，不断扩大集邮受众面，提升人文精神，推动集邮文化不断发展。

祝愿所有的老年朋友们在安宁祥和的生活中沐浴着阳光的灿烂和温暖，享受着人间的幸福和欢乐。真诚地希望更多的老年朋友们参与到集邮活动中来，老有所为，为中有乐，心灵逢春，乐在其中，通过集邮活动陶冶自己的情操，为两个文明建设做出新的贡献。

庆典贺词全集

【范文三】

【致辞人】 指导老师

【致辞背景】 在大学文学社成立五周年纪念会上致贺词

各位领导、老师、同学们：

又是一年春来到，又是一年春光烂漫时。在这百花盛开、草长莺飞的日子里，我首先在这里祝贺新社员今天成为"××文学社"的一员，在这里，你们将踏上文学成长的道路。也正是在这百花盛开的日子里，我们"××文学社"迎来了她的第五个春天。在这五年里，文学社得到了各级领导和老师们的关心和支持，全国著名特级教师、××老师为我们文学社亲笔题词，更是给予了我们创办文学社的信心和力量。

在这五年里，我们××文学社这株柳河嫩芽，经过冬的孕育，春的滋润，夏的历炼，正在茁壮成长。五年来，我们××文学社以"搭建平台，互相交流，结出硕果"为宗旨，培养了一批优秀的小作者，并有许多作品在一些报刊上发表。

同学们，成绩已成为过去，昨天的成绩是今天的起点，今天我们又相聚在这个播种希望的季节里，让我们踏着昨天的辉煌，走向更灿烂的明天！让我们一起继续为"××文学社"这株幼苗浇水、施肥，让她在我们的呵护下，能更加茁壮地成长！

同学们，幸福的生活需要你们去歌颂，身边的好人好事需要你们去发现，吐绿的小草、绽黄的杨柳等待你们去描绘……同学们，别再犹豫，拿起手中的笔去尽情倾吐吧！

同学们，鲲鹏展翅九万里，潜龙腾渊自有时，愿你们在"××文学社"这块沃土上早日成才，愿你们把文学的热情化做滴滴汗水，凝成片片馨香，浇灌在我们文学社的土壤上，播种、耕耘，让她结出累累果实，不管它是香甜的，还是苦涩的，让我们一起去品尝。愿你们在"文学社"的历史上书写灿烂的篇章！

周年庆典贺词佳句欣赏

校庆

桃李满天下，梓楠遍五洲。

教坛千古业，桃李一园春。

校园迎隽秀，桃李向阳红。

讯传连四海，校庆汇三江。

洒下园丁千滴汗，赢来桃李一堂春。

春催桃李遍天下，雨润栋梁竖九州。

花枝竞秀须雨露，桃李争荣靠园丁。

竹笋破土傲霜雪，松木参天作栋梁。

园中桃李年年艳，国厦栋梁节节高。

园丁辛苦一堂秀，桃李成才四海春。

看今日育李栽桃结硕果，待明朝生光拔萃尽英才。

豪杰挺生敢教梓楠成大栋，英才乐育欣期学子步青云。

厂庆

庆典一堂喜，花开四化荣。

改革春风催劲羽，振兴喜庆鼓鹏程。

忆昔坎坷兴业路，抚今昌盛换新天。

青山万里春光催，盛厂千军气势雄。

四化腾飞邦永固，千军奋进厂向荣。

翻天覆地山河壮，革故鼎新日月明。

百年大计开新举，万里长征振虎风。

一代风流矫健步伐奔四化，千军虎奋浩荡英姿建奇功。

树雄心创大业与江山共秀，立壮志写春秋共日月同辉。

会庆

数年风雨发花盛，几载炎凉举业新。

文坛鸟唱和衷曲，协会云拥艺术家。

志趣偕流寻共路，世缘相结乐同春。

几载炎凉酬夙愿，千般苦乐寄此门。

朝凤有缘鸣百鸟，向阳结谊放千枝。

友谊长存并肩携手，同仁共奋合力贴心。

第三章 周年庆典

一筹兴劲旅辉煌业绩,数载起宏图浩荡春风。

喜会庆合欢一堂济济,看人和共颂百感绵绵。

创新兴事业耀今烁古,举旷代英才继往开来。

携手开华夏千秋大业,并肩展神州万古雄才。

刊庆

刊花滋雨开三载,喜讯乘风上九天。

一纸新闻孚众望,千秋大业记征程。

日载万言无积稿,风行四海尽新闻。

导向正偏吾有责,文笔优劣我无辞。

艺苑奇葩争芳斗艳,文坛妙笔推陈出新。

指点江山春光满目,激扬文字彩笔生花。

一筹启邸林尽载时情哲趣,五载汇涛声每披奇事新闻。

路庆

车载十年庆,路伸万里程。

千车连万户,一线贯九州。

千里路朝行夕至,万方情北汇南融。

通衢别辟不毛地,大道偏钟边远城。

万里路程如同经纬，九州脉络格外分明。

复蹈旧辙并非复旧，创开新路才是创新。

玉带系青山千回百转，铁轨穿险涧六顺八达。

路穿万水千山畅通无阻，车过十州百县缩地有方。

第四章 生日庆典

生日庆典的意义与特点

对于生日文化的由来，人们一直众说纷纭。早在先秦《礼记·内则》中就有记载："生子，男子设弧于门左，女子设帨于门右。"这里"弧"是指弓，"帨"是指佩巾，类似现在的手绢。这句话意思是说孩子生下来时，如果是男孩子就在家门的左边挂一把弓，如果是女孩子就在门的右边挂手绢。从此以后，每年的今日，人们都要设宴庆祝，也就是通常说的"过生日"。过生日是一个古老传统，其历史最早可以追溯到三千多年以前的周朝。到了南北朝，中国已经形成了一套完整的祝寿礼俗。唐宋时期，则是祝寿礼俗发展的高峰。到了明清时期，中国已经形成了独具民族特色的生日礼仪文化，成为中国灿烂民族文化的重要组成部分。

对于到底为什么过生日，通常有三种说法。

第一种说法：庆祝生命的延续和兴旺。在《汉书·卢绾传》中曾记载，卢绾的父亲与汉高祖刘邦的父亲同住一里，结为生死之交，两人的妻子又在同一天各自生下了一名男婴，乡亲们得知这一消息后特意准备了礼物前来祝贺，而这一日期就是孩子们的始诞纪念日，也就是生日。可见，过生日的习俗在秦末已十分流行。

第二种说法：对母亲赋予生命的感激。俗话说："儿的生日，母亲的苦日。"抛开十月怀胎不说，当一个生命来到这个世界上时，母

第四章 生日庆典

亲必须忍受巨大的生理和心理痛苦，因而在民间还有一种说法，认为过生日的本义就是要"哀哀父母，生我劬劳"，"劬"就是劳苦、辛苦的意思，就是希望通过过生日来追思母亲临产及分娩时的痛苦，体会父母哺育的艰辛。

第三种说法：消灾驱邪。这种说法源于一个民间传说。有个少年家境贫寒，家中只有一位年过七旬的老母亲与他相依为命。一次，少年突然得了一种奇怪的病，家里无钱医治，眼看奄奄一息之际，有人告诉他一个方法，称某月某日，八仙将路过此地，可备上酒水以求他们帮助。少年依计行事，果然见到了八仙，治好了怪病，临别时八仙告诉他："今日是你再生之日，此后每年今日予以庆祝，定可长寿。"消息传开后，过生日置酒请客逐渐成为当地人的一种习俗，流传开来。这虽然是个传说，但也可以看出，过生日在很多人心里有一种消灾祛病、祈求来年平安的意思。

生日宴又是从何时开始，有着什么样的意义和故事呢？最初是在夏朝神话中开始的，人们生日当天会求拜彭祖（传说他活了800多岁）让自己长寿，这当然是一个神话，但历史上彭祖似乎确有其人。《史记·楚世家》和屈原的长诗中都记载了他是五帝之一颛顼的玄孙。据司马迁《史记·楚世家》记载，秦始皇在首都咸阳建造寿星祠，每年供奉寿星，祈求保佑秦朝万寿无疆。到了汉朝，这位威严的星官就演化成了带有浓厚政治色彩的寿星。据《后汉书·礼仪志》中记载，东汉明帝曾举办过一次特殊的供奉寿星的宴会，召集普天之下年满70岁的老人为座上客，此宴承载一种重要的伦理价值观念——"尊老、孝道"，它所衍生出的不仅仅是一种社会美德，更是封建王朝的治国之本。提倡孝道实际上就是弘扬忠臣品格，加固帝王的权力。到明朝之后，政府下令取消自秦汉以来国家供奉"寿星"的制度，从此寿星完全除去了政治色彩，进入民间。起初，过生日祝寿的风俗并不盛行，只有德高望重之人或富贵人家才能设宴过生日，从明清以后，生日宴的风俗才在全国兴起。

按照中国传统，生日一般都要吃长寿面和鸡蛋。因为我国食品中面条最为绵长，寿日吃面，表示延年益寿。过寿一定要吃寿面，寿面要求三尺长，每束应百根以上，盘成塔形，用红绿镂纸拉花置于其上作为寿礼，敬献寿星，必备双份。祝寿时置于寿案之上，寿面是过生日时最要紧的饮食。过生日吃一个鸡蛋则代表这一年像鸡蛋一样无瑕，并且最重要的是，吃之前要把鸡蛋骨碌过，这代表这一年像鸡蛋那样"骨碌"就过了，无病无灾，顺顺利利。一般来说，长辈庆祝生日叫"过寿"，69岁过七十大寿，俗称整寿。祝寿的人主要是子女和晚辈至亲，近邻密友也多来祝贺。整寿礼有寿幛、寿衣、寿人（糕点）、寿桃（用白面蒸熟的食品）等，一般过寿只有寿人和寿桃。婴儿有看三天、过十天、过满月、过百天、过周岁，外婆家送缓绳、银镯、银锁、银项圈。中年人讲究过36岁生日、49岁生日，俗称"门槛子"。到这一天，家人用红布做成红裤腰带系在寿星腰间，或让寿星穿上红色内衣，意在消灾解难。老年人讲究过七十大寿、八十大寿，主要因为孔子活到73岁、孟子活到84岁，人们认为这两个年龄是老年人的门槛子，大庆大贺，以免灾避难。人们通常认为，每个人活到这几个年龄时，如果度得好便能长寿，所以人们为了长寿，在"坎儿年"倍加小心，并想办法"破解"，以图长寿。常用的办法是系红裤腰带，传说红色可以避邪消灾。老北京还有在本命年和60岁以后系红裤腰带的习俗。

第四章 生日庆典

一般民间做寿，70岁为"大寿"，80岁为"上寿"，90岁为"老寿"，都要盛大祝贺。做大寿前要向至亲好友发请柬，发放日期一般在做寿的前三日，否则为失礼。民谚曰："三日为请，二日为叫，当天为提来。"亲友接到请柬，便准备寿礼届时前往，俗称"拜寿"，也称"祝寿"。亲朋好友送来的寿幛均挂在院中天棚四周以向客人展示，寿幛上写些吉祥语和被送者、送者姓名。寿堂一般设在堂屋，正面挂寿帘，两旁配有对联写些如"福如东海"、"寿比南山"等吉言。八仙桌上摆有香炉、寿蜡等，条案上摆寿桃、寿面等寓意长寿的食品。八仙桌正前方的地上放置一块红垫子，供拜寿者跪拜时用。主人还要大摆寿宴，请宾客畅饮，有的还举办堂会，增加喜庆气氛。

随着社会不断发展，到20世纪中叶，西方生日文化传入中国，于是又有了生日蛋糕和生日蜡烛。这一习俗据说源于希腊。蛋糕本身就有庆祝的寓意，生日当天切蛋糕表示庆祝自己的生日，吹熄生日蛋糕上的蜡烛，寓意把以往所有的坏运吹走，所以，生日蛋糕上的蜡烛的数量，总是和自己的年龄相同。还有《生日快乐》歌、生日贺卡、生日派对等也都成为当代中国人过生日不可或缺的内容，而12星座、生日密码以及西方人独具特色的送礼方式，更为古老的中国生日文化注入了新鲜的血液。

无论历史的烟云怎样变幻，世态万象如何变化，生日快乐的祝福主题却一直没有改变，人们对快乐的追求也始终如一。今天，过生日已经成为中国人表达亲情、友情、爱情的重要方式，已成为人们生活中密不可分的一部分。

一周岁生日贺词

婴儿的一周岁生日最受重视，庆祝活动也非常隆重。婴儿生日到来之际，妈妈把自己装扮得漂漂亮亮，然后给孩子穿上一套精心制作的服装，并把孩子抱到已预备好的生日桌前，让婴儿"过目"专门为他摆设的"涉猎物"。这种"抓周"礼的风俗在民间流传已久。吴自牧《梦梁录·育子》载："其家罗列锦席于中堂，烧香炳烛……金银七宝玩具、文房书籍、道释经卷、秤尺刀剪、彩缎花朵、官楮钱陌、女工针线、应用物件并儿戏物，却置得周小儿于中座，观其先拈者何物，以为佳谶。"宋代《东京梦华录·育子》谓此为"小孩之盛礼"。

"抓周"的仪式一般都在吃中午那顿"长寿面"之前进行。讲究一些的人家要在床前陈设大案，上摆：印章和儒、佛、道三教的经书，笔、墨、纸、砚、算盘、钱币、账册、首饰、花朵、胭脂、吃食、玩具，如是女孩"抓周"还要加摆铲子、勺子（炊具）、剪子、尺子（缝纫用具）、绣线、花样子（刺绣用具）等。一般人家，限于经济条件，就简单一些，仅用一铜茶盘，内放私塾启蒙课本：《三字经》或《千字文》一本，毛笔一支，算盘一个，以及烧饼油果一套。女孩加摆：铲子、剪子、尺子各一把。由大人将小孩抱来，令其端坐，不给予任何诱导，任其挑选，视其先抓何物，后抓何物，以此来测卜其志趣、前途和将要从事的职业。

如果小孩先抓了印章，则谓长大以后，必承天恩祖德，官运亨通；如果先抓了文具，则谓长大以后好学，必有一笔锦绣文章，终能三元及第；如果小孩先抓算盘，则谓将来长大善于理财，必成陶朱事业；如果女孩先抓剪、尺之类的缝纫用具或铲子、勺子之类的炊事用具，则谓长大善于料理家务。反之，小孩先抓了吃食、玩具，也不能当场就斥之为"好吃"、"贪玩"，也要被说成"孩子长大之后，必有口道福儿，善于及时行乐"。总之，此礼俗乃长辈们对小孩的前途寄予厚望，在一周岁之际，对小孩祝愿一番而已。通过小孩抓周，在客观上检验了父母对小孩是如何熏陶的，是如何进行启蒙教育的，因此，有些家长并不迷信，但仍主张让小孩抓周，也是这一风俗得以持久在民间流传的原因之一。

【范文一】

【致辞人】小寿星的外公外婆

【致辞背景】在一周岁生日宴上致生日贺词

我们最亲爱的小××：

你的第一个生日到来了！你知道外公外婆此刻的心情吗？

我们特别高兴，因为你是我们心中的小太阳，是我们精神与生命的无限寄托！

记得××××年××月××日晚，我们一夜未眠，心中默默祝福你的平安降生。

××日凌晨，你终于来到了我们的生活中。推窗远望，那是一轮充满朝气的红日，我们的小××你就是我们的小太阳。

今天是你的第一个生日，外公外婆祝你健康成长，快快长大。

我们相信不久的将来,你将是一匹聪明能干、学识渊博、永远向前的小"骏马"。我们盼望着你长大,盼望着你健康,盼望着你早日成为国家有用的人才。

外公外婆送你周岁对联一副:

冬至一阳生,春雨春风期可待,试看抓周兆;

时来周岁满,成才成德又何迟,当怀凌云才。

【范文二】

【致辞人】小寿星的母亲

【致辞背景】在一周岁生日宴上致生日贺词

亲爱的×××:

今天是你一周岁的生日。当你还在妈妈的肚子里的时候,妈妈就对你充满了期待,想象着宝宝会是什么样子呢?妈妈生怕你在里面会不舒服、会饿着、会寂寞,于是每天都放音乐给你听;每天都尽量多吃有营养的食物;睡觉前让爸爸讲故事,让你时时刻刻地知道,我们都在关注着你。还有呢,生怕你有什么不妥,每天都得数上好几次胎动的次数,定期去医院检查。为了生你的时候不让你太痛苦,妈妈每天都挺着个大肚子跟着音乐做上一套孕妇体操,练着孕妇式的呼气和吸气。

都说自然生产产下的宝宝好,于是妈妈就拼命克服着恐惧感,勇敢地产下了健康的你。

都说吃母乳的孩子抵抗力好、聪明,于是,坚持着用甘甜的乳汁喂养你。的确,你现在的抵抗力是得到了加强,到目前为止还没有发过一次烧呢!对此,妈妈感到非常欣慰。

这一年里,你成为了妈妈的生活中心。你笑,妈妈也笑;你哭,妈妈就苦恼。从你刚从妈妈的肚子里钻出来还是那么小小的、软软的，脸和其他小伙伴没什么分别，到现在长成了健康、漂亮、聪明的小伙子；从一个只会吃奶的小婴孩，到已经可以独自站立，有了自己主意的棒小伙。×××，你就是妈妈的全部骄傲。妈妈在你满五个月的时候，开始尝试着在网络上为你安了个新家，记录着你的成长故事。要知道，妈妈一向对写作不感兴趣，在学校读书的时候，对老师说的"用心去写"始终不得要领。可是，亲爱的×××，由于你的到来，妈妈懂得了"用心去写"的真谛。虽然妈妈写的文章不够华丽，有时还会出现错别字，但是，亲爱的×××，妈妈是用心来感悟你带给妈妈的快乐的！

亲爱的×××，第一年只是你生活的开始，以后，还有许许多多的生活体验等着你一一去尝试。妈妈会在身边陪着你，支持着你，默默地注视着你，记下你的点点滴滴。亲爱的×××，你要做生活的强者，要有勇气来克服生活中的不如意，做一个真正的男子汉！亲爱的×××，妈妈爱你！你永远是妈妈生活中不可分割的一部分。

成年礼贺词

　　成年礼是为承认年轻人具有进入社会的能力和资格而举行的人生礼仪，是一个人由个体走向社会的一道必不可少的程序。一个人，当他经过漫长的成长过程后，逐渐走向成熟，脱离了亲人的养育、监护，承担起了所在集团和社会所赋予的权利和义务。在这个时候，人们要举行一系列的礼仪，来纪念当事人由不成熟走向成熟的过渡，这种礼仪就是成年礼。有的民族，成年礼过程十分隆重而且带有考验的性质，中国一些少数民族的成年礼的这种特征比较明显。成年礼是人生礼仪中最为重要，并且具有多重特性的礼仪，是一种普遍存在的文化现象。

现在，通常认为18岁即已成年。有的学校会举行集体成年礼，有的父母会为孩子举办一个较为正式的18岁生日，恭贺其成年。在集体成年礼上，通常会邀请德高望重的长辈致辞，向受礼者提出恭贺、忠告和希望；在家庭举办的生日宴会上，通常父母要致贺词，表达自己喜悦之情的同时也对子女提出希望。

【范文一】

【致辞人】教师代表

【致辞背景】在高三学生的成年仪式上致贺词

尊敬的各位家长、学校领导、各位老师，亲爱的高三全体同学：大家好！

今天是高三全体同学进入成年的纪念日，首先，我代表全体教师为你们祝福，向你们表示衷心的祝贺！

今天，在你们步入18周岁之时，你们将带着父母亲人的热切期盼，面对庄严的国旗许下铿锵誓言，光荣地成为共和国的成人公民，迈出成年后的第一步，踏上人生新的征途。

18岁，这是多么美妙、多么令人羡慕的年龄！在儿童、少年的眼里，18岁的人是大哥哥、大姐姐，因为你们高大强健、青春妩媚；在中年人、老年人眼里，18岁的人是岁月的富翁，因为你们身

第四章　生日庆典

姿挺拔，活力四射！

18岁，这是一个多么美丽而又神圣的字眼。它意味着从此以后，你们将承担更大的责任和使命，思考更深的道理，探求更多的知识和学问；它也意味着从此以后，你们要将理想转化为现实，将依赖、依靠变为自立、自强；它还意味着从此以后，你们的世界观、人生观、价值观将进一步正确地确立和坚定，毅力、意志将更加坚毅和刚强。

18岁，这是你们人生中一个新的里程碑，是人生的一个重大转折，也是人生旅途中一个新的起点。从今天开始，你们将以更加自立自强的姿态去面对人生和社会；你们将享有宪法所赋予的权利，并履行宪法所规定的义务；你们将和所有成年人一样，担负起国家、社会和家庭所赋予的神圣而庄严的使命！

面对18岁，亲爱的同学们，我想你们此时此刻似乎要感慨的东西会很多很多！

感慨要告别一个时代，告别过去的顽皮、莽撞、青涩，告别自己的孩童和青少年时的岁月。但是，同学们千万别忘了，当一个时代结束的时候，又意味着新时代的开始。从今天起，你们走进了人生的新时代，在新生活中，你们将真正体会人生路上的付出与收获、成功与失败、幸福与艰辛，因为你们长大了，有了自己思考问题的方式，有了明确的价值取向和人生态度，所以说，你们即将真正地去生活！你们也会感慨，似乎应该在这个时刻对自己的父母说点什么。是啊，一个人从呱呱坠地，到18岁成年，经历了6570个日日夜夜，这是一个多么漫长的过程。而在这个过程中只有父母是伴随你们一天天走过的人，他们见证了你们的成长。在走过的这6570个日日夜夜中，你们摔倒过、哭泣过、偷懒过、生病过、做错过，这个时候，扶起你们的是父母，为你们擦干眼泪的是父母，最心疼你们的是父母，最包容你们的是父母，最揪心的是父母，最苦最累的还是父母！

可怜天下父母心，同学们，在今天你们即将迈入成年人行列的庄严时刻，请在你们的心里，带着良知、赤诚和爱向父母深深地鞠上一躬，表达儿子或女儿的感激之情！在未来的日子里，请用你们的努力、勤劳和成绩来诠释这"感激的一躬"，而老师今天还想说的是，同学们，做一个孝顺的孩子吧！

说到这里，我突然想起一个问题，同学们，你们又准备拿什么为自己的18岁献礼？答案在你们的思考中，在你们的心底。但我想，你们的进步，你们的懂事，你们的成熟，你们的成绩就是给自己最好的献礼！如果要问：什么是给自己唯一的献礼？那只能是你心中理想大学的一张烫金的录取通知书！除此之外，我想不到比这更好的献礼！

同学们，在未来的岁月里，父母、老师还会把你们惦记，但是，毕竟你们长大了。有一天，我们的臂膀也许已够不着你们远飞的身影，我们只能在家中将你们守望，我们希望看到那时的你们羽翼丰满，勇敢顽强！我们希望你们始终能够老老实实做人、勤勤恳恳做事，一步一个脚印，带着勇气、知识、信念、追求去搏击长空，创造自己的新生活！我们也祝福你们在今后的人生道路上，一路拼搏，一路精彩！祝愿你们幸福！我亲爱的学生们！

谢谢大家！

【范文二】

【致辞人】 父亲

【致辞背景】 在儿子18岁生日聚会上致贺词

儿子：

今天是你的生日，我们愿你开心无限，快乐无边；也愿你健康永远，爱心永恒。

×点××分是个难忘的时刻，18年前的这个时刻，你在晨曦微露的黎明时分，送来了一声嘹亮的啼哭，向这个世界报到；18年后的这个时刻，我在凉爽的微风中为你写下生日寄语，送去我心语一片，心香一瓣。

谢谢你，儿子！谢谢你18年来伴我们走过的每一天。是你的降临，让我们懂得了什么是责任，什么是义务。

谢谢你，儿子！是你，让我们对博大精深的爱有了全方位的理解与阐释。只因心中充满了爱，我们才会如此地热爱生活，热爱工作，热爱身边所有的人和事；只因心中充满了爱，我们才能如此地善待亲人，善待朋友，善待那些素不相识的人。

18年春华秋实，18年含辛茹苦，草长莺飞，变化的是你的成长与进步，不变的是我们浓得化不开的爱。

18年雨雪风霜，18年寒暑更迭。岁月风尘，涤荡你幼稚的幻想，磨砺你坚强的意志。

如今，你已长成一个沉稳、干练的棒小伙子，爸妈以你为荣！我们希望，我们恒久不变的浓浓的爱，能化做你发奋求知的动力，助你到达理想的彼岸。你能成为对社会、对祖国有用的人才，是我们最大的心愿。

儿子，请你记住，无论你走到哪里，你的根都在中国。希望你，莫忘深深养育情，牢记拳拳报国心。

【范文三】

【致辞人】父亲

【致辞背景】在女儿18岁生日聚会上致贺词

亲爱的女儿：

初秋，暖暖的阳光染红了枫树的叶子，带来了一年的丰收。每当这色彩斑斓的季节来临，我感觉萧索的寒风不光吹落了焦黄色的梧桐叶，同时，也吹起了我心中的一片绿叶——女儿已长大成人。今年很特别，因为是女儿18岁的生日。

作为父亲，面对女儿18岁的生日，我回想到那一天——

×××年××月××日，那时我也刚满18岁。独自一人在他乡。生日怎么过？什么蛋糕、许愿、生日礼物，当时都不兴。而我对这个不寻常生日的思绪，就像烛光袅袅升腾灵辉般忽闪忽现。呵，毕竟是18岁的生日，总是有些想法。于是，我专程到××的照相馆，拍了一张照片。

"抬头，挺胸，眼睛睁大一点儿，笑一笑！"搞艺术的摄影师，简单而机械的指令。我面对毫无感情的镜头，完成了一个机械的微笑。平头、咔叽布制作的翻领衫，衬着一张刻意睁大眼睛的脸。我仔细端详着照片，脑子里在对照着另一幅图像——水房里的水龙头上方那面镜子里的我：我时常在独自一人时对着镜子，调动起脸部所有的神经，一直到满意的状态为止。不久，妈妈看了照片，说了一句："嗯，像个大人了。"

就这样，照片上的主人公，用一张黑白照片来纪念他的第18个春天，同时，也告别了动荡的童年和少年时代，带着一张英姿勃发的脸，开始了他成年后的人生历程。

作为父亲，面对女儿18岁的生日，我回想到这样一个夜晚——18年前的今天，我护送妻子到了产房门口。我们互相对视，目光中流露出款款深情。她转身向前——她知道背后有火一般炽热的祝福，她要去把一个小生命带到我们的家，带到一个崭新的世界。度过了焦虑的两个小时，一个"白衣天使"怀抱婴儿推门而出。"一定是他（她），我的孩子！"我此刻很自信。我迎上去，怯生生地问："请问，是男是女？"她正忙着换鞋，头也没抬，只轻轻地说了一声："是女孩……"

啊！我仿佛听到了一声报晓的钟声。感谢上帝，我有女儿了，我做父亲了！

正因为有了这个夜晚，以后的18年，我们每一天都在养育、拉扯、锻炼，还有沟通中度过。当然，还伴随着幸福、欢乐，以及美好的希望。

作为父亲，面对女儿18岁的生日，我想到了这样一个白天和那样一个晚上。我把它们作为礼物送给女儿，愿女儿收下、珍藏。

而立之年生日贺词

孔子说，我20岁时开始立志学习，30岁能自立于世（学有所成），40岁时遇到事就不会迷惑，50岁时懂得天命，60岁能听得进不同的意见（清楚理解听到的话），到了70岁能达到顺着心愿做事，而不会超越社会所认同的规矩。

"三十而立"应当是一种怎样的人生状态？问题出在对"立"的理解上。程树德《论语集释》说："窃谓立止是学有成就之义。"南怀瑾《论语别裁》说："立就是不动，做人做事处世的道理不变了，确定了，这个人生非走这个路子不可。"李泽厚《论语今读》说："三十而立，有人强调与立于礼有关，是指人从六岁习礼到三十岁才算完全掌握熟练，但后世注疏多不拘泥于学礼，而泛指人格的成熟，更佳。"因此，他把"三十而立"翻译成白话文"三十岁建立起自我"，颇耐人寻味。而李长之《孔子的故事》则以孔子的口吻说"我到了三十岁的时候，仿佛对任何事都有个主意了"，也就更为形象。三十而立，人生踏上一个新的台阶，不管这个台阶将会引领你去向坦途还是坎坷路，很少有人在人生的这个时刻不审视自己一番的，这个时刻既是一个阶段性的总结，又是一个新计划的开端，这个时刻，太容易让人回味，又太容易让人畅想。而立之年，是人生重要的转折点，借力而行，行必风行；借势而跃，跃必飞跃！

第四章 生日庆典

【范文一】

【致辞人】妻子

【致辞背景】在老公30岁庆生宴会上致贺词

女士们、先生们，朋友们：

俗话说：男人三十而立。男人，30岁，说年轻不年轻，说成熟不成熟，就是这样一个似是而非的年纪，今天也轮到了你——我的丈夫。

不知从哪看到一句话，说30岁的男人不是人家说一句生日快乐就会快乐的，我觉得说得对。但是，我觉得，你有足够的理由过这个快乐的30岁生日。

你30岁了，让我来帮你盘点30年来走过的日子——你出生在一个幸福的家庭，你是继四个姐姐之后的唯一男孩，是父母的宝贝。你的出生给整个家庭带来了希望和欢乐。童年的你快乐无限，可以赤脚奔跑在乡村的土地上，用自制的钓钩在小溪旁钓螃蟹，抓小鱼。少年的你帅气可爱，中学的时光没有荒废，拥有打劫同学的顽皮经历，拥有助人抓劫犯的光辉历史，又有醒悟过后的悔过自新，更有开始初恋的美好感觉。大学里的你更加帅气十足，总有女生打你的主意，希望能得到你的垂青，让你度过了四年众星捧月的生活。你工作了，你用自己的实力证明了你的能力，你用你的劳动所得还清了所有家里因你上大学欠下的债。

所以说，你是幸福的，你是快乐的，你是被人羡慕的；珍惜现在，珍惜所有，你现在拥有的已经是很多人梦寐以求的。不要要求太多，太多的要求会让你看轻家人，看轻那些本该"看重"的东西，到时候，你可能会后悔莫及……

你30岁了，而立之年，我要让你觉得你是真正幸福的。

最后，衷心地感谢各位亲朋好友的光临，在这个美好的日子里，祝大家在家顺，在外顺，今天是个吉祥日子，心顺意顺，前程顺，一顺百顺；天地顺，人情顺，风调雨顺；现在顺，将来顺，一帆风顺，恭祝各位：万事顺利！

【范文二】

【致辞人】丈夫

【致辞背景】在妻子30岁生日写给她的话

×××：

今天是你30岁的生日，生日快乐。

答应为你买一束最美丽的玫瑰花，放在你温暖的怀里，让所有的浪漫如花盛开，开成一个弧形，那是你我的彩虹，你喜欢她的七彩，我喜欢她的美丽。

答应为你买一盒最可口的蛋糕，放在圆圆的桌上，为你点上二十四蜡烛，让所有的爱燃烧，燃烧成一个心形，你许你的心愿，我则轻轻的亲你，吻你，告诉你：生日快乐，老婆，我爱你。

你比月亮晚生一天，昨天月亮最圆，今晚你最美丽。

在你生日的这一天，将快乐的音符，作为礼物送给你，愿您拥有365个美丽的日子，衷心地祝福你——生日快乐！

在你的生日之际，诚挚地献上我的三个祝愿：一愿你身体健康；二愿你幸福快乐；三愿你万事如意。

圣人说，30岁是而立之年，你是否已拿定主意，让生活从此安定下来，稳步前行？我知道你的答案，正如你知晓我的答案一样。欢迎你加入30岁的行列，生日快乐！

不惑之年生日贺词

当你告别"而立"之年,并年复一年地向"不惑之年"迫近时,也许偶尔会有一丝"老之将至"的淡淡惆怅涌上心头吧?是啊,童年时捉迷藏的情景还记忆犹新,少年时各种稀奇古怪的念头仿佛还未消失尽,这一切与自己的年龄竟已相距很远了,怎能不令人感慨!

由于你正值中年,很幸运地一边享受着父母乃至祖父母的舐犊之爱,同时自身又体会到了做丈夫和父亲或做妻子和母亲的甘苦;而成年后的手足之情,在剔除了孩提时种种无谓的争吵后,更显得那么温暖纯真……这一切,让你懂得了许多有关爱的真理。

人到中年,对自己认识得更透彻,更全面了,不仅知道什么发型和颜色最适合自己,而且也找到了生活中最适合自己、能使自己最大限度放射出全部能量的位置。你的工作从没像现在这样得心应手,遇到难题你也不再惊慌,而能稳稳当当地设法解决它。如果你在青少年时期,一直在为塑造一个完善的自我而摸索探求,那么,现在你已完成了设计草图的第一道工序,下一步该是最令人神往的工序——上颜色!也许10岁以前你仅懂得一切是为了做给爸爸、妈妈和老师看的;30岁以前你开始认识到要为你自己负责;而40岁的你,看着正在成长的小辈和已开始领退休金的父母,一定会切切实实地感到应该对社会负责了，有了一种高尚的责任感。

诚然，秋天离冬天不远了，但它却是个收获的季节。中年的确有着许多它特定的烦恼，但它带给人们的喜悦远远多于忧愁。假如用一座拱形大桥来比喻人的一生的话，那么中年，正值这座拱桥的最高点。所以，中年朋友们，你还有什么未遂的心愿、未施行的计划吗？那就切莫迟疑，赶快抓住中年这个闪光的年轮吧！有一句谚语说得好：人的生命从40岁开始。

【范文一】

【致辞人】寿星的弟弟

【致辞背景】在兄长40岁生日的家庭聚会上致贺词

我最亲爱的家人们：

今天是×××年××月××日，是大哥的40岁生日。大哥比我大两岁，为大哥过这个生日，我惶恐不安，感慨万千！岁月过得真是快呀，再过两年，我也将步入40岁的殿堂。

人到40，才懂得什么是真正的生活，才明白人生是怎么一回事！人到40，生活的笑颜才刚刚展开，人们能感受到人生的沧桑，享受到生活的美好，也就更珍惜以往，珍爱生命，更勇于去开拓未来！大哥，你40岁了！换个角度说，你的人生才刚刚开始，祝福你的前途一片光明。

40岁的大哥，如盛年的果树，挂满责任的果子。

40岁的大哥，人生擂台上，不再腾挪躲闪，站稳已有的位置，伺机重拳出击。

40岁的大哥，不再嘻嘻哈哈，喜形于色，像热闹的风雨；必须沉稳老练，察言观色，像一座大山有着牢牢的根基。

40 岁的大哥，衣冠楚楚，言语不躁，社交功夫已臻极致，运用达到了炉火纯青。

40 岁的大哥，绝不轻易承诺，也不会轻易伤害；说了就一定做到，伤害了也叫人有口难辩。

40 岁的大哥，像个农民，更看重到手的收成，而不是转瞬即逝的如花美景。

40 岁的大哥，是儿子，更是父亲，再难找到如母亲般温暖的怀抱，歇歇紧张的神经。

40 岁的大哥，很雄健，也很脆弱；雄健在大庭广众，脆弱在无人街头。

40 岁的大哥，担心健康，又不能没了烟酒；太多的失落、忧郁和委屈，实在不便与人说。

40 岁的大哥，充满磁性，修养和内涵是他无形的电场。40 岁的大哥，明白了太多，也告别了太多。

大哥，40 岁的你不要太劳累，不要太卖力气，照顾别人的时候也要学会照顾自己。

今天是你的生日，祝 40 岁的你前途一片光明！

【范文二】

【致辞人】寿星的友人

【致辞背景】在金秋时节举办的生日聚会上致贺词

不惑之年的朋友们：

大家好！

不知不觉进入了不惑之年。在这如秋的岁月里，我们该如何认识自己、把握现在？

不惑之年的你既有初秋泛黄的惆怅，又有秋后收获的喜悦。秋天虽羞于春天的娇媚，愧于夏天的芬芳，却赢得了硕果累累的灿烂！春天虽阳光明媚，百花盛开，却春寒料峭，风沙迷漫；夏天虽青山绿水，万紫千红，却雨落水涨，烈日炎炎；冬天虽有白雪世界，寒梅傲立，却鸟飞南国，寒风涤荡。

秋天，是收获的季节。

秋天，是成熟的季节。

秋天，是孕育希望的季节。

秋天，粮熟果红，枫叶翩翩。收获的喜悦和成熟的魅力，展示着勤劳，包容着给予，激荡着一曲欢快、昂扬向上的生命旋律！秋天的果实演绎着秋的品质——果实越丰硕，头垂得越低——厚重而不张扬。在别人慨叹它成功的时候，却已低下头谋划另一次生命的精彩！

秋天以其独有的风姿向世人展示它的魅力。秋风、秋叶、秋色向世人展示着大自然的胸怀。

不惑之年的朋友，让我们在"霜叶红于二月花"的岁月里，丢却悲秋的寂寥，在万里晴空之上书写我们的诗情。让未来的生活在春花中更美，夏红里更秀，秋色间更艳。

今天是你的生日，愿不惑之年的你与成功相伴，与微笑相伴。

祝你生日快乐，事事顺心。

【范文三】

【致辞人】寿星的友人

【致辞背景】在公司员工40岁生日聚会上致贺词

×××寿星，各位朋友：

今天是×××同志40岁的生日，首先我祝×××同志生日快乐、事业有成、家庭幸福、万事如意。

其次我要对×××同志提几点希望：

1. 学会轻松工作。40岁，是多事之秋，所以要学会把自己解脱出来。

2. 要继续发扬自己的风格。×××同志已经建立起了自己稳定的办事风格，要继续保持下去。

3. 要尽可能培养有规律的生活习惯。在你沿着事业的阶梯向上攀登的过程中，良好的生活习惯会使你得到巨大的好处，会使你生活幸福。

4. 要知道自己的弱点。不要去做你肯定做不好的事情。

5. 要清楚自己的长处和优势。意识到这一点，你就会把工作做得比任何人都好。

6. 要开始积存一笔钱。也许你永远用不着，但一旦需要时，没有就不行了。

7. 建立一个关系网。当然，这应当是一个正派的、合法的关系网。利用这个关系网，你可以解决很多问题。

8. 要学会做代表人物。许多人不想或不能做代表人物，能做代表人物就意味着成功了一半。

9. 要学会在适当的时候保持沉默。许多事情毁在粗心的谈话上，而不是毁在别的方面。学会表现出安静和明智，人们自然会认为你懂的比你表现出来的更多。不要没事扯闲话，不要随便讲你自己的计划。保守秘密比到处扯闲话强得多，尤其在高级事务中，秘密是金子。

10. 要忠诚。在40岁之前，忠诚本身是一种报偿，还要永远保持一种幽默感。只要你做好这几点，你的一生将会得到莫大的好处。

谢谢大家。

【范文四】

【致辞人】寿星本人

【致辞背景】在40岁生日晚宴上致答谢词

尊敬的各位亲朋好友：

今天能够邀请到各位领导和朋友亲临我的40岁生日晚宴，我和我的家人都感到十分荣幸。

首先感谢我的好朋友，××著名作家、诗人×××先生，著名文学翻译家×××先生及×××女士拨冗光临，为我的生日增辉添彩。借此机会，我要特别感谢在我人生的重要关口给予我极大关怀与帮助，因为目前不在本地而未能出席这次生日宴会的×××先生，以及有幸邀请在座的×××先生，如果没有他们多年以来真诚的关怀和帮助，就没有我今天良好的工作环境，就没有我今天的美满生活，所以，我及我的家人，无时无刻不对他们怀有一颗感恩之心。我们无以为报，只能真心祝愿他们身体健康、生活幸福、工作顺利，并愿他们一生平安。

我要感谢今天抽出时间光临晚宴并让我十分敬重的领导×××先生，感谢您多年来在生活上给予我的周到关心和工作上对我的用心栽培。

我还要感谢今天光临宴会的我的同学和所有好朋友、好同事。能跟你们成为一世的朋友，是我人生的一大幸事。回首走过的路，正是因为有你们，我才没有虚度人生。我十分珍惜我的朋友，倍加珍视朋友情谊。我希望在未来的人生道路上，能够一直拥有你们这样的好朋友，使我们的友谊永存。

同时，我还要感谢我的岳父、岳母、妻子和女儿，因为你们的精心呵护，我们的家庭才充满温馨，充满安全感，使我能够安心做好工作。

最后，我再一次代表我和我的家人，对赏光出席我的生日晚宴的各位领导和亲朋好友，致以深深的谢意！希望大家能够度过一个愉快的晚上，并从今夜开始，都有一个更加美好的人生。

知天命之年生日贺词

50岁的人不一定能像孔子那样"知天命"，但至少对命运的把戏已懂得大半。年过半百，星星白发，正好拿来比拟黎明前的鱼肚白——暮年方兴未艾，其实来日方长。

"50岁以上的人都是狐狸。"这句出自美国小说家的名言，着实引人深思。50岁是前瞻与回顾大致平衡的岁月，有时回顾已占了优势。50岁的人，像是赶着老牛走路的旅客，坐下来，在树底下乘乘凉，歇一会儿，准备再奔前程。

50岁的人对乐山乐水之说，已有另一种新的体会。他们多半会重视历史。"半世纪前如何如何"，一说出口，又不禁莞尔一笑。他们多半很讲究保养身体。白居易说：50岁是美好生活的开端，七情六欲已敛，病尚少。不过现代人不一定这样：股票市场上多的是双鬓斑白之人。

50岁的人比较不畏惧前程，但并不是有一种大无畏的气魄，只是知道大部分的世事都没什么了不起。

50岁是岁月开始加快速度的时日。昆德拉说得好，"一个人的一生就像人类的历史；最初是静止般的缓慢状态，然后才渐渐加快速度。"也有人说："50岁这种年龄，我们已不再受外界的影响了，同时到了这种年纪，我们已不再有任何东西可以丧失了。"（杰卡德《脱轨》）这大概就是孔子所说的"知天命"的境界吧。

【范文一】

【致辞人】寿星的女儿

【致辞背景】在父亲50岁生日的寿宴上致贺词

尊敬的各位朋友、来宾：

你们好！

首先感谢大家在百忙之中能够到来，今天是我父亲50大寿庆典之日，请允许我代表全家向前来参加寿宴的嘉宾表示热烈的欢迎和最诚挚的感谢！

在这20多年的风风雨雨中，我的父母无时无刻不在为子女付出，含辛茹苦地抚养我们长大成人。他们以最亲切的教诲纠正我们一次次犯下的错误，以深爱的目光注视着我们一次次喜悦的笑容。使我们成功地奏响了人生中的第一乐章。奔波于大千世界，孩子们把心酸与痛苦都撒入爸爸您那饱经风霜的胸怀，您不厌其烦地谆谆教导使我们一次又一次充满信心地面对人生！

今天，在您50岁生日之际，我衷心地感谢您对我们的养育之恩，谢谢您，您辛苦了！祝您生日快乐，身体健康！也祝愿我们永远拥有一个快乐、幸福的家。最后祝各位嘉宾万事如意。

谢谢大家！

【范文二】

【致辞人】寿星的儿子

【致辞背景】在母亲50岁生日的寿宴上致贺词

各位亲朋好友：

大家好！

首先感谢大家在这样高温的天气里来参加我母亲的生日晚宴。本人及全家在不胜感激的同时也感到万分抱歉，主要是替母亲感到抱歉，因为她选择了这样一个季节出生，实在是不太明智。今天中午，我父亲要求我准备一下贺词，说实在的，我感到很为难。虽然我学了六年的新闻学，本科四年，研究生两年，但一向自认为是个不善表达的人。母亲今年50岁了，在这50年里，前25年我由于各种原因未能参与，后25年则有幸目睹。我的母亲是一位勤劳的、勇敢的、善良的、智慧的母亲，也是一个好女儿、好妻子。我是个不会吹牛拍马的人，我相信我说出这样的话，在座没有人会反对。同意的请鼓掌，谢谢！

我感到相当汗颜的是我以25岁的"高龄"仍旧在家吃闲饭。借此机会我忏悔1秒钟。忏悔完了，谢谢。这一点我的父亲绝对比我做得好，因为今天的晚饭是他付钱。

我想跟母亲说的还有很多，但我想找个更为私人的场合，而在今天，我最想说的只是，祝母亲生日快乐。最后祝大家度过一个愉快、美好的夜晚。

谢谢！

【范文三】

【致辞人】寿星的儿子

【致辞背景】在父亲50岁生日的寿宴上致贺词

各位亲朋好友，各位尊贵的来宾：

晚上好！今天是我的父亲50岁的寿辰，老师说我是上帝赐给父亲的礼物，但愿这礼物不算太糟！树木的繁茂归功于土地的养育，儿子的成长归功于父母的辛劳。在您那博大温暖的胸怀里，真正使我感受到了爱的温暖。在您的生日里，请让我深情地说声谢谢！对绝大多数家庭来说，教育子女的责任是由父亲的"棍棒"来承担的。我是一个在棍棒下成长的孩子，回头想来，儿时的怨恨是多么可笑，天下没有不爱子女的父母，用棍棒训诫也好，用笑脸抚慰也罢，都源于一个伟大的"爱"字。父亲的爱是含蓄的，每一次严厉的责备，每一回无声的付出，每一道可口的家常小菜，都诠释出一个父亲对儿子的那种特殊的关爱。那是一种崇高的爱，只是给予，不求回报。

父亲没有被写进一篇诗章，没有被唱入一首颂歌，但您给我以生命，并抚育我成长。对于我来说，最大的幸福莫过于有理解自己的父母。我得到了这种幸福，并从未失去过。所以在您的生日这天，我想再次向您说一声：谢谢！

50岁是您生命的秋天，是枫叶一般的色彩。有人说50岁是应该休息的年龄！对于父亲而言，每增加一岁，多出的是一分魅力，一分成熟，一分智慧，今天的父亲无不彰显着一个成功男人应该具有的形象。

今天我们欢聚一堂，为您庆祝50岁的寿辰，愿您在今后，事业树上结出更大果实，愿您与母亲的感情越来越深厚！

最后,请大家与我们一起分享这个难忘的夜晚。祝大家万事如意,心想事成。

【范文四】

【致辞人】寿星本人

【致辞背景】在50岁生日的寿宴上的答谢词

亲人们:

感谢你们今天能来参加这个聚会,请别把它当做我的50岁生日庆典来看待,单纯地把它当做一次家庭聚会吧。

50年,竟然就这样悄悄过去了。今天,我想说——

感谢母亲赋予我生命,感谢女儿让我的生命得以延续,感谢丈夫让我的生命充满爱、阳光和期待,感谢我所有的亲人和朋友,是你们的关心和爱护,让我觉得生命是如此多姿多彩!

从来都觉得自己是幸运的,从我出生至今,我的生活就是那样一帆风顺。小时候,在生活艰难的时期,我也没吃过什么苦,有妈妈和奶奶的细心呵护,我的童年是那样无忧无虑。长大了,我也很顺利地读书、升学。只可惜,中专的几年时间,我没有好好地学习,只知道让青春在懵懂中度过。分配工作了,也不知自己是怎样来到了厂里,在我最茫然的时候碰到了我现在的爱人,我们是在工作中相识、相知、相爱的,再以后,我们有了自己的家、自己的孩子。我好像有了自己想要的一切,但生活总是这样,有欢乐,就会有悲伤。但悲伤总会成为过去,我自己已经忘却,虽然它曾让我心伤,但它也让我懂得,自己曾经得到了太多的爱,只有索取,没有付出,那是多么自私的行为。它让我学会试着为了爱去付出,去包容。我总是让别人关心我,照顾我,自己也觉得心安理得,像个长不大的孩子，我不敢说我现在已经长大了，但我会说，我会试着让自己更成熟。生命是如此短暂，我不知明天会发生什么，但我会勇敢地去面对生活。做妈妈的好女儿，做女儿的好妈妈，做一个好妻子。有的时候，一觉醒来，啊，新的一天又开始了，我感觉生活真好！

我的生命已经走过了50个春秋，也许在未来，我还有50个春秋要度过。有你们相伴，不管未来迎接我的是风雨，还是阳光，我都会欣然接受。

最后，让我们在这个特别的日子里尽情欢笑吧！

花甲之年生日贺词

人到60岁便进入花甲之年，孔子把这个阶段称为"耳顺"之年。多年来，人们对"耳顺"一词有不同的理解，有人以为"60岁可顺听忠言不再逆耳"，有人以为"到了60岁，什么话都能顺着听了"，有人以为"60岁的人听话会懂得辨别是非"，也有人提出"60岁了，方才明白怎么样让人耳顺"的说法。无论哪种解释，都蕴涵着"豁达""智慧"的意蕴。人到60岁，进入不温不火、不浮不躁、不气不急、不温不怒、不张不扬的境界。走过了一个甲子，历经了坎坷和磨炼，便具备了耳顺之德，恭听八方之声，择其善者而从之，从耳顺而走向随心所欲，不逾矩。

60岁以下者过生日，或40岁，或50岁，皆不称寿，叫做生日。

60岁开始，称寿，也叫大生日。《庄子·盗跖》篇说："人上寿百岁，中寿八十，下寿六十。"民间对寿星有"60为寿，70为耋，80为耄，90为耄，百岁为星"之说。人们习惯把60岁作为祝寿的起点，人们把60岁后的每十年称为"大寿"，60岁以后的每五年称做"小寿"。寿日这天，寿堂中间摆上方桌，桌上燃两支红蜡烛，点几炷香，寿果、寿酒、寿鱼等摆满了方桌。老寿星穿戴整齐，手拄龙头拐杖，坐在堂屋上首。众儿女侄孙辈依次给老人磕头，共祝老人多福多寿。晚辈们恭敬地向老人献上寿果和寿蛋，早餐一定要吃鸡蛋。老人拿在手里，双手对揉。这种举动，称为"骨碌运气"，据说吃了滚运气的鸡蛋，人可除百病，去晦气，交好运。

贺寿人所送之礼叫寿礼，有寿面、寿蛋、寿糖。祝寿前要放鞭炮，然后寿星入座，儿女叩拜。亲友依次向老人祝贺，主食以面条为主。面条为"长寿面"，是寿日不可缺少的食品。

过66岁生日，是寿俗中最为隆重的一次。按中国的风俗习惯，象征着六六大顺。俗有"六十六，不死掉块肉"之说，因而逢老人66岁诞辰，女儿要给老人包66个饺子，意为补上所掉之肉，使老人转凶为吉。

【范文一】

【致辞人】学生代表

【致辞背景】在老师60岁生日寿宴上致贺词

朋友们：

60年前的今天，在当时的××县××村，一户普通的农民家庭里，诞生了一个平凡而又伟大的生命，这就是我们的×××老师。说她平凡，是因为她一生没有做过什么惊天动地的大事，她和所有勤劳朴实的中国劳动妇女一样，兢兢业业地操持家务，默默无闻地支持着自己的丈夫，一心一意地哺育着自己的孩子；说她伟大，是因为她在×××年参加教育工作，到今年才退休，在教育战线默默耕耘了××年，为祖国的现代化事业培养了大量的优秀人才，可谓桃李满天下。

今天是老师的60岁华诞庆典之日，我们在这里摆下花甲盛宴，一来感谢她曾经给予我们的悉心教育和栽培，二来对她将毕生的心血奉献给教育事业表示由衷的敬意！

下面一首小诗，献给我们亲爱的老师。

烛光燃起的地方，有一轮皎洁的月亮，她钟情于生命的摇篮，钟情于梦的依傍。

你拥抱着曙光，追逐太阳流泻的光芒，清风白云守在你窗前，望着山，望着水，望着天。

你抚擎着星光，温柔相思河畔，俯瞰大地漫步于天，倾听着弄潮的海浪。

你化身为烛光，问讯梦中的摇篮，它也深深依恋着月亮，轻轻靠在你身旁。

烛光燃起的地方，有一轮皎洁的月亮，它好像我亲爱的师长，充满温馨和希望。

记得那年春天，我伤心时感到迷惘，你敞开明媚的心窗，给了我生命的力量。我要为你送上最真挚的祝福：祝您福如东海长流水，寿比南山不老松。

第四章 生日庆典

【范文二】

【致辞人】寿星的女儿

【致辞背景】在父亲60岁生日寿宴上致贺词

尊敬的各位朋友、来宾：

你们好！

值此我父亲花甲之年、生日庆典之日，我代表我的父母，我们姐弟二人及我的家族向光临寿宴的嘉宾表示热烈的欢迎和诚挚的谢意！

我们在场的每一位都有自己可敬的父亲，然而，今天我可以骄傲地告诉大家，我们姐弟有一位可亲可敬可爱的世界上最最伟大的父亲！爸爸，您老人家含辛茹苦地抚养我们长大成人，您以亲切的教诲、深爱的目光包容着我们的哭、我们的笑，任孩子们把心酸与痛苦都撒入爸爸您那饱经风霜、宽厚慈爱的胸怀。爸爸的苦，爸爸的累，爸爸的情，爸爸的爱，我们将终身难以报答。爸爸，我代表我们姐弟，向您鞠躬了。

祝愿爸爸您老人家福如松江水，寿比不老松。愿我们永远拥有一个快乐、幸福的家。

最后祝各位嘉宾万事如意，让我们共同度过一个难忘的夜晚，谢谢大家！

【范文三】

【致辞人】寿星的孙女

【致辞背景】在祖父60岁生日寿宴上致贺词

尊敬的爷爷、奶奶：

在爷爷生日来临之际，祝您知识不落伍，身体壮如虎，浪漫似乐谱，快乐非您莫属。谨借今天您生日的机会，我要送您一份百分百的纯情奶糖：成分＝真心＋思念＋快乐，有效期＝一生，营养＝温馨＋幸福＋感动。

亲爱的爷爷，祝您生日快乐，天天开怀合不拢嘴，所有的希望都能如愿，所有的梦想都能实现，所有的等候都能出现。愿所有的好梦依偎着您，入睡是甜，醒来成真！愿所有的吉星呵护着您，时时吉祥，刻刻平安！

祝您越活越开心，越活越年轻，越活越健康！

【范文四】

【致辞人】寿星本人

【致辞背景】在60岁生日寿宴上致答谢词

各位来宾：

今天，我首先由衷地感谢大家光临我耳顺之年的聚会。

时光飞逝，不知不觉中，在漫漫的人生道路上，我已走过了60个年头。在座的人中，有我高寿的父亲、同胞兄弟姐妹和亲朋好友；有我曾经工作过的学校、工厂和外贸系统的领导和同事；还有与我一起夙兴夜寐、辛苦操劳的伴侣——我亲爱的妻子。大家都曾经在我人生道路上或长或短地伴我度过一段难忘的时光。时间的累积效应，就这样，从遥远的过去，走到了现在，我步入了耳顺之年的今天。过去的平凡日子，风风雨雨，或平坦或坎坷，于我总有些回味的价值和意义，因为它是我走过的真真实实的人生路。尽管它是平平淡淡的，时常回顾一下，观察、审视自己走过的足迹，温故而知新，可以不断地催我自省，使我更加珍惜自己的劳动，完满地走完今后的路。时常回顾一下过去，可以不断地提醒自己事有不可忘，也有不可不忘，对于那些在我人生路途中，曾经帮助过我的朋友们，

第四章 生日庆典

我会永远铭记心中。回顾过去，我没有可以炫耀的辉煌，但也没有悔恨，平平常常才是真。回顾过去，总会有些不尽如人意、令人遗憾的瞬间，但只要是尽力了，就可以心安理得，不必过于求全责备。但我会继续努力，不断追求。回顾过去，是为了展望将来；走向未来，必须把握好现在。在今后的日子里，我依然期盼朋友们的提携和教诲，相信明天会比今天更美好，近黄昏的夕阳红，也会有无限风光。

日月逝矣，岁不我与。现在我备感人生苦短，不知不觉中老之已至。六十而耳顺。人生在此阶段，应已无所求。世间万事都看淡了，无可无不可。这样，淡泊人生，返璞归真，回归自然。林语堂先生说得好："在此一段时光中，我们充满了早秋精神。这时翠绿与金黄相混，悲伤与喜悦相杂，希望与回忆相间。""这时，青春的天真成了记忆，夏日的茂盛的回音，在空中还隐约可闻；这时看人生，问题不是如何发展，而是如何真正生活；不是如何奋斗操劳，而是如何享受自己宝贵的刹那；不是如何虚掷精力，而是如何储存这股精力以备寒冬之用。这时，感觉到自己已经到达一个地点，已经安定下来，已经找到自己心中向往的东西……"在此阶段，人已成熟，是生命最充实，最富内涵的时期。如何在自己的这一渴望收获的金秋季节，陶冶情操，回顾自己走过的历程，愉悦人生，总结人生，是当务之急。

春华秋实，是说春天开花，秋天结果，经过近半年的耕耘和劳作，终于到了收获的季节。人生也是如此！历经60年的人生道路，世事变迁，也应该悟出些什么。60年的辛劳，是应好好休息了；过去的奋斗操劳，应画一个句号了。但"行百里者半于九十"，60年的奔波操劳，于人生也只是前半生——奋斗的半生；以后则是悠闲自在、瓜熟蒂落、水到渠成、回顾总结的半生。要做好总结，也必须要有好的身体；要有好的身体，必须要有好的心态。心情愉快是健康长寿的保证。俗话说：高官不如高薪，高薪不如高寿，高寿不如高兴。对于老人，高官难觅，高薪难挣，唯有高兴，是"取之则来，舍之则去"的，是可以自己创造的一种氛围。天天高兴，当然会长寿。长寿而健康，才能给人生画一个圆满的句号。这种"高兴制造"，是取之不尽、用之不竭的财富，切莫等闲视之。古人云："能近取譬，可谓仁之方也已。"让我们从现在开始，借今日的聚会，好好地乐一乐。我提议让我们共同举杯，祝大家工作愉快，生活幸福，身体健康！

最后，我代表全家，再次感谢光临聚会的诸位贵宾。

古稀之年生日贺词

70岁为何称为"古稀之年"？杜甫在《曲江》中写道："酒债寻常行处有，人生七十古来稀。"过去由于生存环境的恶劣，人很难健康长寿，有"人到七十古来稀"之说。70岁也称"不逾矩之年"，语出《论语·为政》："七十而从心所欲，不逾矩。"意思是说，人到了70岁，可以顺着心愿做事，而不会超越社会所认同的规矩。

老人的70岁生日亦为大寿。到了老人的寿辰之日，晚辈们就要怀着尊重长者、孝敬老人之心为老人举办寿宴祝寿，宴请亲朋好友。同时，晚辈与亲朋还都要为老寿星送上一份祝寿的礼物，以示祝贺。老人的女儿和媳妇等人往往要送上亲手绣的"松鹤延年""福如东海，寿比南山"等吉语纹样的绣花枕，表达希望老人增寿永生的美好愿望。

【范文一】

【致辞人】寿星的儿子

【致辞背景】在父亲70大寿的庆典上致贺词

尊敬的各位长辈、贵宾、朋友、兄弟姐妹：

大家中午好！

值此父亲70大寿生日庆典之时，我谨代表父母向光临生日宴会的各位亲人和朋友表示热烈的欢迎，并致以最诚挚的问候！亲人们、朋友们，我同在座各位一样，都有一位可亲可敬可爱的父亲。我的父亲在上学时聪慧过人，勤奋好学；在工作中踏实肯干，乐观进取。几十年来，我的父亲以他的高尚人品和坚强意志获得了亲人和朋友们的普遍认可与高度赞赏。

在这个特殊的场合、幸福的时刻，我要跟父亲说几句心里话。爸爸，您和妈妈一起含辛茹苦抚养儿子长大成人，您和妈妈以亲切的教诲、深爱的目光、宽阔的胸怀，引领着儿子前行。

爸，您和妈妈都阅尽世间沧桑，尝遍苦辣酸甜，父母的苦、父母的累、父母的深情、父母的厚爱，儿子终生难以忘怀。

爸爸，您饱经风霜，似乎人生的喜怒哀乐、悲欢离合、进退兴衰、得失荣辱都已经经历过了，或许您感到很沧桑，但儿子仍觉得您非常年轻，不论是内在心境还是外在形象，儿子为您感到特别高兴。

今天,在您生日庆典的这个温馨时刻,儿子祝福您松柏常青、春秋不老!愿我们永远拥有一个快乐、幸福的家。

亲人们、朋友们,为了让事业更上一层楼,为了让人生更加完美,我长年在外漂泊,未能在父母身边侍奉,然而,十多年来,父母一直生活得很好。父母感到自豪,因为有一个自强不息的儿子;父母感到快乐,因为有我们×氏家族、我们的亲人和朋友的关怀与照顾。借此机会,我要向我们×氏家族、我们的亲人和朋友深鞠一躬,感谢你们!

亲人们、朋友们,家族是一种力量。多少年来,我们的亲人和朋友间的深厚感情就是通过我们家族代代相传。包括今天我父亲的生日庆典,也是家族力量的一次凝聚。家族激励着我读书成人,开始了我艺术人生的起点;家族激励着我开拓事业,造就了我充满希望的今天。我将以最大的耐心和最强的意志去获得更大的成功,为社会贡献力量,为我们家族争光。

最后,祝各位长辈、各位贵宾、朋友们、兄弟姐妹们万事如意,让我们共同度过这美好时光。谢谢大家!

【范文二】

【致辞人】寿星的女儿

【致辞背景】在母亲70岁生日举办的家庭宴会上致贺词

尊敬的各位长辈、兄弟姐妹:

今天是母亲70岁寿辰,所以有了这样一个特别好的机会,让我们全家人能够和亲友们欢聚一堂,举杯共贺母亲的生日。首先我要代表我的母亲、父亲以及我们全家人,向长辈和亲友们的到来表示热烈的欢迎和由衷的感谢！对不顾路程很远以及放下手中工作和生意特意赶来的亲朋道一声辛苦了，谢谢！

我离开家××年，和亲友们相聚的机会非常少。有一句话最能够表达我的心情：不能相见，但永远不会忘记！请相信我。母亲走过了70年的风雨历程，这70年是多么不容易，吃了很多苦，受了很多累；这70年又是变化和收获的70年，日子一天比一天好了，还有子孙满堂。

母亲没有念过书，但常用她的生活经验教育我们：做人一定要正派，做事不要占人家的便宜，跟谁也不能使坏心眼儿，为人还是善良点儿好。"养儿方知父母恩"，"三十而立，四十不惑"，在我们这些子女都有了一定的社会阅历，能进行理性思考的时候，我们才深深地感受到，母亲和父亲给予我们的，不仅是生命和身体，还有热血心肠和铮铮铁骨；给予我们的不仅是物质财富，更多的是勤奋质朴、与人为善的精神动力。而这些，才是一个人傲立于世的无价之宝，取之不尽、用之不竭的力量和财富源泉。我一直想用一个简单、恰当的词体现母亲的品质和在儿女们心中不可替代的形象，后来发现一个词不够用，五个词差不多，这就是：勤劳、健壮、善良、朴素、坚强。

最后，再次感谢老前辈、长辈和亲友们的到来！祝愿母亲生日快乐！祝愿所有的父母生活幸福，身体健康！

谢谢大家！

耄耋之年贺词

80岁称"耋",90岁称"耄",80岁大寿和90岁大寿是人生中极为重要的两个生日。既然"人生七十古来稀",那么80岁、90岁老人更被誉为老寿星。庆寿的规律是年龄越大,庆祝得越隆重,80岁大寿往往为寿礼之极,因为百岁老人毕竟是少数,对大多数老人来说,80岁大寿可能就是最后一个"上十"的整寿了。而且到了这样年龄的人,已有三四代子孙了,祝寿的隆重程度自然不同一般。亲朋好友来祝寿时除了送各种带"寿"字的礼品外,还常用"富贵耄耋图"作为贺礼。画中下方一株盛开的牡丹,几只飞蝶在花上盘旋,几只猫做欲扑蝶之状。"猫蝶"谐音"耄耋",民间又称牡丹是富贵花,三者组成画面,表达"富贵耄耋"之意。耄耋之年祝寿,我国有的地方的祝寿礼仪很繁褥,民间有一套比较固定的祝寿程式,前一天子孙就要献寿礼,分居的儿子、已出嫁的女儿都得回来拜贺,陪老人吃长寿面,夜晚陪老人品茗聊天,聆听老人关于为人处世的教诲,或听老人讲述他平生经历的事情,子孙们也可讲些老人爱听的故事或有趣的新闻,使老人充分感受到天伦之乐,愉快地度过一个良宵,名为"暖寿"。

寿辰之日,家道殷富、几世同堂的大户人家,一般要设寿堂,寿堂的布置是用红纸金粉书写一个磨盘大的"寿"字,挂在如中堂大小的整幅布帛上，再将它高悬在正厅墙壁的中间，称为"寿幛"。这个"寿"字一定要写成繁体，其字形变化很多，据说有人作过统计，民间对寿字的写法有300多种图形，字形长的叫长寿，字形圆的叫圆寿。有些寿幛上的大"寿"字，其点画皆为小寿字所组成，数百个小寿字的字形无一同者，称为"百寿图"，以象征寿享期颐。此外还要挂上有长寿象征意义的图画，男寿星要挂皓首白眉、长髯遮胸、手拄拐杖的南极寿星图；女寿星要挂瑶池王母或八仙庆寿图。寿堂上还要张灯结彩，寿堂正中设礼桌，摆香案，点寿烛，摆寿桃、寿糕、寿面、香花、水果等。

在给老人过寿时，提前五六天就要派人向亲友下请帖。请帖不能由过寿者自己具名请客，一般是由晚辈集资设宴，由长子或子孙中声望高的人具名发柬邀客。请柬分单柬和联柬两种，用最佳红纸或红绸制成。单柬是一人一柬，专人专请，用于邀请父辈的客人或同辈中有名望的尊贵客人；联柬是将被邀请的许多人的名字都写在一张请帖内，如同一张通知单，被请的人在自己名下签上"敬知"二字。

【范文一】

【致辞人】寿星的女儿

【致辞背景】在母亲80大寿的庆宴上致贺词

尊敬的各位领导、各位同学、各位亲朋好友，女士们、先生们：

大家好，今天是我母亲80大寿的日子，大家能在繁忙的工作中抽出宝贵的时间，来参加我母亲的80岁生日宴会，在此，我代表我的兄弟姐妹，对大家的到来表示衷心的感谢。

妈妈一生养育了我们八个子女。在国家困难时期，妈妈勤俭持家，操持家庭生活，非常辛苦，很不容易。在这里我代表兄弟姐妹由衷地说一声，妈妈辛苦了，祝妈妈生日快乐。我们将一如既往地照顾好妈妈的晚年生活。

妈妈今年 80 岁高龄，身体还很健康，我想原因主要有四点：一是得益于国家的繁荣富强，社会安定。国泰民安，才有了我们老百姓个人家庭的幸福，才有妈妈的健康长寿。二是得益于妈妈有博大的胸怀和仁爱之心。妈妈虽然没有文化，但在为人处世方面非常看得开，遇事拿得起放得下，常常教育我们要正确看待得与失，为人处世不要斤斤计较。妈妈还乐善好施，关心关爱他人。从我记事起，我就看到妈妈经常帮助他人，尤其是帮助比她年纪还大的老年人，妈妈能健康长寿，我认为，是好人有好报。三是得益于哥哥、嫂嫂，姐姐、姐夫，妹妹、妹夫，还有我和我爱人，我们各自家庭的和睦。家和万事兴，妈妈不操心，心情舒畅，身体自然健康。并且，在孝敬父母方面，我们兄弟姐妹都能尽其所能，使妈妈能在较好的条件下安度晚年。四是得益于在座的各位领导、各位亲朋好友的关心和帮助，你们的关心帮助更增加了我们家族的人气，增添了妈妈晚年的幸福和快乐。你们是我们兄弟姐妹最应该尊重和铭记的人，是我们最应该感谢的人。

最后，祝在座的各位长辈和我的母亲福如东海，寿比南山！祝各位领导工作顺利、身体健康！谢谢大家！

【范文二】

【致辞人】寿星的儿子

【致辞背景】在大学退休教师 90 岁生日宴会上致贺词

各位来宾大家好！

首先，我代表我的父亲和家人，对到场的各位领导、老师、父亲的全体同事和学生表示深切的感谢。父亲在××大学已工作了近50年。××大学是科技与人文荟萃之地，是全国最知名的高等学府，曾经为中国近代的学者包括父亲在内提供了国内最好的工作条件和发表自己创见的讲坛。特别是改革开放以来，父亲更能够在系里充分发表自己对治理××、××及如何利用这些资源的学术观点和意见。我们更要感谢父亲生病十几年来学校和系里以及老师们、职工们对他身体康复所给予的无微不至的照顾和帮助。**谢谢大家**。今天，在庆祝父亲90周岁的宴会上，我想借这个机会回顾父亲对我们几个子女的养育之恩，表达我们对他的感激之情。

父亲是个诚实的人，他只说真话，不说假话。在学术上如此，在政治观点上如此，在任何事情上都如此。从小我们就在家中受到关于诚实的教育，孩子犯了错误，只要自己承认，说了真话，就不会受到严厉的惩罚，否则定是一顿痛打。

父亲的见解有正确的，已经经过实践的检验，有的也可能失之偏颇，还有的可能是错的。但他只说真话的品格、他的诚信的品格是高尚的。我们相信，越来越多的人会透过历史的迷雾，逐渐看清真诚对社会的重要。父亲靠真诚踏踏实实工作，奉献了自己的一生。

家父人格魅力的第二个特点是他只记所受恩惠，不计前嫌。人家善待他，他永远记着，人家待他不善，他统统忘却。他老是说××同志对他如何好，他的善心使他永远是乐呵呵的。

第三是他的古道热肠。对所有求他帮忙的人都伸出援助之手。即使在他得病期间，他仍然很热心地为其他病人介绍大夫。

这是我们的父亲给我们留下的宝贵精神财富，我们对此永远怀着崇敬的感激之情。敬祝他生日快乐，永远保持一颗纯洁的童心。

最后，我们全家人再一次对××大学各位老师、职工以及各界的朋友、父亲的学生们表示最深切诚挚的感谢。

谢谢大家！

生日庆典贺词佳句欣赏

给家人的生日贺词

祝我美丽的、乐观的、热情的、健康自信的、充满活力的大朋友——妈妈，生日快乐！

您用优美的年轮，编成一册散发油墨清香的日历，年年我都会在日历的这一天上，用深情的想念，祝福您的生日！

爸爸，献上我的谢意，为了这么多年来您为我付出的耐心和爱心，让我真诚地祝愿您，祝愿您的生命之叶，红于二月的鲜花！

愿您在这只属于您的日子里能幸福地享受一下轻松，弥补您这一年的辛劳。但愿我给予您的祝福是最新鲜最令您百读不厌的，祝福您生日快乐，开心快活！

摘一片枫叶，采一朵丁香，愿您生活的诗行留下芬芳。愿我的祝福，如一缕灿烂的阳光，在您的眼里流淌。生日快乐！

第四章 生日庆典

真高兴今天是您的生日,老师说我是上帝赐给您的礼物,但愿这礼物不是太糟糕,祝您快乐!

在这个充满喜悦的日子里,我衷心祝愿您青春永驻,我愿将一份宁静和喜悦,悄悄带给您,生日快乐!

有人说,世界上没有永恒的爱,我说不对,母亲的爱永恒,她是一颗不落的星。在您的身上,我懂得了人生的意义,看到了真正的生命之光。祝您生日快乐!

对于我们来说,最大的幸福莫过于有理解自己的父母。我得到了这种幸福,并从未失去过。所以在您的生日,我将要向您说一声:谢谢!祝您生日快乐!

小时候,您牵着我的小手在夕阳下散步,夕阳下的风是那么无私,那么柔美,清清的,深深的。今日远在天涯的我仍记得那夕阳,那风,请它们带去我深深的祝福。爸爸,我爱您,不仅是在今天!

只有懂得生活的人,才能领略鲜花的娇艳。只有懂得爱的人,才能领略到心中的芬芳。祝您有一个特别的生日!

在生日到来的今天,愿所有的欢乐和喜悦,不断涌向您的窗前,愿我亲爱的妈妈,在特别的日子里特别快乐!

爸爸,在这特殊的日子里,所有的祝福都带着我们的爱,拥挤在您的酒杯里,红红的,深深的,直到心底。梦境会褪色,繁花也会凋零,但您曾拥有过的,将伴您永存,生日快乐!

正如玫瑰逗人喜爱,愿你的生日带给你愉快,因为你是最可爱的妹妹,祝你生日快乐!

愿你今天的回忆温馨,愿你今天的梦甜在心,愿你这一年欢欢喜喜，祝你生日美好无比！

爸爸，献上我的谢意，为了这么多年来您对我付出的耐心和爱心！

给朋友的生日贺词

生命是一个驿站，有人抵达，也有人离去，那么生日便是驿站中的小憩，小憩后再向未知的前程继续进发。

花的种子，已经含苞，生日该是绽开的一瞬，祝你的生命走向又一个花季！

酒越久越醇，朋友相交越久越真；水越流越清，世间沧桑越流越淡。祝生日快乐，时时好心情！

两片绿叶，饱含着同根生的情谊；一句贺词，浓缩了我对你的祝福。愿快乐拥抱你，在这属于你的特别的一天，生日快乐！

日光给你镀上成熟，月华增添你的妩媚，在你生日这一天，愿朋友的祝福汇成快乐的源泉，一起涌向你……

青春的树越长越葱茏，生命的花就越开越艳丽。在你生日的这一天，请接受我对你深深的祝福，愿你充满活力，青春常在！悠悠的云里有淡淡的诗，淡淡的诗里有绵绵的喜悦，绵绵的喜悦里有我轻轻的祝福，生日快乐！

在你生日的这一天，将快乐的音符，作为礼物送给你，愿你一年365天快快乐乐，平平安安。

经典寿联

绮岁授书夸慧质，芳年就傅庆生辰。（10岁）

蛇青青，十二载风雨养育，几时可现龙形；日灿灿，四海内亲朋汇聚，草堂略尽人意。（12岁）

今朝欣喜娇女勤奋好读书，明日再望巾帼花蕊胜须眉。（12岁）

起步风雷动合院欢喜，学识日月辉九天共贺。（15岁）

七尺伟器，戴天履地，贺同学喜行冠礼；九州大地，兰馨桂馥，愿大家都是栋梁。（18岁）

就傅芳年丰神俊逸，授书绮岁头角峥嵘。（20岁）

正值壮年应知不朽方为寿，恰当而立须识文章可永龄。（30岁）

辉腾宝姿三十寿，青发奇葩而立年。（30岁）

不惑但从今日始，知天犹得十年来；纪事桑弧当胜日，韬光市井正强年。（40岁）

半百光阴人未老，一世风霜志更坚。（50岁）

人方中午五十日艾，天予上寿八千为春。（50岁）

延龄人种神仙草，纪算新开甲子花。（60岁）

甲子重新新甲子，春秋几度度春秋。（60岁）

三千岁月春常在，六一丰神古所稀。（60岁）

青霜不老千年鹤，锦鲤高腾太液波。（70岁）

桃熟三千欣看献瑞，旬天八十庆溢添筹。（80岁）

春酒流香酣寿酒,重龄添美祝遐龄。(80岁)

瑶池草熟三千岁,海屋添筹九十春。(90岁)

活百岁松钦鹤羡,数一生苦尽甜来。(百岁)

第五章 庆乔迁与功绩

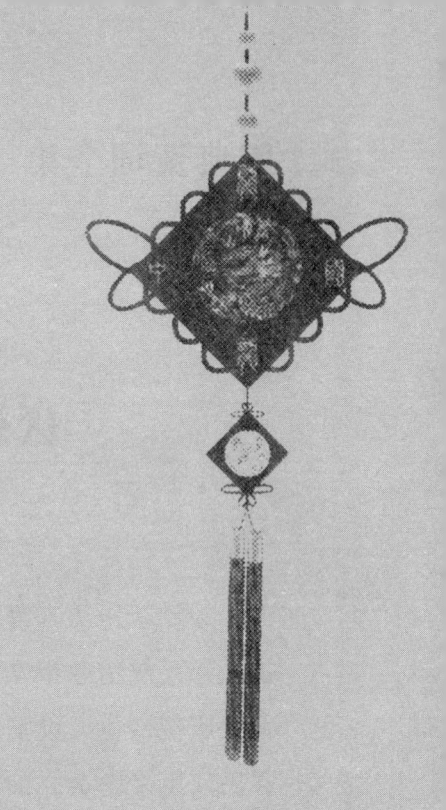

庆祝乔迁的意义与特点

乔迁新居历来都被视为一件大事。以前新房落成或迁入新居，主人都要热情邀请亲戚朋友前来认识新家门，亲友、邻居携带礼品前去庆贺，主人设宴款待来贺者，这个习俗称为"温锅"。温锅习俗在民间由来已久，旧时普通人家多不富裕，盖完新房后，常常会出现经济拮据的状况，来"温锅"的亲朋好友、街坊邻居纷纷送来些食物、礼品，添置些家庭用具，以帮助他们渡过困境。同时，这种习俗还能增进亲朋感情，促进邻里之间和睦相处，使迁居者尽快适应新的环境。

现在，生活水平提高了，"温锅"的实际意义已经不复存在，但是主人仍会宴请宾客，庆祝乔迁之喜，"温锅"的地点也不一定在新居里，越来越多的家庭选择在酒店举办。

庆贺迁居的宴会一般由搬迁者举办，其他人也可以举办以示友好。如果搬迁时未举办宴会，那么客人在首次踏进主人的新居时，习惯上需为主人带一件礼物。露天宴会、鸡尾酒会或为了展示新居设计而举行的宴会则不要求送礼。

选择庆祝乔迁的礼物应考虑下列因素：是迁进大房子还是小房子，是新的还是旧的套房，主人是不是刚刚搬入新居，这是不是主人的第一个家等。针对不同的情况要选择不同的礼品相送。当新邻居搬迁到此，老住户对他们的到来应送上小礼物表示欢迎，让新朋友感到邻里和睦，为以后相处融洽打下基础。

乔迁送礼自古至今形成了一定规范，所以在送礼时要注意约定俗成的习惯。主要应遵循以下原则：

送热闹——乔迁一般场面较大，越热闹越能衬托喜庆气氛。所送礼物以具有装饰性为宜。

送吉祥——搬迁新居都要图个吉祥，选择日子都不例外，何况送礼。礼物要有吉祥的含义，才能让主人满意。

送财源——迁入新居，谁都希望家畜兴旺、年年有余，所送礼物能表达送去财源的祝愿，当然是好的礼物。

企、事业单位乔迁贺词

公司乔迁典礼上通常有两类贺词，一类是本单位领导致贺词，另一类是外单位或者市、区领导致贺词。

本单位领导致贺词，首先要对光临典礼的嘉宾们表示感谢，感谢他们的到来，以及在以往工作中对本单位的支持；接着可以简单回顾一下乔迁工作的历程、展望美好的未来，并向社会各界表达本单位在新的环境中，更加努力工作的决心；最后恳请嘉宾一如既往地支持本单位的工作，并对嘉宾致以美好的祝愿。

外单位或者市、区领导致贺词，要着重表达恭贺之意，一是恭

庆典贺词全集

贺乔迁之喜，二是预祝乔迁单位在今后取得更加优异的成绩。在恭贺的同时，也要对乔迁单位以往的成绩作出肯定，并对未来提出希望。总之，在乔迁庆典上，要思甜为主，忆苦辅之，鼓舞为主，切莫说教，要营造喜庆的气氛。

【范文一】

【致辞人】邮局支局局长

【致辞背景】在邮政营业厅乔迁典礼上致贺词

尊敬的各位领导、各位来宾，同志们、朋友们：

在这蓝天高远、硕果累累的丰收季节，我们迎来了期盼已久的大喜事——××邮政营业厅乔迁庆典。首先，我代表××邮政支局，向百忙之中抽空莅临今天庆典的各位领导表示热烈的欢迎！向鼎力支持邮政事业的有关单位和社会各界人士表示衷心的感谢！在各级领导的关心关怀下，尽管条件艰苦，资金紧张，但我们全局职工团结一致，发扬自力更生、艰苦奋斗的精神，克服了重重困难，排除了种种障碍，顺利完成了乔迁工作。

今天，我们新的邮政营业厅正式启用了，在这座设施完善、功能齐全的营业厅里工作，条件有了极大的改善，但我们始终不能忘记，上级部门努力改善工作条件，目的是让我们提高工作效率，更好地为群众服务。"泰山不让土壤，故能成其大；河海不择细流，故能就其深。"我们要始终牢记为人民服务的宗旨，全心全意为人民服务，尽心尽责为人民服务。全体职工要从小事做起，从细节做起，从我做起，更加诚心诚意地为群众办实事、解难事、做好事。

同志们，让我们乘着乔迁新址的东风，在新的起点上，以新的风貌、新的姿态、新的作风,协力同心、与时俱进、奋发进取,努力开创邮政工作的新局面。

谢谢大家!

【范文二】

【致辞人】镇党委领导

【致辞背景】在地税所乔迁仪式上致贺词

各位来宾,各位朋友:

在春回大地,万物复苏,到处充满盎然生机的季节,我们聚在这里,共同庆祝××地税所乔迁新址,这是全镇人民的一件大事、喜事。值此欢庆之际,我代表镇党委、政府向××地税所全体人员表示热烈的祝贺!向应邀参加今天乔迁仪式的各位来宾、各位朋友表示热烈的欢迎和衷心的感谢!

税收是经济、社会发展的"命脉",地方税收是地方财政收入的主要来源。××地税所作为全镇地方税收管理的职能部门,多年来,始终坚持以服务地方经济和社会发展为己任,立足本职,深化依法治税,强化税收管理,加强干部队伍建设,优化税收服务,大力组织地方财政收入,为促进全镇财政收支平衡、推动经济、社会和谐发展做出了积极贡献。

今年是全面推进社会主义新农村建设的重要的一年,改革和发展的任务十分艰巨。经济和社会的发展离不开充足的地方财力做保证,地税所作为组织地方财政收入的"主力军",面临的形势和任务更加艰巨,地位和作用更加突出。希望××地税所一如既往地发扬特别能吃苦、特别能战斗的工作作风,在市局党委的正确领导下,加强税收管理,广泛控潜增收,确保税收收入稳定增长;严格依法治税，加大执法力度，不断理顺和规范税收秩序，为纳税人创造公正公平的税收环境；以服务经济、服务社会、服务纳税人为重点，进一步强化服务意识和理念，认真落实各项税收政策，积极主动地参与全镇经济、社会各项事业，为加快全镇社会主义新农村建设进程，建设富足、文明、稳定、和谐的新农村做出新的贡献！

祝××地税所各项工作百尺竿头，更进一步！

谢谢大家！

【范文三】

【致辞人】副区长

【致辞背景】在幼儿园乔迁仪式上致贺词

各位来宾，各位老师，小朋友们，同志们：

很高兴有机会参加××幼儿园的乔迁礼仪和"六一"儿童节庆祝会，首先我代表区委、区政府，向××幼儿园乔迁新址表示热烈的祝贺，并借此机会，向幼儿园的小朋友们致以热烈的节日祝贺，祝小朋友们天天快乐，健康成长。

刚才参观××幼儿园，我受到了很大的震撼。××幼儿园能投入三四十万购置大量先进的教育、活动器材，不惜高薪聘请高水平的幼儿教师，学习运用大城市幼儿园管理运作模式，这在全区是第一个、是首创。

应当说，××党委用自己模范的行动，在我们××幼儿教育发展史上，写下了相当浓重的一笔。在此，我向××党委书记和其他领导，表示崇高的敬意。

国家兴旺，教育先行，评价一个国家、一个地区的先进程度、文明程度，最重要的一条标准是看其是不是重视教育、是不是真心实意地支持教育、兴办教育。今天来到××，扑面而来的都是浓厚的文化气息，一个地区能够这样重视教育，能投入大量财力兴办教育，仅从这一点上，就可以看出××的明天一定会更加美好。

新世纪里，国家与国家之间、地区与地区之间的竞争不断加剧，经济竞争、科技竞争、军事竞争、文化竞争等各种竞争越来越激烈，但归根结底，所有竞争的中心还是人才的竞争，人才竞争的中心又是教育的竞争。要办好教育，政府部门首先要负起责任，但仅靠政府就想办好教育，也是纸上谈兵，办好教育要靠全社会的共同关心、共同支持。真心希望全区党员干部、全区各界人士都能像××的干部一样，全力以赴地关注教育、关心教育，都能尽自己的能力去支持教育事业的发展，只有在全区形成浓厚的尊师重教风气，才能为我们全区跨越式发展不断提供新的动力、储备充足的后劲。我们××区的明天才会大有希望，才有可能创造新的辉煌。

最后，在此衷心祝愿××幼儿园越办越好！

谢谢大家！

【范文四】

【致辞人】受邀嘉宾

【致辞背景】在民营公司办公楼落成乔迁仪式上致贺词

各位来宾、××村的父老乡亲们：

大家好！

值此××公司新办公楼启用暨××先生乔迁新居大喜之日，本人有幸受邀参加典礼，备感荣幸！

××先生是××镇优秀的民营企业家，几年来紧跟时代潮流，励精图治、锐意进取，使××公司取得了骄人的业绩，带领一大批乡亲走上了共同致富的道路，并成为全镇的纳税大户，为全镇经济发展做出了突出的贡献！

今天，××公司办公大楼的落成，是××公司一件可喜可贺的大事，它凝聚了××先生和公司同人辛勤劳动、奋勇拼搏、开拓进取的精神。公司办公大楼的落成，是一种信心、实力的标志，它见证着××先生在事业上的成就，也标志着××公司企业形象的全面提升。

党的十六大明确了民营经济是社会主义市场经济的重要组成部分，提出了"两个毫不动摇"，提出要鼓励、支持和引导非公有制经济的发展。党的十七大又提出了推进公平准入，改善融资条件，破除体制障碍，促进个体、私营经济和中小企业发展的新要求。可以说，党的政策是"阳光普照""海阔凭鱼跃，天高任鸟飞"，像××先生这样的民营企业家完全可以放开手脚，大展宏图！

金鸡报晓，牛年必将是××公司展翅腾飞的一年！最后，我代表全体来宾，祝福×××先生全家和×××公司一帆风顺、二龙腾飞、三羊开泰、四季平安、五福临门、六六大顺、七星高照、八方来财、九九同心、十全十美！祝各位来宾和父老乡亲财运亨通，四季康宁！

第五章　庆乔迁与功绩

家庭乔迁贺词

在家庭乔迁庆典上，无论是主人致辞，还是来宾致贺词，都要牢牢把握轻松、幽默的原则。家庭乔迁庆典通常邀请的都是主人的亲朋好友，大家既是为乔迁之喜而欢聚，也是为亲情、友情而欢聚，所以致辞者要用诙谐的讲话营造其乐融融的气氛，切莫使得发言生硬、无味。比如，一位主人在乔迁庆典上这样说："说句心里话，拥有一套称心如意的房子一直是我们全家人最大的愿望，如今，在各方面的大力支持下，我们终于如愿以偿，实现了这一梦想，此时此刻我们的心情，用宋丹丹的一句话来说——那是'相当'的激动……最后，请允许我再引用范伟的一句经典台词：谢谢啊，缘分哪！"这里套用两句流行的小品台词，引得众人捧腹，聚会气氛达到了高潮。

作为来宾，致贺词不要忘了对主人的新居赞扬一番，有句话说得好："在人世间所能听到的最动人的歌，就是从我们的嘴里发出的赞美的话语。"

有的家庭喜迁新居，选择在酒店办宴席，也有的家庭喜欢把亲朋好友请到家中来吃顿家宴。如果到别人新家做客，需要遵守以下礼仪：

1. 不可以比邀请函上标明的时间早到或晚到。

2. 抵达别人家里的时候，应该只按一次门铃。

3. 如果是别人为你开门，你应该进门后等待主人的迎接。

4. 向男主人或者女主人赠送礼物，并以言语或者行动对你被邀请表示感谢。

5. 在主人和其他宾客面前要表现出友好而真诚的态度。

6. 进行简短交谈，但应该表现得随和且善于倾听。男士一般可以谈论工作和体育赛事。女士如果有工作的话也可以谈论工作，还可以谈论一些有关时尚或者其他女士感兴趣的话题，应该恭维其他女士。

7. 男士在女士主动伸手之前不可主动与女士握手。

【范文一】

【致辞人】主人的朋友

【致辞背景】在乔迁新居宴请的酒席上致贺词

尊敬的各位领导、各位来宾：

上午好！

今天，我们相聚在这里，共同庆祝×××先生乔迁新居的大喜事。大家都知道，人类赖以生存的四大要素是：衣、食、住、行。现在我们基本上过着衣食无忧的生活了，而对住和行的要求将会越来越高。×××通过不懈地努力和奋斗，不仅驾上了崭新的车，还住上了宽敞、舒适、明亮的大房子，应该说已经先期步入了小康生活，让我们大家对×氏全家表示祝贺，同时在这里也真诚地祝愿大家能通过辛勤努力，早日住上更大的新房子。

今天最幸福和快乐的应该是×××先生全家了。我目睹了他们全家从××宿舍迁至××，后来又搬到了××，今天搬到了令我们羡慕的××小区，这房子是越换越大，生活越来越美满！此时此刻，我想起了杜甫老人家的一句诗："安得广厦千万间，大庇天下寒士俱欢颜。"如果杜甫有灵，能看到今天这样一个场面，他一定不再因为茅屋被秋风所破而哀歌了。感谢时代，感谢党的富民政策！

×××先生为答谢多年来在生活、工作以及装修期间给予关心、支持和帮助的各位亲朋好友，特意准备了丰盛的酒菜，让我们饮尽这沉浸喜庆的酒，让我们喝出明天更美好的新生活！借此机会祝愿大家健康、快乐！

【范文二】

【致辞人】主人的侄子

【致辞背景】在伯父、伯母乔迁喜宴开席前致贺词

各位亲人，女士们、先生们：

中午好！

燕语华堂传喜讯，莺迁乔木报佳音。

今天是我伯父、伯母的乔迁之喜。首先，我代表家族所有成员对各位的到来表示热烈的欢迎，对各位敬备厚礼前来恭贺表示衷心的感谢。

一片彩霞迎旭日，满堂瑞气迁新居。

我的伯父、伯母白手起家，勤俭持家。为了建设自己美好的家园，他们像蜜蜂一样，一朵花一朵花地去采蜜；像燕雀一样，一根草一根草地往窝里衔，今天终于是落成了高楼，造就了大厦。这真是华堂耀日遂心愿，山欢水笑人精神。

在此，我代表全家人对伯父、伯母的乔迁之喜表示真诚的祝贺，祝贺他们，进吉宅一堂瑞气，入新居满座祥光。

为感谢各位大驾光临，×府特备粗茶淡饭，以飨各位。招待不周之处敬请海涵。下面我宣布，喜宴开始！

【范文三】

【致辞人】 男主人单位领导

【致辞背景】 在喜庆乔迁的宴会上致贺词

尊敬的各位来宾、各位亲朋好友：

金秋十月，丹桂飘香。在这个收获的季节里，今天，我们欢聚一堂，共同祝贺×××夫妇乔迁新居。承蒙各位来宾的深情厚谊，首先我代表××公司对××夫妇，表示最衷心的祝贺！

××虽然年纪轻轻，但一直兢兢业业，勤俭持家。而今事业有成，喜迁新居，在这里，我也要代表各位来宾，向他们夫妇乔迁新居表示衷心的祝贺！

各位来宾，女士们、先生们，让我们斟满酒，高举杯，共同祝福×氏家族四季平安，六六大顺，财源广进，事业有成！也祝贺各位来宾，财运亨通，家庭幸福，四季康宁！

【范文四】

【致辞人】 男主人

【致辞背景】 在喜庆乔迁家宴上致贺词

女士们、先生们：

晚上好！

首先，我要代表我的家人，对各位的光临表示由衷的感谢！谢谢你们。

俗话说，人逢喜事精神爽。本人目前就沉浸在这乔迁之喜中。以前，由于心居寒舍，身处陋室，实在是不敢言酒，更不敢邀朋友以畅饮。因那寒舍太寒酸了，怕朋友们误解主人待客不诚；那陋室太简陋了，真怕委屈了尊贵的嘉宾。

今天不同了，因为今天我已经有了一个能真正称得上是"家"的家了。这个家虽然谈不上富丽堂皇，但也不失舒适与温馨。更重要的是有了这样一个恬静、明亮、舒适、温馨的家，能不高兴吗，心情能不舒畅吗？

所以，我特意备下这席美酒，就是要把我乔迁的喜气与大家分享，更要借这席美酒为同事、朋友对我乔迁的祝贺表示最真诚的谢意，还要借这席美酒，祝各位生活美满、工作顺利、前程似锦！

在这个吉祥的日子里我提议，请大家斟满酒，举起杯。

为了我们每一位嘉宾都有一个温馨而又浪漫的家，为了我们的明天更美好，为了我们的祖国繁荣昌盛——干杯！

建筑物落成贺词

庆祝建筑物落成所致贺词的要点与庆祝公司乔迁所致贺词的要点类似，这里讲一下即兴致贺词的技巧。在庆祝建筑物落成等许多典礼仪式上，有很多时候，来宾会被邀请作即兴讲话。被邀请者事先未作准备，讲话需要临场因时而发、因事而发、因景而发、因情而发。即兴发表贺词并不难，只要把握好主题，找好新颖而典型的接触点，就会脱颖而出。

下面介绍几种提炼主题的方法。

1. 临场发挥。着眼于临场某一客观事物的特点和本质，进行主观联想，立即闪现出一种思想，然后把它言表于外。

2. 内心孕育。在庆典上，从别人讲话中得到启发，萌发一个新的观点，这时就成了孕育主题的素材。

3. 角度更新。对同一个问题从不同角度进行表达，使之更加新颖，表达更加与众不同。

【范文一】

【致辞人】××市市委领导

【致辞背景】在曙光中心小学新校落成庆典暨学校更名揭牌仪式上致贺词

各位领导，各位来宾，老师们，同学们：

大家好！在××市教育事业蒸蒸日上的今天，在这金桂飘香、硕果累累的季节里，我们迎来了盼望已久的日子——红星中心小学新校落成庆典暨学校更名揭牌仪式。从今天起，原红星中心小学将正式更名为曙光中心小学。新校的落成，凝聚了全体建设者的汗水，凝聚了关心、支持红星中心小学建设的社会各界有识之士的爱心，借此机会，我代表市委、市政府向红星中心小学新校的顺利建成表示热烈祝贺，向关心支持红星中心小学建设的各界人士表示衷心感谢！

百年大计，教育为本。现在的曙光中心小学新教学楼设计新颖，设备齐全，环境优美，在全市乡镇小学中堪称一流。但这也给我们提出了更新、更高、更严的要求，那就是追求卓越，办一流教育、育一流人才。实现这一目标，还有很长的路要走。因此，我希望：

曙光中心小学要紧紧抓住当前难得的发展机遇，认真贯彻党的教育方针，按照"三个面向"的办学要求，用发展的眼光，明天的要求，大胆改革，勇于创新，积极引进竞争激励机制，加强学校管理，把学校建成教书育人的典范。全校教育工作者要按照教学规律，紧跟时代步伐，提高教育教学效率。全校学生要珍惜大好时光和来之不易的学习环境，要好好学习争取德才兼备，天天向上攀登文化高峰。我相信，通过学校老师和同学们的共同努力、社会各界的大力支持，曙光中心小学一定能够成为一所名副其实的一流学校。

红星中心小学已经成为历史，但红星中心小学的优良传统会代代相传。面对新的校名、新的起点，全体教师会加倍努力，为学校的发展不断创新、锐意进取，共同开创曙光中心小学的美好未来。

最后，衷心祝愿曙光中心小学的明天更美好！祝在场的全体人员身体健康，事事顺心！谢谢大家！

【范文二】

【致辞人】龙湾中学校友、中国科学院院士

【致辞背景】在龙湾中学校园落成典礼上致贺词

尊敬的市委市政府、区委区政府领导，各位父老乡亲、老师们、同学们：

今天，我非常荣幸能重返故里参加龙湾中学校园的落成典礼。借此机会，我谨代表张淑仪院士、张立文院长以及在外的龙湾学子们，向龙湾的全体父老乡亲、同志、朋友问个好！向重视和支持教育事业的各级领导和社会各界表示崇高的敬意，向已经和即将在龙湾中学求学的学子们表示最热烈的祝贺和问候！

今天的龙湾以前叫永嘉场，清代程云骥有诗赞道：高士恒栖沧海曲，好山多在永嘉场。明代棍州府褂称永嘉场"自一都至五都，负山滨海，有渔盐之利，而民勤耕作，且习于工匠。"渔盐农耕手工业的繁荣，百姓对耕读文化的崇尚，极大地推动了龙湾社会、文化的发展，孕育了丰厚的人文景象，从龙湾走出了一大批知名的专家学者和经济界人士。"海滨小邹鲁，代产奇才冠浙中"，这是我们龙湾的骄傲，更是我们学习的楷模，是我们取之不尽的精神财富。

当今世界，科技发展日新月异，人才竞争非常激烈。而各行各业人才的培养，归根结底要靠教育，重视教育，就是重视我们的未来。五百年前，张璁筑罗峰书院，培养了一大批经邦济世的人才，并推动了整个龙湾耕读文化的发展，促进了地方经济、社会的繁荣。今天的龙湾繁荣昌盛远远超过五百年前，龙湾区委、区政府又适时适地兴教办学，致力于优秀人才的培养，满足老百姓对优质教育的渴求，无疑具有高瞻远瞩的目光和深远的战略意义。

作为一所新建的现代化学校，龙湾中学是在我国提出建设创新型国家的大背景下应运而生的，龙湾中学的建成是龙湾文化教育发展史上的重要里程碑。希望各级领导和社会各界，包括我们这些在外的学子们，也要大力弘扬尊师重教的优良传统，继续关心和支持龙湾中学的发展！希望龙湾中学将科学和人文完美地结合起来，植根龙湾传统文脉，传承文化精髓，放眼世界，展望未来，求真求是求善求美，争创浙南知名学府！希望同学们于求学上精益求精，于道德上择善固从，无论进德修业，务要博学审问慎思明辨笃行，做一个志向远大、品德高尚、学业精深的时代新青年！

第五章　庆乔迁与功绩

看今日，宾客盈门，共赴建校盛会；待今朝，高朋满座，同庆不尽辉煌！

最后，祝龙湾中学事业兴旺，桃李满天下！

【范文三】

【致辞人】县委领导

【致辞背景】在第二幼儿园新楼落成庆典上致贺词

各位领导，各位来宾，老师们、小朋友们：

大家好！

今天，我们在这里集会，隆重举行××二幼新楼落成典礼。首先，我代表县委、县人大、县政府、县政协向××二幼新楼的落成表示热烈祝贺，向为××二幼新楼建设做出贡献的社会各界人士表示崇高的敬意和衷心的感谢！

××二幼自创办以来，认真贯彻党和国家的教育方针，坚持正确的办园方向，以"非智力因素培养、智力开发、知识技能学习"为目标，保教并重，注重养成教育，加强学科教学与创造性思维能力的整合训练，积极开展家园合作，着眼于幼儿未来发展，先后为小学输送合格新生两千余人，为我县小学教育提供了优质的生源，特别是在城区小学教育的改革与发展中发挥了重要的基础性作用。

××××年，面对年久失修、濒临危险的园舍，县委、县政府十分重视，主要领导现场办公，反复研究，作出决策，使××二幼新的教学楼建设拉开了序幕。在建设过程中，××二幼把硬件建设与配套建设统筹规划，高标准配置。先后投资××万元，建成了×平方米的新教学楼，一次性实现了室外设施及各功能室的全新配套。

我希望××二幼在硬件设施赶上去的同时，坚持以人为本的教育理念，努力营造有利于教师发展的软环境，以办"名园"、出"名师"作为自己的追求，铸造"师魂"，锤炼师能。狠抓教研教改，把激发儿童的兴趣和尊重儿童的需要放在重要位置，注重儿童的实践和体验，注重自主性、合作性、创造性的培养，在促进幼儿体、德、智、美全面发展的基础上，大力推进艺术素质教育。本着"求实、创新、团结、奋进"的精神，以"一流的管理水平，一流的师资队伍，一流的园风园貌，一流的保教质量"为奋斗目标，争创全市示范性幼儿园，晋升省级一类幼儿园。

我相信，在县委、县政府的高度重视下，有社会各界的大力支持，依靠××二幼全体保教人员的扎实工作，同力协作，××二幼一定能为全县幼儿教育事业的发展做出新的更大的贡献！

【范文四】

【致辞人】区委领导

【致辞背景】在敬老院落成暨五保老人入院仪式上致贺词

各位嘉宾，同志们：

今天××乡在这里隆重举行敬老院落成典礼暨五保老人入院庆祝仪式，这是××乡社会保障事业进一步发展和完善的重要体现，也是××乡五保供养工作逐步走上规范化管理轨道的一件大喜事，在此，我代表××区委表示热烈的祝贺！向关心支持我区社会保障事业并为之做出积极贡献的各级领导干部以及社会各界人士表示衷心的感谢和崇高的敬意！

同志们，农村五保供养工作是我国为了保护农村鳏寡孤独残疾人等最贫困群体权益的一项重要工作，它不仅对促进社会保障制度的发展具有重大意义，而且对发扬光大我国尊老爱幼、扶贫助残的传统美德，体现党和人民政府对群众的关心爱戴，加强社会主义精神文明建设，促进社会稳定和发展都起到了积极的作用。

今天是××乡人民群众大喜的日子，乡敬老院的落成是全乡五保老人的福气，值得庆贺。回忆往昔，过去的××乡，由于自然环境恶劣，再加上受到传统思想的禁锢，经济发展缓慢，自然优势潜力得不到发挥，被自治区确定为扶贫试点乡。但××乡的群众并不甘心落后。近几年来，××乡党委、乡政府积极探索××乡发展的新思路、新方法，使群众通过发展特色农业逐步走上了富裕的道路。今天××乡敬老院的落成就是全乡经济发展的一个主要标志。希望××乡党委、乡政府继续发扬艰苦创业精神，进一步抓好乡敬老院的后续管理工作，使进院的五保对象来得高兴，住得安心，活得开心，安度晚年。真正把敬老院办成五保对象温暖的家。

同志们，我们国家现在已经进入全面建设小康社会的崭新历史时期，要使社会保障事业进一步完善和发展，高速发达的社会经济是重要的依托。我们面临着难得的发展机遇，因此，我们各级党委、政府必须按照"三个代表"的要求，勇于实践，与时俱进，为实现全区社会稳定和经济繁荣，做出新的贡献。

最后祝愿新入院的老人安康、幸福！

谢谢大家！

庆功会贺词的意义与特点

庆功活动是机关团体对在某一领域做出突出贡献、做出优异成绩的人员给予表彰、奖励或一定荣誉而组织的活动。这类活动的目的是庆祝功勋、激励先进、树立典型、弘扬正气、褒奖优异。庆功活动有很多形式，一般是通过召开会议、举行仪式的方式进行。主要的类型有：

庆功大会。这是常见的庆功活动形式，这种形式的规模较大，参加的人员范围较广，宣传教育效果及影响也就相对大一些。一般在大型活动、重要工作、工程项目完结以后召开庆功大会。

颁奖大会。召开一定规模的会议，对在某方面做出突出贡献和取得优异成绩的单位或个人给予一定的奖励。

按照庆功仪式礼仪规范，在出席庆典时，应当注意的问题涉及以下六点。

第一，仪容要整洁。所有参加庆功会的人员，事先都要洗澡、理发，男士还应刮胡须。

第二，服饰要规范。有统一式样制服的单位，应要求以制服作为本单位人士的庆典着装；无制服的单位，应规定届时出席庆功会的本单位人员必须穿着礼仪性服装。即男士应穿深色的中山装套装，或穿深色西装套装，配白衬衫、素色领带、黑色皮鞋。女士应穿深

第五章 庆乔迁与功绩

色西装套裙,配肉色丝袜、黑色高跟鞋,或者穿深色的长裤,或是穿花色素雅的连衣裙。绝不允许与会人员在服饰方面顺其自然、自由放任,把一场庄严隆重的庆典,搞得像一场万紫千红的时装或休闲装的"博览会"。倘若有可能,将本单位出席者的服饰统一起来则是最好的。

第三,时间要遵守。遵守时间是基本的礼仪之一,对庆功会的出席者而言,更不得小看这一问题。上到最高负责人,下到级别最低的员工,都不得姗姗来迟,无故缺席或中途退场。如果庆功会的起止时间已有规定,则应当准时开始,准时结束。

第四,表情要庄重。在庆功会举行期间,不要说笑打闹,或是唉声叹气,否则会给来宾留下不好的印象。在举行庆功会的整个过程中,都要表情庄重、全神贯注、聚精会神。假若庆功会之中安排了升国旗、奏国歌、唱厂歌的程序,一定要依礼行事:起立,脱帽,立正,面向国旗或主席台行注目礼,并且认认真真、表情庄严肃穆地和大家一起唱国歌、唱厂歌。

第五,态度要友好。这里所指的,主要是主办方对来宾态度要友好。遇到了来宾,要主动热情地问好。对来宾提出的问题,都要立即予以友善的答复。不要围观、指点来宾,或是对来宾持有敌意。当来宾在庆功会上发表贺词,或是随后进行参观时,要主动鼓掌表示欢迎或感谢。在鼓掌时,不要在对象上"挑三拣四",不要"欺生"或是"杀熟"。即使个别来宾在庆功会中表现得对主人不甚友善,也不应当场"仗势欺人",或是非要跟对方"讨一个说法"不成。不论来宾在台上台下说了什么话,主办方人员都应当克制情绪,不要吹口哨、鼓倒掌、敲打桌椅、胡乱起哄。更不允许打断来宾的讲话，向其提出不友好的质疑，与其进行大辩论，或是对其进行人身攻击。

第六，行为要自律。既然参加了庆功会，主办方人员就有义务以自己的实际行动，来确保它的顺利与成功。至少，大家也不应当因为自己的举止失当，而使来宾对庆功会做出不好的评价。在出席庆功会时，主办方人员在举止行为方面应当注意的问题有：不要想来就来，想走就走，或是在庆功会举行期间到处乱走、乱转；不要和周围的人说悄悄话、开玩笑；不要有意无意地做出对庆功会毫无兴趣的姿态；不要让人觉得自己心不在焉，比方说，手机"一鸣惊人"，探头探脑，东张西望，一再看手表，或是向别人打听时间。

俗话说：一滴水可以折射出太阳的光辉，一件小事也可以反映出一个人的素养。所以，在庆功会这种庄重的场合，如果举止得当，一定会获得他人的好评，给人留下识大体、重大局的良好印象。

教育界庆功会贺词

经过了在炎炎夏日进行的高考和中考，硕果累累的金秋时节是教育界举办庆功会的季节。升学率的提高、教学水平的飞跃、学生考上理想的学府，都是可喜可贺的事情。教育界的庆功会贺词，一方面要肯定成绩，另一方面也要总结经验、表彰先进，起到鼓舞慰励的作用。既要看到教师个人的敬业精神，也要强调集体的力量；

第五章　庆乔迁与功绩

既要看到成绩，也要看到不足；既要欢庆，也要勉励。庆功会的最终目的是鼓舞士气，以取得更辉煌的成就。贺词的结尾要表明这一点，比如：

"各位嘉宾，老师们，今日煮酒论英雄，明年再摆庆功酒。我衷心地期待明年的庆功会更加出色，明年的××中学教育更加辉煌！同时我们定将以更加坚定的信心，更加饱满的热情，投入更多的精力，为即将到来的××周年校庆，为××中学更加灿烂的明天做出我们应有的贡献！"

【范文一】

【致辞人】××市第48中学校长

【致辞背景】在××市第48中学中考庆功会上致贺词

各位领导，各位同仁，各位嘉宾：

大家好！今天我校隆重地举行中考庆功会，在此，向辛勤培育学生，为学生倾注了无限的爱心、汗水与智慧的领导、老师们致以诚挚的谢意！向多年来支持我们工作的各界人士表示深深的感谢！三年的时光，就像一本太仓促的书，一千多个日日夜夜，一千多页的喜怒哀乐就这样匆匆翻过，但却留给我们那么多生动的细节，那么多精彩的片段。对新教师而言，那是你工作道路上良好的开端；对连续多年工作在初三的老师而言，那是一种坚强！

××副校长是一个执著而又有些固执的人，她八年坚持执掌毕业班工作，带着馨香美德，带着智慧，带着勇气，从2000年开始，背起了48中学中考沉重的行囊，去开始一次又一次的征程，只见日落，不见周末。你不计功利，微小中藏有博大，短暂中孕育永恒，平凡中铸就伟大。教育无小事，你能把每一件平凡的小事长期做好，就是不平凡；你能把每一件简单的小事天天做好，就是不简单。正所谓："赠人玫瑰，手有余香。"

人贵在坚持，有一种破釜沉舟、背水一战的勇气，我想什么事都能成功。今天，在你的带领下，我们中考收获着快乐，收获着成功。有人为此感叹：48中学有一只讲责任、不计名利的头雁，才有胸怀责任、意气风发的群雁，才有雁阵队列整齐、长天高飞，这只头雁就是我们48中学的××副校长。

我们初三全体教师在李主任、刘丽组长的带领下，用语言播种，用彩笔耕耘，用汗水浇灌，用心血滋润，在纸和笔的摩擦间，维护着职业的神圣。你们不为名，不为利，长年守望着这块地，肚子饿了顾不上吃，孩子哭了没时间理，一心一意为人梯。你们仅凭一支粉笔，两袖清风，三尺讲台，四季真情，外加五脏六腑七嘴八舌九思十分关爱百滴汗水培养万千桃李。

是你们创造了48中永恒的基业，成就了48中前所未有的辉煌。我还要谢谢张静波这位年轻的班主任，你用特有的魅力和执著挖出第一块闪闪发光的足金。尊敬的各位嘉宾，感谢你们对学校无私的帮助、鼓励、宽容与支持。"问渠哪得清如许，为有源头活水来。"感谢我们的郑校长，十年如一日，关注、关爱48中。是你带来这潺潺的清流，流淌在我们的心间。正是有了你那份香醇浓溢的关爱，才成就了我们阳光灿烂的今天！请接受我衷心的感谢与诚挚的祝福！

有人问：雁为什么会飞？答：因为它从来没想过自己不会飞。是的，生命就是飞翔，细细品味飞翔，或许这就是被教学理想鼓舞着的团队所蕴含在生命深处的全部密码。

在成功的背后，还有那么多的支持者、鼓励者、参与者。俗话说：众人拾柴火焰高。在此，我向全体老师、向社会各界关心支持我校的人士、向48中名誉校长真诚地说一声：谢谢！滴水之恩，当涌泉相报，我们的学生无论走到哪里都不能忘记你们。现在我的心里充满了感激，充满了快乐，充满了成功的喜悦！又是一年收获时，稻花香里说丰年。面对累累的硕果，面对一声声报喜之声，我们喜悦，但我们不会因此而停留。我们有理由相信，在全校师生的共同努力下，明年，我们将会迎来一个更为灿烂的前景！

当朝霞满天的时候，老师们的身影却折回原路，因为还有一轮又一轮的学生在翘首、在等待。

【范文二】

【致辞人】学校领导

【致辞背景】在中考庆功会上致贺词

各位领导，各位同仁：

晚上好！

今天，我们又欢聚一堂，一起举杯畅饮，共庆××学校××××年中考的辉煌，这是一个喜庆的日子，这是一个注定要被载入××学校史册的时刻。学年初，在初三中考动员大会上，我们曾经说过："××学校，独领风骚。"今天看来，我们实现了那时的承诺。考取××教改班×××人，考取……这些成绩都创造了××学校的新历史，得到了校董事会、校长室的充分认可，得到了社会各界的广泛赞许。今天，如果有人问：你们如何创造了这样辉煌的成绩？我们会自豪地说：是校董事会、校长室的正确领导，是全体初三师生的辛勤付出，是在座的所有教师亲属的鼎力相助成就了辉煌。在此，我谨代表初三工作处，向你们表示最真诚的感谢！

回首近一年来的历程，我们感慨颇多。

首先，我们要感谢董事会与校长室的决策与领导。正是他们的亲切关怀和科学领导，才为我们今天的成功奠定了坚实的基础。对于初三的有关工作，学校领导多次召开会议进行专题研究，为我们的工作指明方向，大大缓解了师生的心理压力，坚定了师生的信心。在此，我代表初三所有师生对董事会和校长室的关怀和领导表示诚挚的谢意！

其次，我们要感谢我们的老师。我们拥有一支相当优秀的教师团队。我们这支教师队伍，精诚合作，善打硬仗，平时工作一丝不苟，认真钻研教材，业务水平精湛过硬，是我们××学校的精髓。为了促进学生成才，老师们任劳任怨，将无私的爱心演绎得淋漓尽致。最让人感动的是你们有着超强的工作责任心，虽然老师家里家外也有许多事情，但是你们没有任何怨言，个人服从了集体，舍小家为大家，为学校的发展作出了巨大的牺牲，体现了一种难得的奉献精神。在平时，我们老师处处考虑我们的学生，时时想着我们的学校……感人的事迹太多太多。正是因为有这样一批优秀的教师，才造就了××××届的辉煌，你们是××学校的脊梁。在此，对你们一年以来的辛勤劳动和对我们工作的大力支持表示衷心的感谢！

最后，我们还要感谢所有的教师亲属。你们是老师们的坚强后盾，你们也是今天庆功会的主角，中考的成功、××学校的辉煌成就都有你们的一份功劳。在座可亲可敬的家属们，是你们的鼎力相助，分担了我们教师的家庭责任，是你们的无私奉献，使得××品牌增色许多。你们除了自己的工作，在家还要孝敬父母、教育孩子、操持家务，给予我们教师莫大的理解与支持，使我们的教师能够全身心地战斗在教育第一线，你们是真正的幕后英雄。在此，我代表初三工作处向你们表示衷心的感谢！

"俱往矣，数风流人物，还看今朝。"我们坚信：××的明天一定会更加辉煌，××的未来一定会更加美好！

【范文三】

【致辞人】年轻教师代表

【致辞背景】在学校举办的中、高考庆功会上致贺词

尊敬的各位领导、各位老师：

大家下午好！

非常感谢领导给我这个机会，我既荣幸又惶恐，既惊喜又无措，在诸多优秀的前辈和专家面前，小生岂敢放厥词。借此机会，我更想感谢学校对我的知遇之恩，感谢前辈们对我的无私教诲。硝烟散去，尘埃落定。××××年我校中、高考在学校领导的正确指挥下，在全体毕业班老师的通力合作下，我们实现了既定目标，且有了新的突破。成绩不再赘述，下面就我的第一届高三经历，谈谈我的感言。

感言一，和谐氛围，激发师生热情。

孔子云："君子和而不同。"和，即和睦、和谐、和美。正是有这种和，才有了密切的干群关系、同事关系和师生关系；也正是这种和，使得兄弟姐妹们相互关心，相互体谅，你帮我助，形成合力。一句鼓励，一声安慰，一个生日，一次宴会，体现出无穷的人文关怀和团结协作的和谐氛围。不同，即见解不同，观点不同。正是因为有这种不同，所以才有不伤和气的争执，不坏氛围的交流，不记前嫌的探讨；也正是有这种不同，我们年轻教师从中受益匪浅，成

长较快。我们年级第一次上高三的年轻教师很多，我相信大家都有这样的体会，生活在这个和谐的氛围里，真是非常幸福！

感言二，先进层出，不愧友中教师。

我们年级有很多优秀的前辈，也正是这些前辈的种种感人事迹，激励着、感染着我辈青年教师。×主任，我们的分管领导，管理人文，待人和蔼，交流真诚，与其说他是友中福将，不如说他深谙管理，人心在握，既忙碌于高三的教学管理工作，又要负责全校的教务管理，您辛苦了！先进的人层出不穷，感人的事不胜枚举，深憾时间有限，不能一一列举。总之感动在你我周围，真情在你我之间，生活在这样的集体氛围之中，焉能不产生自豪之感呢？

感言三，初高联袂，演绎友中奇迹。

教师要有源头活水，方能浇灌半亩方塘，否则，巧妇难为无米之炊。高三的成绩，离不开我校初中教师的精心培育和倾情奉献，首先恭喜并祝贺你们在今年的中考中取得如此优异的战绩，感谢你们为高中送来一批又一批的优秀生源。如今我校高中面临严峻的招生压力，是你们不辞辛劳、磨破嘴皮为高中动员宣传，方能保住优生不失；是你们三年如一日的辛勤培养，扎实了学生的根基，才能有高三的佳绩。本届高三优秀毕业生如×××、×××等均是我校初中部的优秀学生，也是在座各位初中老师打造出来的"精品"。据我所知，初、高中这两部联袂，从未失手，正所谓："兄弟齐心，其力断金。"今天我们齐聚一堂，深感一家之亲，中、高考胜利，我们秋色平分。

感言至此，我作为一名年轻教师，感谢学校领导对我的信任，感谢施恩于我、帮助于我的前辈，感谢各位兄弟姐妹对我工作的支持。我只是完成了任务，毫无出彩之处，但是我生活在这样容易出成绩的战斗群体中，真的有一种幸运之至的感觉。成绩虽能让人欣慰，但它也代表过去，我将以我的全部努力来回报学校，秉承××人的优良传统，内重质量，外塑形象，为我校的继续发展尽微薄之力。最后衷心祝愿学校的明天更加美好！谢谢！

【范文四】

【致辞人】××市委书记

【致辞背景】在××市高考庆功会上致贺词

尊敬的老师们，亲爱的同学们：

今天是个好日子，使我想起25年前本人高考日子里的点点滴滴。所以，我今天心情非常高兴、非常愉悦、非常兴奋。因为在这个收获的季节里，我们欢聚一堂，共同庆贺我市×××年高考所取得的佳绩，共同总结我市教育长盛不衰的成功经验，共同探讨续写教育新篇章的新举措。可以说，今天的会议既是一个庆功会、总结会，更是一个动员会、誓师会。下面，我谨代表市委、市政府向大家讲三句话与大家共勉：一是热烈祝贺，二是衷心感谢，三是热切希望。

热烈祝贺，就是让我代表市委、市政府和全市116万人民对在今年高考中成绩连创新高的全市教职员工、考生及其家长们表示热烈祝贺。因为，今年高考，我市在××五个县（市、区）中共拿了五个第一，这份成绩来之不易，是沉甸甸的。

应该说，我市广大考生在今年高考中所取得的佳绩，既为自己的学校增了光，又为××人民增了光；既为××的教育添了彩，又为××打造"文化之乡"添了彩。所以，对于你们所取得的成绩，我们市委、市政府要热烈祝贺你们、真诚恭喜你们，你们向全市人民交出了一份令人满意的答卷。

大家一年来的付出，在今天终于有了很大的收获和回报，对此，市委、市政府对于我市今年高考所取得的成绩是非常满意的，是非常肯定的。同时也证明了我市的教育是过硬的，我市的师资队伍是出色的，我市的学生及其家长是合格的，我市的发展是后继有人的。也证明了我市"再苦不能苦孩子，越穷越要办教育"的理念已深入人心。"冰冻三尺，非一日之寒"，可以说，没有各位教师对教育事业的无限忠诚、没有各位家长对考生孩子的言传身教、没有各位考生的寒窗苦读，特别是没有在座各位的守望平凡与无私奉献，就没有今天的结果，就没有今天的辉煌。老师们、家长们、同志们，你们功不可没，你们是父老乡亲心目中最可爱的人，在此，我代表市委、市政府和全市116万人民向你们表示最衷心的感谢和深深的敬意！

热切希望，就是希望我们在座各位一定要戒骄戒躁，努力做到三个"再接再厉"。

希望在打造文化软实力上再接再厉，尽力而为。（略）

希望广大同学在刻苦学习上再接再厉，奋发有为。（略）

希望在加快发展新征程上再接再厉，有新作为。（略）

我坚信，经过我们自己的艰辛努力，在若干年后，我们可向世人证明，××不但教育行，而且搞经济也行，搞什么都行。我们××一定行！这就是我们今天召开高考庆功会的最终目的。

谢谢大家！

企、事业单位庆功会贺词

企、事业单位庆功会是为了总结前一段时间的工作经验和成绩，寻找不足，表彰、鼓励先进，更好地开展下一步全面工作而进行的一项活动。在企、事业单位庆功会上致贺词，首先要表达致辞人的心情，向取得功绩的个人或者集体表示祝贺，肯定其在诸方面的先进事迹、功绩、贡献等；然后，要号召与会乃至更大范围的同志们向先进学习，提出学习先进的内容；最后，对于创造功绩的先进个人或者先进集体，要提出进一步的希望或者要求，激励其继续保持先进。对于功绩的夸赞和评价，要做到恰当、适中、实事求是；对于先进经验的总结，要全面、平衡、公正。致辞篇幅不宜长，语言要生动、有感染力，语气要有力，感情要真挚，热情洋溢，催人奋进，贺词整体要富有感染力和激励力。

【范文一】

【致辞人】获奖者代表

【致辞背景】在××集团年度营销先进颁奖典礼上致贺词

尊敬的各位领导、各位营销精英，女士们、先生们：

此时此刻，我的心情就像大海汹涌的波涛一样，久久不能平静。因为，我们翘首以盼的一年一度的营销盛典——××集团×××年度营销颁奖典礼，在这里隆重开幕了。请允许我代表××集团对各位的大驾光临表示最热烈的欢迎和最诚挚的感谢！向用辛勤的汗水获得各项大奖的营销精英们表示最衷心的祝贺！

站在今天的领奖台上，也许有人会说："我今天之所以获奖，是因为在××市场营销的光明顶上，有许多高人一时失利，让我暂时占了上风。"也许有人会想："当我在市场的硝烟中冲锋陷阵时，当我在营销的丛林中挥汗如雨时，尽管历尽千难万险，吃尽千辛万苦，但是收获甚少。"其实，我要告诉大家：市场营销的"华山论剑"真的没有那么多"也许"，我们的成功是辛勤耕耘的必然结果。营销是高尚者的事业，是勇敢者的战场。我可以毋庸置疑地说：今天的获奖者，只是能站在今天的领奖台上，因为你们无畏挫折，敢于挑战；因为你们热爱××，忠诚××，创造了××不俗的业绩。

同时，我也在想：在我们的心灵深处，××情结血脉相连，只要我们心心相印，就一定能创造更加美好的明天！

谢谢大家！

【范文二】

【致辞人】公司董事长

【致辞背景】在公司运动员凯旋大会上致贺词

运动健儿们，女士们、先生们：

今天我们怀着十分喜悦的心情，隆重举行我公司运动员凯旋庆功大会，表彰在这次运动会上取得优异成绩的我公司的运动员。在此，我代表公司党委、公司行政和全公司职工向载誉归来的运动员、教练员和工作人员表示热烈的祝贺！向关心、支持我公司运动员参加比赛的各单位和部门表示衷心的感谢！

在××集团第×届体育运动会上，我公司运动员顽强拼搏、表现出色，获得了金牌，取得了优异的成绩，充分展示了我公司自强不息、奋发有为的精神风貌，为我公司全体职工争得了荣誉。公司党委、公司行政感谢你们！全公司职工家属感谢你们！

体育是经济社会发展与人类文明进步的重要标志，也是一个地区综合实力和社会文明程度的重要体现。我们要以公司运动会的全面胜利为契机，充分发扬爱岗敬业、争创一流、为公司争光的主人翁精神；充分发扬刻苦学习、岗位成才、不断创新的开拓进取精神；充分发扬带好队伍、凝聚人心、团结合作的团队精神；充分发扬以身作则、忠于职守、勇挑重担的奉献精神。特别是全体职工要率先树立危机意识和市场经济意识，要始终保持谦虚谨慎、不骄不躁的作风，保持艰苦奋斗的作风，紧紧围绕我公司发展来组织各项工作，为推进我公司各项工作而努力，为企业持续发展做出新的贡献。同志们，开展大众体育运动，不仅能增强人们的体质，改善身体机能，而且可以为我们的生活增添情趣，展示人生价值，促进我公司企业文化建设。希望全公司各部门和广大职工都能重视和参与体育运动。希望参加本次运动会的运动员发扬胜不骄、败不馁的精神，在以后的工作中，争取更好的成绩，争做更大的贡献。同时，也希望全公司各部门的职工和广大群众大力发扬运动员顽强拼搏、同心同德、奋发图强的精神，为加快我公司发展、全面完成全年生产任务做出更大的贡献！

谢谢大家！

【范文三】

【致辞人】××市××县副县长

【致辞背景】在残疾运动员庆功会上致贺词

各位领导、同志们、朋友们：

你们好！

在这金秋送爽、硕果飘香的收获季节里，在全国体育工作会议胜利召开的背景下，我们迎来了我县参加九运会残疾运动员的凯旋。高延波独得游泳三块金牌，付长伟夺得游泳两银一铜，高岩沼获篮球银牌，石松获篮球银牌、游泳铜牌，取得了可喜的成绩。在这里，让我代表县委、县政府和全县50万人民对你们所取得的成绩表示热烈的祝贺，对市残联领导的到来表示真诚的欢迎，也向辛勤培育你们的教练员和支持你们工作的家属表示亲切的慰问！

体育是关系人民健康的大事，体育水平是一个民族文明进步的重要标志。残疾人体育是全民体育中的重要组成部分，发展残疾人事业是社会文明进步的重要标志。本届省运会首次将残疾人比赛纳入全民运动会之中，这是我省体育运动史上具有里程碑意义的一件大事，充分体现了残疾人平等、参与、自强、共进的宗旨。体育比赛不只是一较长短，更是一个汇报工作的舞台、向兄弟县市学习的理想课堂。你们克服困难、顽强拼搏、奋勇争先的精神，展示了我县残疾人身残志不残的精神面貌，展示了我们残疾人体育运动的特色，更展示了我县整个残疾人事业的发展状况。你们为××争了光，为××市冲击九运"三甲"做出了努力，更为落实国家奥运争光计划做出了应有的贡献。

我们的高延波、高岩沼两位同志被省队选中，这是对你们自强不息精神的肯定，也是××的骄傲，希望你们能继续努力，在新的征程上不断进取、阔步向前；更希望全县残疾人，鼓起勇气来，不要埋怨、不要消沉，向我们的残疾运动员学习，做一个身残志坚、用于向命运抗争的勇者。

最后，让我们再一次向取得优异成绩的四位运动员表示祝贺，希望你们能再接再厉，再创佳债，为家乡争光！

谢谢！

奖学金表彰会贺词

奖学金和助学金政策的实施在很大程度上减轻了贫困大学生经济上的负担，缓解了他们的经济压力，使大学生感受到了社会这个大家庭给予他们的温暖，使大学生能够全身心地投入到学习中去。在奖学金表彰会上致贺词，一要对获得奖项的学生表示祝贺，号召其他学生向他们学习。二要鼓励获得奖励和资助的学生端正心态和思想，正确认识当下的困难，化感恩为行动。比如一位校长在奖学金表彰会上说："同学们，你们今后的路还很漫长，但是你们要知道，你们并不孤独，因为爱无处不在。也许你们会觉得命运对自己不公，但是请相信，所有的困难都是暂时的，你们身边有许许多多的人关心着你们。作为新一代的大学生，你们要执著、要坚韧，确认了目标，就要为目标去不懈地奋斗，你们的梦想总有一天会变成现实。"三要鼓励获得奖励和资助的学生做一个优秀的人,在道德品质上自觉践行社会主义荣辱观;在行为上自觉遵守各项规章制度与纪律;在学习上提倡创新、务实、刻苦、优异,在专业上追求完美、精益求精;在感情上永存一颗感恩之心;在生活上牢记"成由勤俭败由奢"的古训,艰苦朴素、勤俭节约;在作风上向往大气、灵气,严于律己,宽以待人,团结同学,尊敬师长,热心助人……

总之,在奖学金表彰会上致贺词,只要以爱为本,从关爱、爱护学生的角度出发,任何话语都会成为温暖人心的春风。

【范文一】

【致辞人】校长

【致辞背景】在奖学金发放仪式上致贺词

老师们,同学们:

值此新春伊始、春意萌动的大好时光,××学校全体师生隆重集会,表彰奖励期末考试年级前20名优秀学生,班级前两名优秀学生及学习刻苦、进步幅度大的学生。这是××学校历尽艰难、走向成熟的标志,是深化改革、励精图治的重大举措,也是××学校全体学生的一件盛事、喜事。

首先,我代表全体领导和老师向受奖励的同学表示祝贺!你们志存高远,聪明睿智;你们尊师爱友,团结协作;你们才思敏捷,质疑解疑;你们勤学苦思,善于总结;你们奋起直追,持之以恒。正是你们自身坚强的意志和可贵的品质,才使你们在竞争中脱颖而出,走上今天的领奖台,体悟奋斗的乐趣,感受成功的喜悦。但成功只能说明过去,代表昨天。同学们,你们只是万里长征迈出了第一步,因此,我希望你们务必要在新的征途上再接再厉,戒骄戒躁,不屈不挠，既要有"一览众山小"的豪迈气概，更要有"山外青山楼外楼"的清醒头脑，积极寻找差距，改进和完善自己，以优异的成绩回报培育自己的母校、生育自己的父母、养育自己的土地。

其次，我要向在座未受到奖励的同学表示美好的祝愿！希望你们不要妄自菲薄，要有"天生我材必有用"的思想，努力学习，永不言败。发现自己，发展自己，跨越自己。相信勤能补拙、天道酬勤，在未来的日子里，同样跻身于领奖队伍的行列，品尝成功的甘美，确立自我的位置。

学校是人才的摇篮，在面对普通高中办学激烈竞争的形势下，我们××学校奋斗拼搏，以前瞻性、跨越性的思维，敢于迎接挑战，10年来，为国家、为社会培养了大批栋梁之才，在坚持"面向全体学生，面向每个学生，面向学生的每个方面，面向学生的个性发展，面向学生的可持续发展"的教育思想以及"德育为首抓方向，教学为主抓质量，五育并举抓全面，个性发展抓特长"的治校方略和"规范＋合格＋特长"的育人模式等理念的指导下，把"教育创新、教改创新、管理创新"贯穿于教育教学全过程，努力使××学校成为你们学习成长终身受益的园地、求知若渴实现理想的桥梁、展示自我走向成功的平台。

同学们，21世纪是充满竞争的世纪，机遇与挑战并存，更新与淘汰结伴，如何在这个竞争的年代立稳脚跟呢？只有不断地学习、学习再学习。淘汰你的人，不是别人，永远是你自己。我相信每位同学都有进步的愿望，都有丰富的潜能，每位同学都有自己的智能优势。是泥土，就烧成砖瓦；是铁矿，就百炼成钢；是金子，就放出光彩。学会做事，学会做人，学会合作，学会学习，拥有走向社会、服务社会的本领，成为有知识、有学问、有教养、有理论、有实践的人。

同学们，千里之行，始于足下。你们正处于人生的黄金时期，有全新的观念，有青春的热情，有强健的体魄，愿你们依托××学校这个平台，在新的学期刻苦认真，自主学习，既学会又会学。同学们，你们的成绩就是学校的成绩，你们的前途就是学校的前途，请你们记住，学校以你们为荣！我相信你们会用青春的热情和汗水，谱写一段人生亮丽的篇章！

【范文二】

【致辞人】学生代表

【致辞背景】在××公司"捐资助学"活动奖学基金颁奖大会上致贺词

尊敬的各位领导、各位嘉宾，敬爱的老师们：

你们好！在这金风送爽、硕果累累的丰收季节，我们迎来了第××个教师节和××奖学基金会首届颁奖大会，在这个双喜的日子，请允许我代表××中学全体学生，向尊师重教、慷慨捐资助学的××公司表示最崇高的敬意！向关心、支持和帮助教育事业的各级领导表示诚挚的谢意！向奋战在祖国教育事业第一线的老师们表示深深的感谢！

"国运兴衰，系于教育。"××党委政府和企业家高度重视教育事业。××××年×月×××先生创立的××公司率先捐资××万元设立奖学基金会，开展了"捐资助学"的活动。×××先生希望受助学生努力学习，具有过硬的本领，靠自己的知识来改变家乡的贫困面貌。他不仅鼓励受资助学生增强信心，战胜困难，完成学业，将来为国家的建设和发展多做贡献，而且还把中华民族"乐善好施、扶贫帮困"的传统美德发扬光大。在此，我相信同学们一定会永远铭记××公司和董事长×××先生所做的一切，一定会把感激和敬意化为学习的动力，用优异的成绩来报答关心、支持和帮助我们的××公司和社会各界人士。

亲爱的长辈们，是你们，给了我们一把生活的标尺，让我们去检验自己的一言一行；是你们，给了我们一面模范的镜子，让我们对镜审视自己，从镜中寻找自己的不足和差距，不断加以改正，完善自己的人格。在你们崇高人格的熏陶下，我们正在努力学习生存，努力学习做人，努力学习科学文化知识。请放心地把今天的重担交给我们吧！我们会在通往明天的道路上留下自己坚实的脚步。我们一定会铭记你们的谆谆教导，不辜负你们的殷殷希望，我们将发愤学习、勇往直前！

千言万语说不尽对你们的感激之情，年年今日，无论我们身在何处，我们都会为你们真诚地祝福。最后，请允许我再一次代表××学子真诚地感谢××党委政府，感谢××公司，感谢×××先生，感谢我们的老师，感谢社会各界的热心人，谢谢你们！在此祝各位领导、各位嘉宾、各位老师身体健康、工作顺利！祝××公司生意兴隆、财源广进！

谢谢大家！

乔迁贺词佳句欣赏

乔迁大喜，愿你：宏图大展兴隆宅，泰云常临富裕家。

喜到门前，清风明月；福临宅地，积玉堆金。

新家好生活，真心老朋友，祝贺你乔迁之喜！

阳光明媚，东风送情，喜迁新居，德昭邻壑，才震四方！

莺迁仁里，燕贺德邻，恭贺迁居之喜，室染秋香之气！

搬新家，好运到，入金窝，福星照，事事顺，心情好，人平安，成天笑，日子美，少烦恼，体健康，乐逍遥，朋友情，忘不了，祝福你，幸福绕。

迁入新宅吉祥如意，搬进高楼福寿安康。乔迁喜天地人共喜，新居荣福禄寿全荣。

吉日迁居万事如意，良辰安宅百年遂心。

燕报重门喜，莺歌大地春；旭日临门早，春风及第先。

喜迁新居喜洋洋，福星高照福满堂。客厅盛满平安，卧室装满健康，厨房充满美好，阳台洒满好运，就连卫生间也是财气逼人。恭贺乔迁新居！

迁宅吉祥日，安居大有年，恭祝乔迁之喜！

庆功贺词佳句欣赏

　　一马当先行军路，一鼓作气进攻路，一路高歌得胜路，一气呵成事业路，一心一意爱情路，一呼百应友谊路，一帆风顺人生路，一马平川身前路。

　　各位同事，新的一年即将来临，我们也面临着新的挑战。让我们共同努力，共同迎接挑战，待到明年达产达标时，我们再次欢聚庆功！

　　愿我们的谢意编成一束永不凋谢的鲜花，给您的生活带来无限芬芳；愿我们的祝福化做一首激情的欢歌，助您的事业谱写出更加亮丽的篇章！

　　中学的各位领导、初三老师，去年的今天，我们为你们举行了庆功会；今年，我兑现我的诺言，继续为你们举行庆功会。我希望，明年的今天，继续为你们举行庆功会。

　　"艰难困苦，玉汝于成。"我很清楚，没有一番寒刺骨，哪有梅花扑鼻香。你们的成功，建立在你们勤奋耕耘、孜孜以求的基础上。衷心祝贺你们！

　　"天道酬勤。"我们今天庆功会的主角，应该是我们呕心沥血、刻苦拼搏、无私奉献的初三全体老师，是你们的执著追求，是你们的全意奉献，是你们的无私情怀，是你们日日夜夜的不眠不休，才铸就了××乡教育的辉煌。"有志者事竟成，破釜沉舟，百二秦关终属楚；苦心人天不负，卧薪尝胆，三千越甲可吞吴。"你们的汗水，你们的辛苦，你们的付出，终于赢得了苍天的眷顾，为我们××乡孩子的未来，开辟了又一条坦途，我代表××乡全体人民感谢你们！

同志们！你们在保卫祖国、建设祖国的伟大事业中立下了功劳，成为人民的功臣、模范和英雄。今天，我来参加你们的庆功大会，向你们祝贺。

同志们！你们当了英雄、模范以后，千万不要忘记别人的功劳。假如忘记了别人的功劳，把所有的功劳都记在自己账上，就会骄傲起来，走到个人英雄主义的错误道路上去。

全体英雄、模范、功臣同志们！希望你们在这伟大的事业中起到带头作用、模范作用，继续保持你们的光荣，争取在今后的工作中得到更大的光荣。祝你们的会议成功，祝你们的事业成功！

第六章 庆新婚与友谊

新婚贺词的意义与特点

"婚姻"两个字构成的词其实是现代名词,在从前只有"昏"一个字。至于为什么称为昏呢?是因为古语中有"男以昏时迎女",及"娶妻之礼,以昏为期"等缘由。"昏时"大约是晚上六七点钟的时候,古人认为"昏时"阳气往而阴气来,符合男子迎娶女子的条件,因此古时婚礼多于此时举行。婚礼最早应属自然趋势,以后才演变成习俗,一般传说认为是伏羲氏为中国人创立了婚姻的礼俗。婚礼最详细的礼俗程序,记载于《礼记》中,其中说明了六礼的各项程序。完整的婚礼习俗在古代有纳采、问名、纳吉、纳征、请期、亲迎六礼。其中亲迎是整个婚礼的主体,新人在亲朋的见证下拜堂,结为夫妇。

今日,婚礼的主体由迎亲演变为婚宴。婚宴是指为了庆祝结婚而举办的宴会,在中国,婚宴通常称做喜酒。在西方,婚宴通常是在结婚典礼结束之后举行。这种在结婚之后举办宴会的传统在世界很多地方都可以见到,然而其内容则有很大的差别。

在大部分的西方国家婚礼中,在吃了极为丰富的一餐后(传统上是由新娘家来支付费用),出席婚礼的人会致祝词。传统上致辞的人包括新娘的父亲、首席伴郎(通常大家会期待他说一些调侃新人的笑话),最后是新郎。在现代美国的婚宴中,致辞者通常是首席伴

第六章　庆新婚与友谊

郎和首席伴娘。致祝词之后，新人开始跳他们的第一支舞，通常称做"结婚华尔兹"。在大部分的现代婚礼上播放的音乐是浪漫流行的音乐，新人们跳的舞极少是真正的华尔兹舞，而会依据播放的音乐来跳不同风格的舞。

中式婚宴保留了特有的中华民俗和特色的中华饮食文化。其一，庄重的证婚、敬拜双亲、答谢亲朋和夫妻对拜等仪式，体现了婚姻中诸如社会认同感、亲情道德感、家庭责任感的传统内涵与要求；其二，中式婚宴制作精细，选料广博，有着讲究的上菜程序和吉祥的寓意。

婚宴是婚礼中最重要的一个环节，举办一场与众不同、别开生面的婚宴至关重要。现在的婚宴有中式、西式之分，中式婚宴具有浓厚的民族特色和饮食文化，而西式婚宴则融入了诸多浪漫的元素。

中式婚礼：

大红花轿、浩浩荡荡的迎亲仪仗队、拜天地、掀盖头、凤冠霞帔……中式婚礼上，传统的喜庆与热闹，把吉祥和祝福以最热烈的方式呈现出来。虽说中式婚礼是流传了千百年的老式传统，可如今却是个新鲜玩意儿。

中式婚礼讲究"天地人和谐"的哲学，以及人们祈福迎祥的心理，在传统意义上，婚姻不仅仅是两个人的事，还是两个家庭以及社会关系的事。需要一系列仪式显示婚姻庄重，引起当事人以及相关人士的重视。所以，中式婚礼又叫"人前婚礼"。以情动人，感谢父母、答谢亲朋好友，是中式婚礼的主题，喝"多子汤"、饮"和睦酒"、吃"团圆饭"、敬"父母茶"等情节，让到场的每一位来宾都感动至深，而新人也会因此感受到婚姻的庄重和家庭的责任。

中式婚礼最经典的仪式是三拜九叩，婚礼中最常用的色彩是红色，最新颖的亮点是花轿、凤冠霞帔。

中式婚礼的特点是比较喜庆、热闹、感人。热闹的场面能充分照顾到新娘、新郎以及双方亲友的情感，体现出具有中国传统特色的文化。中式婚礼的缺点是繁文缛节比较多，整个婚礼下来，新人会感到很疲惫。

西式婚礼：

洁白的婚纱、笔挺的西装、蛋糕香槟、抛捧花束……简洁神圣的西式婚礼，让许多怀着公主、王子梦的现代青年十分心动。在西方的教义里，两个人的结合是上帝的旨意，因此婚礼必须是圣洁的，代表纯洁的白色是婚礼上独一无二的主色调，白色的婚纱、白色的布置、白色的蛋糕、白色的婚车……一切白色的花卉都会成为西式婚礼上最受欢迎的装饰物。因此，一切都显得简单和素雅。西式婚礼讲究的是神圣和简单，它又叫"神前婚礼"。许下神圣的誓言、统一着装的男女傧相以及天使一般的花童，众星捧月般把一对新人衬托得像童话里的王子和公主，实现许多新娘儿时的美梦。西式婚礼最经典的仪式是在神父的见证下，许下爱的誓言。最常用的色彩是白色。最新颖的亮点是抛捧花束。

西式婚礼的特点是简洁、浪漫。在牧师、亲朋见证下的肺腑誓言，让婚礼显得庄重而浪漫。西式婚礼更注重结婚当事人的感受。西式婚礼的缺点是程序简单，所以会显得冷清。不符合中国传统的婚礼习俗，难讨父母及其他长辈的欢心。

有人喜欢打破常规，有人喜欢遵照传统。为了有个最完美的婚礼，很多新人选择"保持着对中式传统习俗的神圣敬仰，沿袭庄重的礼仪习俗，同时将时尚的、变化的、个性化的现代情趣、西式礼仪融会贯通，创造了"半点中式、半点西式"的全新婚礼模式。

证婚人贺词

证婚人贺词是举行结婚仪式时男女双方请来做结婚证明的人。一般请双方信赖、尊敬或德高望重的人担任，比如家族中的长辈或新人单位的领导。请一人或两人均可。证婚人证婚的程序，是先宣读结婚证书，宣读完后表明"特此证婚"，最后致简短的贺词。建议贺词不必过于冗长，因为其后还有很多致辞安排，主要表达出对新人的祝福便可。

【范文一】

【致辞人】证婚人

【致辞背景】在婚庆宴会上致贺词

各位来宾：

大家好！

我是证婚人×××，刚才在下面我同另一位证婚×××同志，我们两位证婚人，已经检查过×××先生和××小姐的结婚证了，确实不是假证，现在我宣布：×××、××两位已经是一对合法夫妻。一会儿，大家就可以放心地喝喜酒了。

爱情是个古老而又年轻的话题，也是不朽的人生主题，许多人已经拥有，更多人正在追求。站在我们面前的这两位新人，是在工作中相识、相知、相爱的。他们体验过初恋时"月上柳梢头，人约黄昏后"的剧烈心跳，也体验过热恋中"冷落清秋伤离别"的难舍难分。经历了"似水柔情，如梦佳期"的苦苦期盼，也品尝过"相知不渝，情义永结"的浪漫温馨。终于迎来这携手共赴红地毯的幸福时刻，同时也让在座的各位嘉宾感到凡尘自有真情在，到底人间喜事多。

此时此刻，我要送给两位新人的只有最诚挚的祝福：愿你们在今后的工作和生活中，互帮互让，互敬互爱，琴瑟相合，白头偕老。

谢谢大家！

【范文二】

【致辞人】证婚人

【致辞背景】在婚庆宴会上致贺词

女士们、先生们：

今天是×××先生和××小姐喜结良缘的好日子，我受双方家长委托担任证婚人，感到格外高兴和荣幸。

俗话说：有缘千里来相会。这对新人一经相遇，就一见钟情，一见倾心，两颗真诚的心撞到了一起，闪烁出爱情的火花。他们相爱了，他们志同道合，他们的结合是天生的一对，地造的一双。衷心地祝福你们，共享爱情，共经风雨，互相珍惜，同心永结！并恭祝各位嘉宾健康快乐，百事顺意！

经缜密侦查，实地探访，发现×××先生不但英俊潇洒，而且为人忠诚，××小姐更是热情奔放，温柔大方。再经过我国各项法律程序审核，两人完全具备结婚资格。最后我初步统计今天到场人数，已达到鼓掌投票的决定人数，所以我宣布×××先生和××小

第六章 庆新婚与友谊

姐的婚姻合法有效，大家掌声投票支持！好！没有一个反对票，全会是赞同票！

下面我将接受新人及主婚人的重托，在所有嘉宾见证之下，向两位新人宣读并颁发结婚证书。

【范文三】

【致辞人】证婚人

【致辞背景】在婚庆宴会上致贺词

各位来宾：

今天，我受新郎新娘的重托，担任他们结婚的证婚人，我感到十分荣幸，在这神圣而又庄严的婚礼仪式上，能为这对珠联璧合、佳偶天成的新人致证婚词，我感到分外高兴。

各位来宾，新郎×××先生现在××单位，从事××工作，担任××职务，今年××岁。新郎不仅英俊潇洒、忠厚诚实，而且有颗善良的心，为人和善，不仅工作上认真负责、任劳任怨，而且在业务上刻苦钻研，成绩突出，是一位才华出众的好青年。新娘×××小姐现在××单位，从事××工作，担任××职务，今年××岁。新娘不仅长得漂亮可爱，而且具有东方女性的内在美，不仅温柔体贴、善解人意、勤奋好学、心灵纯洁，而且善于当家理财，手巧能干，是一位可爱的好姑娘。

此时此刻，新娘新郎结为恩爱夫妻，从今以后，无论贫富、健康或疾病、环境优劣、生死存亡，你们都要一生一心一意忠贞不渝地爱护对方，在人生的旅程中永远心心相印，白头偕老，美满幸福。最后，祝你们钟爱一生，同心永结，幸福美满。

谢谢大家！

【范文四】

【致辞人】证婚人

【致辞背景】在婚庆宴会上致贺词

各位来宾、朋友们：

大家好！

我是新娘×××的领导及同事，但我今天在这里扮演的，既非领导，也非同事，而是光荣、伟大、神圣的新角色——证婚人！虽然，我对新郎先生并不非常熟悉，但凭我对新娘的了解，就可以准确地推测出新郎曾经一路奔波、饱受磨难，才如愿以偿、修成正果，而新娘作为著名的爱情伯乐，当然也是千里挑一地找到了自己的如意郎君。这两个人同风共雨、长途跋涉，并最终在这个让人难忘的周末走进了神圣的结婚殿堂，到达爱情长跑的新驿站！

此刻，我作为在场每一位贵宾的代表，来读出我们共同的见证，并通过声波、磁场、脑电波等一切无线传输系统，向全世界50亿人口宣布：他们结婚了！

我们无法用语言描述这对地球人来说是多么大的震撼。因为人们都在期待并坚信：这会是一个伟大的历史时刻！他们的结合，将成为人类爱情史上具有划时代意义的伟大里程碑！五十年以后、一百年以后、一万年以后，人们茶余饭后，仍旧会对他们的爱情故事津津乐道。女人们会以新郎作为标准要求自己的老公。而男人们则总是在老婆面前，假装不经意地提起新娘同志，以暗示老婆效仿。说到这里，我不知道新娘新郎是否感受到了婚姻之重。你们的父母、家人、同事、朋友以及一切关心你们的人，从此刻起，都会充满期待地注视着你们的婚姻之路，你们已经告别过去，走上精彩的人生新舞台，在这个舞台上，你们将扮演丈夫、妻子、父母、儿媳、女婿等诸多角色，也肩负着时代赋予你们的重托。我在这里作为证婚人，能够代表大家给予你们的，仅仅是"祝福"二字。祝福你们能够相亲相爱，和和美美，白头偕老。不要辜负家人，不要辜负朋友，更不要辜负全世界所有关心并对你们寄予深深祝福的人们！

谢谢大家！

介绍人贺词

"介绍人"即媒人，也称红娘。介绍人致贺词一般要注意语言的感染力，以便调动婚宴气氛。介绍人可以讲述新人经自己介绍，从相识到相恋的过程，使宾客对新郎和新娘的爱情故事有所了解。

【范文一】

【致辞人】介绍人

【致辞背景】在婚庆宴会上致贺词

新郎、新娘、证婚人、主婚人、各位来宾：

大家好！

今天是××先生和××小姐结为连理、百年好合的大喜日子。作为一对新人的介绍人，参加这个新婚典礼，我感到非常开心。同时我也有些惭愧，因为我这个介绍人只做了一分钟的介绍工作，就是介绍了他们认识一下，结果其他的什么电话约会、短信传情、花前月下、卿卿我我、甜甜蜜蜜都是他们自己私下偷偷完成的，最后没我什么事了！

前不久当我接到他们正式下发的关于把两张床合并为一张床的通知，才知道两位已经是白首成约，准备终生相伴了！我既感到非常"失职"，又感到万分喜悦。这也难怪，新郎××（介绍个人成长经历、工作单位、家庭情况，视具体情况而定，主要内容为赞扬），新娘××（同上）。这真是郎才女貌，佳偶天成。在此我谨祝愿他们两位情真真，意切切，夫唱妇随，珠联璧合！早生贵子，喜得双胞！

【范文二】

【致辞人】介绍人

【致辞背景】在婚庆宴会上致贺词

各位来宾，女士们、先生们：

你们好！

清风拂面，吹来醉人的甜蜜；流云飞扬，传递着诚挚的祝福。今天，作为介绍人，我很荣幸地与二位新人及各位亲朋好友共享这喜庆的时光。

新郎×××先生，仪表潇洒、气质儒雅、才华横溢。新娘×××小姐，温柔贤淑、通情达理、秀外慧中。两位可谓俊男靓女，郎才女貌，各自家庭幸福和谐，至善至美。他们的结合真可谓是：才子佳人世间两美，金童玉女耀眼双星。

××月××日，这是个特别吉祥的日子。天上人间最幸福的一对即将在这良辰吉日喜结连理，共续良缘。今天，高朋满座，美乐轻扬，欢声笑语，天降吉祥。在这美好的日子里，在这大好时光里，天上人间共同舞起了美丽的霓裳。今夜，必将星光璀璨，多情的夜晚又将增添两颗耀眼的新星。新郎和新娘，情牵一线，踏着火红的地毯，业已步入幸福的婚姻殿堂，从此，他们将相互依偎，徜徉在爱的海洋。这正是：红妆带给同心结，碧沼花开并蒂莲。

×××先生和×××小姐，是我作为介绍人的第一篇习作，开头竟是如此完美，在深感得意的同时，我还特别想叮嘱二位新人，你们要将今后的人生续写得更加精彩动人。

为此，我以介绍人的名义，以长辈的姿态，希望你们结婚以后，工作上相互鼓励，事业上齐头并进，生活上互相照顾，遇到困难要相濡以沫、同舟共济；出现矛盾要多理智少激动、多理解少猜疑。新娘要孝敬公婆、相夫教子，做一位人人称赞的贤媳良妻；新郎要为妻子撑起能遮风挡雨的保护伞，做妻子雷打不动的坚固靠山。

最后再次祝福新郎×××先生、新娘×××小姐，你们要把恋爱时期的浪漫和激情，一直延续到永远。做到，白首齐眉鸳鸯戏水，青阳启瑞桃李同心。海枯石烂心永远，地阔天高比翼飞！

【范文三】

【致辞人】介绍人

【致辞背景】在婚庆宴会上致贺词

各位来宾、朋友们：

苍天做美，月老玉成，今天是×××先生与×××小姐新婚大喜的日子，作为二位新人的介绍人，我感到由衷的高兴，更感到无比的自豪。

俗话说得好："千里姻缘一线牵。"我有缘有意成就了今天这对新人的幸福结合，这是上天的安排。今天他们将心贴着心、手拉着手、肩并着肩走上幸福的红地毯。他们两人，一个是在东平镇政府书写人生精华的办公室人才，一个是东平镇中学造就人类灵魂的工程师。他们的结合是天作之合，佳偶天成。

天遂人愿，大楼之外是艳阳高照，暖意洋洋，大厅之内是高朋满座，情义浓浓，这昭示着二位的爱情甜甜蜜蜜，美美满满；昭示着两家的感情百尺竿头，更进一步。

古人云：人生有三不朽——爱情、事业、文章。我衷心地祝愿二位从今以后携手并进，互敬互爱，悉心经营好共同的爱情，努力打创好各自的事业，齐心协力书写好人生最壮丽的篇章。

领导贺词

领导致贺词要体现领导对下属的关心和重视，好的贺词能够拉近领导和下属之间的关系，使工作关系更加和谐。领导致贺词要突出赞扬新人的优点、在工作中的良好表现，并真诚地祝福新人婚姻美满。在致贺词时，要注意放下领导的架子，不可以领导作风在台上"宣讲"，要以普通人的身份，对新人致以衷心的祝福。语言方面越生动越好、越简短越好，切不可长篇大论。

第六章　庆新婚与友谊

【范文一】

【致辞人】新娘单位领导

【致辞背景】在婚庆宴会上致贺词

各位来宾、各位领导，女士们、先生们：

你们好！

今天我代表新娘单位的全体同事在此讲几句话。

据了解，新郎×××先生，思想进步、工作积极、勤奋好学、为人坦诚，当然，新郎仪表堂堂大家是有目共睹的。就是这位出类拔萃的小伙子，以他非凡的实力，打开了一位美丽姑娘的心扉。这位幸运的姑娘就是今天的女主角——我们单位的××小姐，温柔可爱、美丽大方、为人友善、博学多才，是一位具有典型东方女性美的女孩。×××先生和××小姐真可谓天生的一对，地造的一双。

阳光明媚，歌声飞扬，欢声笑语，天降吉祥，在这美好的日子里，在这大好时光，天上人间共同奏响了优美的旋律。新郎和新娘，情牵一线，手牵着手，幸福地走进婚姻的殿堂，从此，他们将相互依偎着航行在爱的海洋。我作为新娘的领导与同事，此时也为他们激动不已，高兴不已，欢喜不已。

在此，我代表××单位全体员工忠心地祝愿你们：在工作上相互鼓励，在学习上相互帮助，在事业上齐头并进，在生活上互相关心、互敬互爱，遇到困难要同舟共济、共渡难关，遇到矛盾要多理解少激动、多冷静少猜疑。新娘要孝敬公婆、相夫教子，新郎要爱妻子如爱自己，但不要患上"妻管严"。

最后再次祝福新郎×××先生、新娘××小姐：你们要把恋爱时期的浪漫和激情，在家庭生活中，一直保留到永远。祝愿你们永结同心、白头到老！

【范文二】

【致辞人】新郎单位领导

【致辞背景】在婚庆宴会上致贺词

各位朋友、各位来宾：

五月是一个浪漫的季节，今天是一个吉祥的日子，此时是一个醉人的时刻。

因为，×××先生与×××小姐在这里隆重举行庆典，喜结良缘。从此，新郎新娘将拥有一个温馨怡人的爱之甜梦，也开始了人生幸福热烈的爱之旅程。在这神圣庄严的婚礼仪式上，我代表×××的×××多名员工，向这对珠联璧合、佳偶天成的新人表示最热烈的祝贺。

俗话说：同船共渡，需五百年的修行。相识本身是一种缘，能够相守更是一种缘。他们从相识、相知、相恋到喜结良缘，经历了人生最美好的时光，此时的天作之合又延伸了这种缘。婚姻是一份承诺，更是一份责任，愿两位新人从此互敬互爱、谦让包容，要像光一样彼此照耀，像火一样相互温暖。要以事业为重，用自己的聪明才智和勤劳双手打造美好的未来。不仅如此还要尊敬父母，孝心不变，常回家看看。

衷心祝福两位新人，生活像蜜一样甘甜，爱情像钻石般永恒，事业像黄金般灿烂。祝愿你们青春美丽，生活美好，生命精彩，人生辉煌。

最后，让我们共同分享这幸福而美好的时刻，祝大家身体健康，万事顺畅，吉祥满堂！

第六章 庆新婚与友谊

【范文三】

【致辞人】新郎新娘的共同领导

【致辞背景】在婚庆宴会上致贺词

各位朋友、各位来宾：

大家中午好！

五月一日是个吉祥的日子，是一个有纪念意义的日子，在这美好的日子里我们大家欢聚在××大酒楼，我们大家有一个共同祝愿，祝愿新郎新娘百年好合，白头偕老！

新郎新娘二人实属郎才女貌，珠联璧合。在茫茫人海中，你们从相识、相知、相恋，到走向神圣的婚姻殿堂，是天作之合，缘分所致。

有句俗语说"十年修得同船渡，百年修得共枕眠"，你们二位新人要格外珍惜对方，遵守自己婚前的诺言，在以后的生活和工作中不管遇到什么样的风浪，二人都要共同去承担，要始终如一地爱着对方。

二位新人就职于深圳××有限公司，同在一个单位工作，在深圳有了自己的爱巢。深圳是一个高消费的大城市，二位新人能在这里工作和定居，可想而知他们的学识和能力是非常强的，可以说二位新人在人生事业起点踏出的第一步是非常成功的。成功属于有准备的人，他们以后的工作和生活会更加辉煌，让我们大家拭目以待。

我有幸受深圳××有限公司全体员工的委托，对二位新人喜结良缘送上美好的祝福——祝愿二位新人在以后的工作和生活中相濡以沫，相互恩爱，心心相印，永结同心，相互尊敬，相互帮助，相互鼓励，相互理解，相互宽容。你们也要孝敬父母，常回家看看，更要干好工作，为社会创造更多的价值，为家乡争光，为父母争气，我相信这也是在座来宾共同的祝福和心愿。

新郎是我的好朋友，他为人正直善良，重感情讲义气，是性情中人，非常孝顺老人。新娘勤俭持家，是贤妻良母，治家有道，平时干净利索，为人诚实善良。我相信他们的婚姻生活一定会和谐、和美、和睦。

今天最高兴的是父母，看到儿女找到如意的伴侣并喜结良缘，开始甜蜜的生活，他们乐在脸上喜在心里。让我们大家一起同喜同乐，一起度过这美好的时光，分享这快乐和幸福！

最后祝大家身体健康，万事如意，工作顺利，开心快乐每一天！

新人父母贺词

男大当婚，女大当嫁。儿女要结婚了，父母心情是非常复杂的。一方面，他们为儿女寻觅到了幸福的爱情而喜悦；另一方面，他们又为儿女开始一种崭新的生活而期盼和担忧。父母在致贺词时，宜喜不宜悲，致辞要让人感动，但不要让人落泪。同时，对于在座来宾来说，新人父母是主人，应在致辞中表达对来宾的感谢之意。接下来，要表达作为长辈对新人的期望，也可以谈一些婚姻生活的经验。最后对新人的结合致以最真切的祝福。

第六章 庆新婚与友谊

【范文一】

【致辞人】新郎父亲

【致辞背景】在婚庆宴会上的讲话

大家好!

今天是我儿子×××和×××小姐结婚的大喜日子,我感到非常高兴和荣幸。高兴的是这对新人今天携手走进了婚姻的殿堂,开始了他们新的生活,我们也算完成了一个光荣的任务;荣幸的是有那么多的亲朋好友和父老乡亲送来了他们真挚的祝福。在此,我谨代表双方的家长向这对新人表示衷心的祝福,同时,我也借这个机会,向多年来关心、支持、帮助我们全家的各位领导、各位同事、各位朋友表示最衷心的感谢!

结婚是人生的大事,也是每个家庭的大事。面对台上这对新人,面对台下这么多的亲朋好友,我送三句话给这对新人:一是希望你们互相理解,相互包容,在人生道路上同舟共济;二是要尊敬和孝敬你们的父母,你们结婚了,意味着你们的父母老了,他们更需要你们常回家看看;三是不断进取,勤奋工作,要用实际行动来回报社会、回报父母、回报单位。

最后,我还想感谢我的亲家,培养出了这么好的一个女儿,让我们拥有了这么好的一个媳妇。

借此机会,我再一次祝福这对新人生活幸福、互敬互爱,并且衷心祝福来参加婚礼的各位来宾身体健康,家庭幸福!

【范文二】

【致辞人】新娘父亲

【致辞背景】在婚庆宴会上致贺词

亲爱的女儿：

今天是个好日子，是你出嫁的日子，众多的领导、同事、朋友前来贺喜，使我激动不已。去年冬天的一个夜晚，你让我坐在你的床边，深情地对我说："爸，我想有个家了。"我一下子意识到，你对婚姻、家庭、对自己的终身伴侣的认识和计划已经定型了。我们无需再多说什么，给你的回答是肯定的：尊重你个人的意愿。今天，你结婚了。我想，28岁对于你来说，应该是可以承载婚姻的年龄。在沉淀了躁动的青春，收敛了张扬的个性后，今天你步入婚礼的殿堂！

结婚了，希望你依旧保留丰富的情感触角，柔软而又细腻，敏锐而又圆润，永远充满对朋友关爱的友情，对爱人炽热的激情，对家人温馨的亲情，对生活高昂的热情。要知道，所有的情感，都能像那天际飘动的彩云、闪烁的星星，点燃你我的笑容。

结婚了，爸爸希望你成为一个风情而不妖媚的女子，一个贤淑而不世俗的妻子，一个可以用智慧解释生命、用热情主宰生活的幸福女人！

在结束对你的祝愿时，我想问你，今后，我们俩还能一边品茶，一边像朋友那样交流、沟通吗？你还会挤坐在我和你妈妈中间，喃喃地讲述自己的故事吗？

最后，作为长辈，我希望你们能够相敬如宾，举案齐眉，同时也祝愿在坐的所有人，家庭幸福，美满久长。谢谢大家。

第六章 庆新婚与友谊

【范文三】

【致辞人】新郎父亲

【致辞背景】在婚庆宴会上致贺词

亲爱的儿子：

婚姻是人最终的归宿。人到了一定的年纪，对家庭的需求、对感情的渴求会越来越强烈。《横帝宅经》中写道："宅者，人之本。人因宅而立，宅因人得存。人宅相扶，感通天地。"很显然，家的观念，对人而言有着深刻的感召力，遗憾的是，不少人对家的内涵从未全面地理解。实际上，家在哲学本质上讲的是一种思乡症，是一种普遍意义上的冲动。据此，我认为，家庭对一个人的状态、事业的发展非常重要。

到了30岁的你，应该知道，世事维艰，人生多歧，不要因×××成了你妻子，就可高枕无忧，因为日子还长着呢；不必窃喜自己的时运，因为运气需要有贵人相助；更不要张扬自己的能力，因为能力终归是有限的。少年时每遇挫折，全可依赖亲情之拯；而立之年，则应战战兢兢，如临深渊，如履薄冰。努力是必须的，因为靠别人给予你的东西，是留不住的。

在你结婚的日子对你说这些话，爸爸希望你记住，30岁是人生的一个自然漩涡，就像香港的台风，江南的梅雨，北京的沙尘暴，躲也躲不过去。到了这个年龄，就应确立一个不断完善自我、抑制自我的责任标准，无论是对自己、对伴侣，还是对家人，推而广之，对国家、对社会，都要切实地负起责任！

爸爸祝愿你在以后的日子里，能成为一个有胆识、敢担当、有魅力的好丈夫！

新人答谢词

当证婚人、介绍人、长辈、领导致辞完之后,新郎和新娘自然不能一言不发,新人致辞主要分答谢词、宣誓、幽默讲话三种。新人致辞不但渲染气氛,让婚礼达到高潮,而且能够在来宾心中留下一个良好的印象,更可以借这个机会,发挥自己的聪明才智,展现自己的魅力。如果有出众的才艺答谢词要对来宾的光临表示感谢,向以上诸位致辞人表示感谢。新人要结合自己实际情况事先准备好,表达真情实意,心存感激。如果当场太紧张,记住"感谢"和"承诺"两点。首先是感谢自己父母的养育之恩;其次是感谢对方父母,培养了自己的爱人,并放心地交给自己;再次是感谢长辈和领导对两人的深切关怀;然后向对方父母承诺,今后如何对待他(她),以及如何对待他(她)的父母。最后感谢亲朋好友,百忙之中出席自己的婚礼,共同见证忠贞的爱情,同时向大家承诺,今后齐心协力让爱情之花绽放得更加美丽、灿烂。可以根据实际情况看有没有特别要感谢的亲朋好友或来宾,比如出席的领导。致宣誓词并不是做做样子,而是要表达新人对彼此爱情的专一,为婚礼增添光彩。

幽默讲话的内容则不固定,以增加现场的热烈气氛为目的,语言生动,比喻贴切。幽默讲话是最能表现新人才智的一个环节,但要注意开玩笑不可太过火,要照顾到在座长辈的接受力。新人发言

第六章 庆新婚与友谊

中，介绍恋爱经过恐怕是新郎新娘最难应付的节目了。有的人说也不是，不说也不是，面红耳赤；有的人结结巴巴，语无伦次；有的人装聋作哑，任凭宾客一遍遍催促，不开金口，结果致使热烈的气氛冷了下来。但也有坦然得体顺利过关者。介绍恋爱经过要以幽默的口吻简而言之，比如："本新郎姓张，新娘姓顾。我俩尚未认识时，我东'张'西望，她'顾'影自怜。后来我'张'口结舌去找她，她左'顾'右盼等着我。到认识久一点儿，我便明目'张'胆，她也无所'顾'忌。于是，我便请示她择日开'张'，她也就欣然惠'顾'……"这段恋爱经过，短短几句，却有开头、有发展、有结果，堪称避实就虚、妙趣横生的佳作。

【范文一】

【致辞人】新郎

【致辞背景】在婚庆宴会上，证婚人、介绍人、长辈、领导致辞完后致答谢词

尊敬的各位来宾：

大家好！

今天我由衷地开心和激动，因为我终于结婚了。

一时间纵有千言万语却不知从何说起。但我知道，这万语千言最终只能会聚成两个字，那就是"感谢"。

首先要感谢在座的各位朋友在这个美好的周末，特意前来为我和×××的爱情做一个重要的见证，没有你们，也就没有这场让我和我妻子终生难忘的婚礼。

其次，要感谢×××的父母，我想对您二老说，您二老把你们手上唯一的一颗掌上明珠交付给我这个年轻人，谢谢你们的信任，

我也绝对不会辜负你们的信任。我还要说，我可能这辈子也无法让你们的女儿成为世界上最富有的女人，但我会用我的生命使她成为世界上最幸福的女人。

最后，我要感谢我身边的这位在我看来是全世界最漂亮的女人，现在世界上男性人口是29亿8千万，我竟然有幸得到了这29亿8千万分之一的机会成为×××的丈夫，29亿8千万分之一的机会相当于，一个人连中一个月500万的彩票，但我觉得今生能和×××在一起，是多少个500万都无法比拟的。所以我想说，×××谢谢你，谢谢你答应嫁给我这个初出茅庐、涉世不深的毛头小子。然而此时此刻，我的心里却有一丝愧疚，因为我一直都没有告诉你，在认识你之前和认识你之后，我还一直深深地爱着两个人，并且就算你我结婚，也无法阻挡我对他们的思念，他们也来到了婚礼现场，亲爱的，他们就是，我的爸爸和妈妈。爸妈，谢谢您二老，谢谢您二老在27年前做出了一个决定，把一个生命带到了这个世界，让他学知识，教他学做人，您二老让他体会到世界上最无私的爱，您二老给了他世界上最温暖的家，您二老告诉他做人要老实，您二老告诉他家的重要。可是这个小生命时常惹祸，惹您二老生气，让您二老为他二十几年来牵肠挂肚。现在，我想说，爸妈，您二老辛苦了，如今儿子长大了，儿子结婚了，您二老可以放心了。我现在很幸福，因为我遇上了这个世界上最最善良、最最美丽的女人。

最后，不忘一句老话，粗茶淡饭，吃好喝好。

谢谢大家！

第六章 庆新婚与友谊

【范文二】

【致辞人】新娘

【致辞背景】在婚庆宴会上，众宾客致辞后致答谢词

尊敬的各位来宾：

大家好！

今天是我与×××向全世界宣布永结同心、百年好合的日子，借此机会我也想表达心中封存已久的三个感谢。

第一个要感谢的是含辛茹苦20余年，把我们养大成人的四位父母。从我们呱呱坠地的那一刻起，你们把所有的爱都给了我们，教说话、教走路、教知识、教做人……这说不尽、道不完的父爱、母爱是无法言表的。可在我们成长的过程中，不懂事的孩子经常惹你们生气、让你们担心，但如今，我们都已长大成人组成家庭，该是我们尽孝心、赡养你们的时候了，×家（男方家）多了个女儿，×家（女方家）又多了个儿子，请父母们放心，我们将会是世界上最幸福的一家人。

第二个感谢要送给所有的亲戚、长辈和朋友们。我们在以前的工作和生活中让你们操心、劳心、费心了；相信从今天起无论工作还是生活都会让你们感到放心、安心、开心。请大家见证，我们不是最优秀的，但我们这个组合会是最美满、最快乐的……

最后的感谢要送给这个世界上最勇敢、最大度、最有责任心、最可爱、最爱我，有勇气和我携手共度一生、不离不弃，我心目中最伟大的男人——×××（新郎名字）！感谢你愿意用宽阔的臂膀给我一个安全的港湾，用最豁达的心胸给我一片舒适的净土，感谢你为我做的一切，谢谢！

当然也要感谢今天为我们忙碌的摄像师，照相师，幽默风趣的主持人，忙碌的厨师以及所有的工作人苦，你们辛苦了！

这里我还要特别提出的是，同学们、街坊邻居们、所有的来宾朋友，你们让我感受到了世上的真情、人间的真爱，欢迎你们的到来，感谢你们的捧场，谢谢！

【范文三】

【致辞人】新郎和新娘

【致辞背景】在婚庆宴会上，众宾客致辞后致宣誓词

新郎：命运把我俩撮合在一起，你中有我，我中有你，我与你亲密无间，情投意合，一路相偕到底，我的心灵，我的一切，我都愿让你拿去，只求给我留下一双眼睛，让我能看到你。

你就是童话里的仙女，给了我生活的芳香，给了我生命的春天。我喜欢你的质朴、自然、诚挚、机敏和温情，还有你那令人心醉、充满魅力的笑。

我爱月，爱它纯，爱它明，爱它圆；我爱你，爱你真，爱你善，爱你美。

新娘：我只要求你对我说一句真诚的话，一句一辈子只能说一遍的话，一辈子只有我才明白的话。

我的心如圣诞之烛为你燃烧，我的脑中有一个小小的港湾，遥盼你来停泊。无论你去何处，我的心追寻着你的踪影，你落在地上的每个足印，都会使我激动不已。

在众人的目光倒影中，我们获得了爱的肯定。你说要天长地久，我说是永无止境。

第六章　庆新婚与友谊

【范文四】

【致辞人】 新郎

【致辞背景】 在婚庆宴会上，众宾客致辞后致幽默宣誓词

各位来宾：

今天，是我和妻子新婚大喜的日子，历经了几年你追我赶的辛苦，今天的结合真是来之不易。所以，为了牢记这个美好时刻，珍惜这段美好姻缘，让老婆的家人放心，也让各位亲朋好友放心，现在宣誓为据：

第一，坚持老婆的绝对领导。家里老婆永远是第一位，孩子第二位，小狗第三位，我第四位。

第二，认真执行"四子"原则，对老婆像孙子，对岳母像孝子，吃饭像蚊子，干活像驴子。

第三，爱护老婆，做文明丈夫，做到"打不还手，骂不还口，笑脸迎送冷面孔"。

第四，诚心接受老婆感情上的独裁，不和陌生人说话，尤其不能跟陌生女人说话。当然，问路的老太太除外。

第五，坚持工资奖金全部上缴制度。不涂改工资条，不在衣柜里藏钱。不过，每月可以申请领取×××元零花钱。括弧，日元。

第六，积极响应"六蛋"号召。只能看老婆的脸蛋，出门前要吻脸蛋，睡觉要贴着脸蛋。老了，决不能喊她"笨蛋"，老婆骂"混蛋"我就装"软蛋"。

集体婚礼贺词

集体婚礼作为一种新式婚礼形式,是与中国的传统旧式婚礼相对而言的,是西风东渐的舶来品。集体婚礼,尽管在本世纪初盛行,却并非近几年才肇始,早在民国时期便已开先河。20世纪30年代,当时的国民政府提倡新生活运动,在婚礼形式上也推广西式新婚仪,并由社会局出面组织,首开近现代集体结婚之风气。现代集体婚礼作为一种新形式,往往主题是提倡节俭朴素风尚,树立积极健康的婚姻价值观和婚庆消费观,也确实为现代青年所喜闻乐见。

在集体婚礼上的致辞,既要庄重,又要突出喜庆的特点;既要有一定的思想高度,又要内容充实具体,言之有物;既要中心突出,又要旁征博引。总之,越贴近生活,越结合现场实际,则越亲切,越有感染力。

【范文一】

【致辞人】集体婚礼邀请的文艺界嘉宾

【致辞背景】在某市集体婚礼上致贺词

各位来宾、各位领导,女士们、先生们:

大家好!

男人与女人是天空和大地,青山和绿水。在现实中,婚姻是一种实实在在的生活,它和人的情绪、心境,以及不可避免的琐事纠

第六章 庆新婚与友谊

缠在一起，时常把人的注意力引入鸡毛蒜皮的小事之中，而忽略了内在的意境和情调。

有人把婚姻比做坟墓，夫妻二人在婚姻中受挫和苦苦挣扎，问题并不出在婚姻上，而出在人对婚姻的态度上。

有人说，婚姻好似一驾破马车，要承载生活的所有行囊，并且要在拥挤的路上不停地奔跑，婚姻更像一个垃圾站，每个人在外面拾到的各种情绪垃圾都携带回家堆放。于是，人们习惯把不幸和痛苦归结为婚姻，把灾难和失败归结为婚姻，这样一来，婚姻就成了名副其实的坟墓。

有关"婚姻是爱情的坟墓"的说法，一直影响着人们对待婚姻的态度。尤其是在婚姻中遇到挫折和不幸的人，不断现身说法来提供佐证，于是，这一说法便成为"名言佳句"了。

如果一定要用比喻的方式来探讨婚姻，我觉得婚姻是真正的双人舞。一对男女携手步入舞池，在同一首乐曲中起舞，领舞者是男人，不断花样翻新跳出亮点的却是女人。男人的动作比女人少，但男人的力度比女人大，没有男人的保护，纵然女人有千般变化也跳不出精彩绝伦之舞，因为惊险的大幅度的跳跃表演需要以安全为前提，因为托举的表演需要坚实稳定的底座。跳舞如此，婚姻亦然。

决定舞蹈跳得优美与和谐的先决条件，不是跳舞的技巧，而是对音乐的感觉和不断自我调整的能力。在进入婚姻之前，谁也没有接受过专门的学习和训练。也就是说，婚姻是一门需要学习的新课程，就像第一次进舞场的一对舞伴，不但要倾听音乐的变化，还要学习独自的舞步和双人合作的动作，以及随时跟随音乐不时地调整自己的步伐。乐队的乐曲自由变换，突然由慢三步舞曲切换为快四步舞曲，或者伦巴和探戈，舞蹈者如果反应迟钝，或反应太快，就免不了舞步出错，或相互踩脚，出现暂时的不和谐与混乱，或别扭或冲撞。跳舞如此，婚姻也如此啊！

在婚姻舞蹈中，音乐就是流淌变化的生活，生活经常会演奏意想不到的变奏曲，比如男人升迁，女人失业，再比如男人失败了，女人成功了等不可预想的变化，这些变化如同舞池乐队突然换了一个曲目，而舞蹈者一时踩不准节拍，脚步自然要出现混乱。一个女人在叙说自己不幸的婚姻时说："我们的不和谐就像两个不会跳舞的舞伴，谁也不关心音乐，只关心怎么支配对方，纠正对方的错误，经常因互相踩脚而不停地埋怨。还没等一首曲子终了，彼此就厌倦了，天天重复这样的舞蹈，谁还有跳下去的快乐呢？"这个女人说出了婚姻不和谐的秘密所在——支配对方，不停地纠正对方错误的愿望太强烈了，强烈得忽略了生活该有的快乐。两个人都想主动领舞，那舞步必然要大乱。领舞是主动者，可以支配对方，然而，如果领舞者支配对方的意志和力量压过音乐，彼此之间就无法体会跳舞的优雅与快乐，这就是婚姻不快乐的原因。因为当两个人都想领舞的时候，舞步不但不优美，还会相互踩脚，因踩脚而相互埋怨，因相互埋怨而失去快乐，因没有快乐，最后不得不退出舞场。有些婚姻不就是这样解体的吗？

双人舞是以男人为轴心，准确地说是以男人为中心点，以女人为半径，尽情地画圆。女人可以围绕着这个轴心任意创造和表演，因为有男人的安全保护，女人可以自由放松地表演。如果没有男人做托举、提拉等大幅度的安全保护动作，任女人有千般变化，也不可能跳出精彩优美的舞姿。因为女人在没有安全感的情况下创造力等于零。婚姻不可能是独舞，一方尽情地跳，而另一方在看台上鼓掌，甘心做欣赏者和观众。因为婚姻是两个人的舞蹈，不能没有交叉和步伐的变化，不能不随着曲子的节奏而变换调整姿势和脚步。

婚姻是一种持续的联系，但在联系中又充满变化，有独立的舞步，有双人和谐的舞姿。重要的不是两个人怎样跳，而是两个人的心灵怎样领会和感受生活的变化和旋律。心灵如果变得僵硬粗糙，灰暗冷漠，不管曲调怎样变化，舞步和姿势都依然无法优美舒展。

双人舞的精彩之处在于两个人的默契与和谐，但默契与和谐是需要长时间苦练的。彼此都应有强烈的学习和提高自己的愿望。如果有一方努力苦练，而另一方原地不动，那么双人舞就变成单人舞了。在婚姻双人舞中，如果两个人没有相同的学习和调整自己的强烈动机，也没有共同提升和创新的愿望，它的容忍度就降低了，耐心也有了限度，更不用说创新了。所以，双人舞的舞者要学会宽容与忍耐，因为只有这样，舞姿才能优美，舞步才能和谐。

亲爱的朋友们，带好你的舞伴，在婚姻的这个殿堂里尽情地舞蹈吧！

【范文二】

【致辞人】集体婚礼主持人

【致辞背景】在阳春市百对新人集体婚礼上致贺词

各位来宾、各位新人，女士们、先生们：

大家好！

庆典贺词全集

佳人佳期结佳偶，新人新事新风尚。在这金风送爽、丹桂飘香的美好季节，在这紫云普度、天降祥瑞的大喜日子，百对新人相约新世纪，共聚古阳春，携手新生活，演绎凤求凰。在此，请允许我以主婚人的身份衷心祝贺喜结良缘的百对新人，衷心祝福笑逐颜开的新人家属，衷心欢迎喜形于色参加活动的各位领导，衷心感谢喜气洋洋热心参与的各位来宾！

十年修得同船渡，百年修得共枕眠。百对新人在市场弄潮中相遇相识，在天定缘分中相知相爱，今天终于好梦成真，收获爱情，踏上了幸福的红地毯，走进了神圣的婚姻殿堂！爱巢初筑，爱旅尚远。祝愿你们今日摆喜宴，明朝来喜福。希望你们在今后的人生旅途中，执手同心，永浴爱河，互敬互学互助，拥抱美好未来！

时代呼唤新生活，生活造就新观念。80年前，百对佳偶在新思潮涌动的上海滩首创集体婚礼，开启婚俗新风；今天，百对新人聚首充满现代气息的阳春广场举行百年婚典，共创时尚生活。集体婚礼的开展，对于推进婚俗改革、弘扬文明新风、建设和谐社会具有积极意义，必将给古老的江汉大地带来深远影响，并随着时代的发展绽放出新的异彩！

人间好句题红叶，天上良缘系彩绳，鸳鸯佳偶美景时，芝兰永谐结伉俪。天地为证，婚礼大成。最后，让我们再次把美好的祝福送给百对新人：愿你们钟爱一生，幸福美满，百事可乐，万事如意！谢谢大家！

第六章　庆新婚与友谊

庆友谊贺词的意义与特点

我国是礼仪之邦，人民历来重视结交朋友，有的是引颈之交，有的是患难与共，有的是倾盖如故，有的是忘年之交，等等。所谓朋友必重仁德讲义气，守信用同协力，在思想、学习、工作、生活等方面，互相帮助，互相促进，甚至同甘苦，共患难。

人与人之间的交际往来必须要遵循一定的礼仪，而在朋友之间，也存在着这样的礼节。与朋友欢聚，应注意以下几点。

准时：无论参加同学聚会、战友聚会还是知青聚会，都和参加商务洽谈一样，应该准时赴约。有些人认为，大家已经是老朋友、老战友了，迟到一会儿无所谓。但是，让大家等待是非常失礼的。如果当时确实有事要晚到，也应该打电话给聚会的发起人，说明情况并表示歉意，当然，也要说清楚自己到达的时间。

忆旧：朋友们聚在一起，肯定会畅谈过往今朝。但是在言谈中也要注意，也许你想提一段自己觉得很有意思的往事来助兴，可是要看看朋友有没有带着配偶或朋友来参加聚会，也要想一想，提起这段往事会不会让朋友感到尴尬或是不自在，如果起到了相反效果，那么还不如不提。同样，如果有外人在场（如朋友的朋友、配偶等），那么也不要轻易乱喊朋友间小时候互起的绰号。

饮酒：朋友聚会中，很多人都会选择喝酒。但一定注意要有所节制——如果醉酒闹事，不但会让大家扫兴，而且还会成为笑柄。

中年人士同时还要想想，自己的脂肪肝、心肌炎能不能多喝酒，在被当年豪情冲击的同时，也要顾及自己的身体健康。

衣着：参加朋友聚会，尽量穿着光鲜，头发整洁，女士可化淡妆，体现对朋友的尊重。

态度：同学中可能有人当领导、做老板，但也有人生活得不如意，不管怎样，同学聚会时彼此关系就是同学，没有高低贵贱之分，所以，言谈举止要亲切、平和。对于已经比较生疏的同学不妨来个拥抱、握手，以消除陌生感。

禁忌：老同学、老战友见面时要注意谈话内容有所禁忌，不该问的就不问，比如个人隐私、收入等问题。

名片：接过老朋友递的名片时要认真看一下，然后回递名片。接、递名片时要用双手。

夹菜：酒席间，有些人为表示亲切、关心，喜欢用自己的筷子给同学夹菜。其实，这样很不好。就算是以前很要好的同学，经过几年的变化，生活习惯已经不一样了，这样做，会让人觉得不卫生。

同学聚会贺词

毕业前夕，也许我们曾经说过一句话"10年之后、20年之后、30年之后我们再相聚"，转眼间，当年那个约定的日子就在眼前。事业、结婚、生子已经成为我们谈话的主题，当年意气风发的同学们也应该聚一聚了。小范围聚会，大多只是相互保持联系，而大型

第六章 庆新婚与友谊

聚会则让大家充分交流与沟通，为新的发展提供新的契机。毕业数十年，同学变化都很大，年龄、家庭、职业、居住地等都发生了变化。通过聚会，使业务相近、地域相邻、嗜好相同的同学能够更通畅地沟通，增进友谊，促进共同发展。

有聚会，必然就会有聚会致辞，因为聚会致辞不仅可以表达自己的心愿，还可以活跃气氛。那怎样才能做好同学聚会致辞呢？

第一，要有恰当的称呼。恰当的称呼一是可以引起同学们的注意，二是能够使同学们一下子回忆起昔日共读的情景。同学聚会致辞的称呼一般有下列几种："各位同学""同学们""亲爱的同学们""各位同窗好友""各位老同学"等。

第二，要有一个简单的开场白。开场白必须简洁、朴实、真切，不能哗众取宠。

下面介绍几种常见的开场白。

1. 以表明自己的心情开头。如："在新年伊始、大地萌动的新春里，我这个在异地他乡工作，不是海外游子的'游子'，今天能和这么多老同学欢聚一堂，共叙同窗依依分别之情，着实让我欢喜，让我激动，激动的心久久难以平静。悠悠岁月，弹指一挥间，转眼我们告别了少男少女的时代。俗话说：'人老恋故土，游子思故乡。'久别故乡的我，思念家乡亲人、思念学友的心情像脱缰的野马，奔腾不息。几位热心同学为我们这些在天南海北工作的同学牵线搭桥，终于促成了今天的聚会，圆了始终萦绕在我们心间的梦，这能不让人感到由衷的高兴吗？"

这个开场白抒发了自己的激动心情，可以说情真意切，表达了同学们的共同心声，有利于引起情感共鸣。

2. 以点明阔别的时间开头。如："今天是我们毕业 20 周年纪念日，很高兴在毕业 20 年后再相聚。"这种开场方式很容易使聚会者产生"逝者如斯夫"的感叹：是啊！20 年了，人生能有几个 20 年呢？这次聚会很值得珍惜。20 年了，昔日的同学变化很大，有哪些变化呢？很容易引起下文。

3. 以提问的方式开头。如："同学们，你们还记得我们毕业时的相约吗？（同学们可能回答）对，我们的相约是……"由于毕业的时间长了，对于相约内容有的人可能还记得，有的人可能记不清了，这样一提问，能够引起大家对往事的回忆。

第三，正文部分要有实在的内容。聚会致辞要有实在的内容，不能海阔天空，空洞无物。重点要突出两方面：一是对往事的回顾，往事很多，不能面面俱到，而是要高度概括，重点说明同窗之情的浓厚；二是赞扬同学们在各自的岗位上所取得的成绩，可先总括，再点明几位比较突出的，如下例：

"同学们，当年，就在这儿，静坐在教室里聆听老师的教诲，那时，我们都很幼稚，不成熟，有时闹点小别扭，有时搞点恶作剧，有时把我们的班主任气得直哭，但那时我们很要强，班级凝聚力很强，每次系里组织歌咏比赛、长跑比赛等，我们每个人都尽力去为班级争光。就这样，在热热闹闹中度过了四年的美好时光，各自走上了工作岗位，这一走就是 20 年。这 20 年里，我们每个人都在自己的人生道路上经受过挫折、悲伤和痛苦，也有过成功的喜悦和欢乐。在我们的同学中间，许多人成了模范教师、优秀党员，受到所在单位的好评。在这里我要说一说咱们的好同学……"

这个致辞较为成功，先高度概括地回忆了昔日共度的时光，然后一转折，写出了同学们在各自的工作岗位上所取得的成绩，最后，重点介绍了自己的好同学×××。结构清晰，重点突出，语言简练。

第四，要有一个祝愿未来的结尾。同学聚会致辞一般以提出希望祝愿未来的话语作结，以勉励同学们在今后的人生道路上奋发上进，取得更大的成绩。如："同学们，老骥伏枥，志在千里。虽然我们将要或已经离、退休了，但我们报答党、人民和母校的养育之恩的情意绵长，报效祖国的决心、豪情未减。让我们再接再厉，在各自的岗位上发挥应有的作用，教育、影响、带领天下的桃李和子女、亲友，为改革开放，为祖国富强，为人民幸福做出新的贡献。"

总之，上述四个要求是致辞者必须注意的问题，因为这四项要求就是同学聚会致辞的框架。同时还要注意一些一般性特点，如注意礼节、文雅别致、短小精悍、以情感人等，只有这样才能作出精彩的同学聚会致辞。

【范文一】

【致辞人】同学代表

【致辞背景】在毕业10年后举办的高中同学聚会上致贺词

亲爱的老师们、同学们：

光阴荏苒，岁月如梭！10年前的觥筹交错还历历在目，10年前的欢声笑语还荡漾于耳，10年前的惜惜相别依然还在记忆深处，不知不觉中又走过了10年，10年前分手时的依依不舍和强烈的思念又把我们召集在了一起。

10年啊，又是一个漫长的轮回！10年了，我们彼此相知相忆；10年了，我们脑海中不时浮现出当年的意气风发和激情燃烧；10年了，我们都历经了岁月的沧桑和生活的变迁。然而，永远不变的是用三年时间打磨出的深厚友情。

看！当年班上最调皮的你，如今已变得成熟、稳重而睿智；瞧，当年班上最漂亮的你，如今依然不失淑女风范！听，那熟悉又陌生的声音是谁？哦，是曾经教导过我们的老师！您带着慈祥的微笑，带着依旧的风采，精神矍铄地来了！看到自己的学生事业有成，您欣慰地笑了。我们紧紧握住您的手，久久不愿松开。

"流水不因石而阻，友谊不因远而疏"，三年的同窗苦读和朝夕相处让我们结下了不是兄弟姐妹胜似兄弟姐妹的血肉亲情。就让我们把握这难得的相聚，重叙往日的友情，畅叙非凡的经历，倾诉生活的苦乐，互道别后的思念，尽情享受重逢的喜悦吧！相逢是短暂的，友谊是永恒的，让我们记住今天的聚会，相约10年之后再聚首！

【范文二】

【致辞人】同学代表

【致辞背景】在高中毕业12年后举办的同学聚会上致辞

我朝思暮想的、悄悄挂念的、念念不忘的，我熟悉的，还有不太熟悉但见了面依旧那么亲切的各位同学：

大家好！时光飞逝，岁月如梭，不知不觉之间，我们已经分别了太久太久，屈指一算整整12年，经历了寒来暑往12个轮回。想当初，我们懵懵懂懂进入××高中，同窗苦读，朝夕相处，在相同的压力下挣扎求索，在艰苦的条件下成长成熟。今天回想起来，那高中生活的一幕幕、一桩桩仍然历历在目，让人激动不已！可记得当年睡过的大通铺？可记得半夜起来我们一起打老鼠？可记得排着长长的队吃上一碗"素素面"依然喜气洋洋？可记得教室里那做不完的试卷，听不完的老师的谆谆教导？可记得傍晚的操场埋藏着我

第六章　庆新婚与友谊

们多少深深浅浅的心事？可记得校园的银杏树下镌刻了多少少男少女的情怀，还有你的初恋，我的暗恋，他的没有说出的话，她的藏在心里的爱，等等等等。那三年发生的故事，沉淀了12年依然那么新鲜，那么让人感动，也许需要我们用一生去回忆、去咀嚼、去收藏。特别是当我们走上社会，在品尝人生的苦辣酸甜之后，在经历了世事的浮浮沉沉之后，才发觉在××高中度过的岁月和同学之间真诚、质朴的情谊如同一首深情的歌，悠远而回味无穷。

那种经过艰苦岁月沉淀的高中同学的友谊是一段割不断的情，是一份分不开的缘，就像陈年的美酒，愈久愈醇香，愈久愈珍贵，愈久愈甘甜，多少欢笑、多少故事、校园里点点滴滴的往事，多少次出现在你我的梦里，闪现在我们眼前。尽管由于通信地址的变化，我们曾经无法联系，由于工作的忙碌，我们疏于联络，可我们之间的友谊没变，我们彼此的思念日益加深，互相默默的祝福从未间断。因此，一个月前，一位同学在网上发出聚会的倡议，一下子激活了大家沉默的心，一拍即合，一呼百应，相思之情、想念之火燃成今天这场激情相约的燎原之势，高中同学首次大规模聚会终于成功了！

如果说，10年才能修得同船渡河的缘分，那么同窗几载应该有一万年的亲近。愿今天我们的聚会，成为亲如兄弟姐妹般的同学情的碰撞、同乡谊的升华。让我们在这重逢的20多个小时里，坦诚相待，真心面对，不问收入多少，不问职务高低，不比老公英俊，不比老婆漂亮，更多地说说心里话！让我们抛开种种的顾虑，放下所有的恩恩怨怨，倾情交谈，共诉衷肠，传递真诚，共浴××××年明媚的阳光！让我们尽情地谈笑风生，畅叙友情吧！让我们狂欢劲舞，重新抓住青春的尾巴吧！让我们的聚会成为一道让人羡慕的风景线，让我们的聚会成为一种美丽的永恒！

【范文三】

【致辞人】同学代表

【致辞背景】在大学毕业15年后举办的同学聚会上致辞

亲爱的同学们、朋友们：

常言道，人生四大喜：久旱逢甘露，他乡遇故知，洞房花烛夜，金榜题名时。在今天这个秋高气爽、醉人心弦的时刻，我们这些同窗好友欢聚在此，回顾峥嵘的青春岁月，畅谈同窗友谊，共叙地久天长，真是喜上眉梢、喜出望外、喜笑颜开、喜不胜收。相信久别重逢的我们，会在今天再次写下青春的誓言，那就是：珍惜今天的相聚，期待明天的重逢，让我们携手同行，在人生绚丽的舞台上写下我们最辉煌的篇章。

回首15年的风风雨雨，回望我们曾一起走过的校园里的青春岁月，变淡的是我们所经历的过眼云烟般的悲欢离合，日渐浓郁的却是我们平平淡淡、从从容容、真真切切、不拘于功名利禄的同窗情谊。20岁时的我们，意气风发，踌躇满志，对未来充满了美好的憧憬，对事业寄予了满腔的热情，为了青春的誓言，我们挥汗如雨、拼搏劳碌，不在乎人言是非，不在乎荣辱贱贵。30岁时的我们，目标明确，只争朝夕，在最艰难的日子里，我们有真诚的同学友谊为伴，便不觉凄凉，心中总是涌起阵阵暖意，正是这份温暖，正是这份感动，维系了我们十几年的深情厚谊。即将40岁的我们，成熟稳健，睿智豁达，以平和之心阅读人生风景。相信50岁时的我们，依旧可以静观庭前花开花落，闲看天上云卷云舒，宠辱不惊，去留无意，任无情的岁月悄悄带走易逝的青春韶华，但永久留存的却是我们深藏心中的那份纯洁的友谊、那份难得的感动。

海内存知己，天涯若比邻。亲爱的朋友们，为了我们在难忘的校园中结下的深厚友谊，为了我们健康而美好的生活，让我们共同祝愿，青春无限，友谊长存，真情永在！

【范文四】

【致辞人】同学代表

【致辞背景】在大学毕业20年后的同学聚会上致贺词

同学们：

这么多天了，我一直在问自己：是什么能有这么大的凝聚力，能让全班的同学从世界各地齐聚重庆。是组织者的号召力？是化学班的凝聚力？是××大学的召唤力？还是美丽山城的吸引力？不！是缘分，是你我那份同学的情谊，是我们曾经一起度过的青春岁月烙在你我心中的那深深的印迹，在召唤着你我，来履行我们青春的约定！

20年没见了，同学们！多少次，我在脑海里猜想过你们的模样；多少次，我在梦乡里幻听过你的声音。但，直到今天，直到见到大家，模糊的记忆才逐渐清晰，你的音容笑貌才撩开虚幻的面纱，真实地展现在我的眼前。

乡音未改风度添，红颜褪去仍少年。

平心而论，人一生中真正难以忘怀的日子不多。但是，我相信，今天对于在座的每一位同学来说，都将是终生难忘的！同学们，还记得这首歌吗？为了它，我们从海内外赶来重逢，在今天这个难忘的日子里，除了相互倾诉离别之苦、重逢之喜外，留在我们心中更多的则是对青春年华的追忆，是对已逝岁月的感慨。毋庸置疑，大学生活是人生的精华，值得庆幸的是，我们在座的每一位都相识在那精华的岁月里！

还记得吗？球场上他矫健的身影，教室里你专注的神情，班级舞会上她腼腆的眼神、优美的舞姿，半夜里翻墙回寝室的脚步声，百米短跑考试时我故意将脚踏过起跑线……

还记得吗？校园里并不太清的湖水，也不够高的假山；女生宿舍那男生向往但又不能自由进出的禁地；××水库，我们曾在那里一起畅饮绿豆烧白酒；××石刻，你我曾经小憩的绿地斜坡……哦，太多了，记忆的潮水快要淹过我的头顶，我都快喘不过气来了。

20＋20＝40。我们大家20岁时相识，20年后的今天又重逢在一起。这样的加法做不了几次呀，我的同学们！让我们在回忆过去的时候，更加珍惜今天，更加注重未来吧！我相信，这次聚会定会使这份沉甸甸的友情延续向你我的有生之年，甚至将它通过我们后代延续向更远的未来。

俗话说：失去的东西才知道珍惜。为什么要等到失去以后呢？我呼吁：把握住今天吧，把握住我们已有的这份珍贵友谊吧，在我们的有生之年一起分享欢乐与忧愁，一起促成一些我们想做但又单靠自己做不了的事情……

战友聚会贺词

人的一生会经历各种各样的感情，有与生俱来的亲情，有花前月下的爱情，有亲密无间的友情……而这些感情无一例外的几乎每

第六章 庆新婚与友谊

个人都会有所经历,唯独有一种弥足珍贵的感情,是有些人一生都无缘享有的,那就是友情。"不当兵后悔一辈子",是时下流传甚广的一种说法。正是部队这个大家庭,使得战友从天南海北走到一起,在共同的军旅生活中相互了解,增进感情,携手谱写青春的美丽乐章,结下深深的战友情,尤其是在血与火的考验中建立起来的战友之情,更是生死之交,毫无功利色彩,不带世俗偏见,尤其值得我们珍藏和感动。

战友情是人世间最纯洁的一种感情。悠悠十几载,难忘战友情。十几年未见面的战友如果有幸再聚在一起,聊聊近况,叙叙家常,回顾充满欢乐和甘苦的军旅岁月,勾起一阵情感的涟漪,互相感觉还是那样亲切与真挚。大家不仅没有因为时空的阻隔而淡化这份感情,相反,经过一段时间的窖藏,战友情谊更为珍贵,甚至演变为一种浓浓的关爱之情。

【范文一】

【致辞人】战友

【致辞背景】在退伍 20 年后举办的战友聚会上致贺词

各位战友:

今天,我们在这里欢聚一堂,隆重聚会,感到无比亲切和异常兴奋。数载军旅生涯,让我们结下今生不解的友情;20 年离别岁月,割不断我们浓厚的情谊!海内存知己,天涯若比邻。我们的友情,正如这一杯杯醇烈的美酒,时光越长,其味越香。

忆往昔,我们心潮澎湃,万千感慨。20 年前,我们这些来自×××的百余名热血男儿,响应祖国的召唤,伴随时代的步伐,乘坐开往×××的列车,踏上了×××的土地,从此开始了我们的绿色军营生活。

火热的军旅生活锻炼了我们的身体,锤炼了我们的意志,凝结了我们的友情,形成了我们恰似劲松般坚韧不拔的军人作风,也铸就了我们有如磐石般强硬不屈的硬汉性格。那段难以忘却的军旅生活在我们每个人的心灵深处打上了不灭的烙印,在那块曾浸透着我们青春汗水的炽热的土地上,留下了恍如昨日的永恒回忆;在我们曾为之献出了青春宝贵时光的蓝天长城上,刻下了我们投笔从戎的光荣足迹;在我们曾一起经历风雨,一起摸爬滚打的日子里,结下了我们终生难忘的深厚友谊。在军队的培养教育下,我们成长为在社会各条战线上有不同贡献的有用人才。今天,我们每个人都可以这样自豪地说,在人生历程中,我们为有这样一段光荣的经历而感到无比骄傲!

铁打的营盘,流水的兵。当我们挥泪告别军营,奔赴祖国各地,走上不同工作岗位的时候,我们仍旧以军人顽强拼搏的作风,为国家的各项事业贡献着青春和热血。如今,在我们当中,有在国家机关忠于职守的公务员,有在改革开放大潮中成长起来的私企老板,还有在农村默默耕耘的劳动模范。尽管,我们的工作岗位各不相同,但是,我们的战友之情依然如故。20多年光阴似箭,20多年弹指一挥间,岁月交替,年轮转换,流逝的时光能够苍老我们曾风华正茂的容颜,但无论如何也不能拉远我们亲如兄弟的战友情缘。军营大家庭的生活虽然已离我们久远,可亲密无间的战友之情却将永驻我们心间,陪伴我们到永远。

战友们,人生短暂,情义无价。我们相识在家乡,却把彼此的相知留在了那个激情燃烧的岁月和那具有美丽风情的军营。20多年过去了，今天我们共聚一堂，就是要重叙友情，再话当年。

让我们举起酒杯，开怀畅饮，敞开心扉，互诉衷肠。在今后的日子里，让我们携手并肩，以我们曾有的豪情当歌，用我们深厚的友谊为凭，互帮互爱，团结拼搏，一致向前，共同创造属于我们的更加美好的明天！

谢谢大家！

【范文二】

【致辞人】老班长

【致辞背景】在退伍 30 年后举办的战友聚会上致辞

久别的战友们：

你们好！借此机会，通过你们向所有今天没来参加聚会的战友以及你们的亲人表示亲切的问候。同时，也向每一位战友送上一份深深的祝福：祝福大家身体健康，心情愉快，合家欢乐，事事如意！今天，在大家的共同努力下，我们终于实现了这次"八一"战友聚会的心愿。让我们以热烈的掌声，向为这次聚会作出积极努力、提供条件保障的部分战友表示衷心的感谢！向远道而来的战友表示热烈的欢迎！

此时此刻，大家的心情肯定都是一样的激动，一样的兴奋，一样的感慨。千言万语，说不尽久别的思念；千头万绪，诉不完心中的故事。岁月无情，转眼间，我们已经走进了中年人的行列。一晃，离开部队已经 30 年了。在这漫长的岁月里，在每个战友的心中，有过多少思念，多少期盼！多少次梦里走进军营，多少次心中呼唤战友的名字，大家都有一个共同的心愿，那就是渴望着相逢，渴望着再会，渴望着能再一次到 30 年前生活和战斗过的地方走一走，看一看。今天，我们终于来了，揣着浓浓的思念，捧着美好的回忆。当我们又一次站在留下我们青春年华的这片土地上时，亲爱的战友们，在我们心中燃烧的，依然是往日的激情！

多年不见了，岁月的年轮在每个战友的脸上刻下了无情的痕迹。当年，那些生龙活虎、风华正茂、朝气蓬勃的帅小伙，如今，都已经是两鬓斑白、满脸风霜的中年人了。无论岁月多么残酷，无论我们的人生是成功还是失败，岁月并没有割断友情，久别后的重逢让我们相互诉说着浓浓的思念，诉说着不同的故事。厚重的感慨，涌动的激情，交织在这片熟悉的土地上。今天，我们从每个战友的脸上看到的，是无比的兴奋和灿烂的欢快！我们感受到的，是发自内心的感动和眷恋！亲爱的战友们，站在这片熟悉的土地上，让我们的记忆再一次回到那歌声嘹亮的军营吧。那是一段多么难忘的岁月，那是一段多么欢快的生活。

还记得30年前，那个冰天雪地的夜晚吗？绿色的军车，把我们拉到这个陌生的山沟里。部队首长和老兵敲锣打鼓把我们迎进了陌生的军营。从此，我们就成了一个战壕里的战友。那天晚上，部队安排我们看的第一场电影是战斗故事片《英雄儿女》。我们的军营是那样朴素，我们的宿舍是那样简陋，我们睡的是能闻到草香味儿的麦草铺，烧的是用粗铁桶做成的取暖炉。我们的军旅生活就这样开始了。一切都是那样新鲜，一切都是那样陌生。我们这些来自祖国四面八方的新老战友，汇集在大西北这片热土，挥洒汗水，贡献青春。新兵训练是相当苦的，可是，每天八小时的训练、两小时的政治学习必须坚持下来，再苦，没有一个人叫苦；再累，没有一个人喊累。每逢青草绿绿的季节，我们就唱着歌到山上去打猪草，到炊事班去帮厨，生活虽然单调一些，但也快快乐乐。在我们营房的周围，有郁郁葱葱的高山，有碧水潺潺的河流。晚饭后，战友们三三两两，沿着山间小路，哼着青春小调去散步，那种感觉真好。这段光荣历史已经成为我们人生中最辉煌、最绚丽的一页。是部队这个革命的大熔炉培养、锻炼和造就了我们，对此水乳交融之情，对此养育之恩，我们将永世难忘。

亲爱的战友们，如果说，30年前的生活是一首诗，那么，今天的聚会就是一首歌，一首充满深情的歌。让我们记住今天这个难忘的时刻吧，记住我们飒爽英姿的昨天，也记住留下我们青春年华的×××。当我们回首往事的时候，就会因为我们曾经是一个军人而感到自豪！

【范文三】

【致辞人】班长

【致辞背景】在纪念退伍30周年的战友聚会上致辞

武装部的各位首长，亲爱的战友们：

大家好！

首先，请允许我代表战友们对武装部的各位首长的光临，表示热烈的欢迎！多年来武装部的各位首长非常重视、关心我们复转军人的生活和工作，对此我们表示衷心的感谢！

今天的阳光格外灿烂，今天的鲜花格外艳丽，离别了30年的我们今天终于团聚了。30年的思念，30年的回顾，30年的牵挂。是军人的友情、纯真的友谊让我们又一次相会。回首往事，恍如昨天，30年的离别，离别的思念像松花江水滔滔不绝；30年的友情，友情的牵挂像黄果树瀑布绵绵不断；30年的人生，人生的心胸历练得像滇池之水广阔清澈。今天得以相聚，宽敞的会场装不下我们的深情厚谊，紧闭的门窗关不住我们的欢声笑语。在此，我向前来参加聚会的战友表示热烈的欢迎！向支持这次战友聚会的家人们表示诚挚的谢意！向因故未能参加聚会的战友表示深切的问候！

　　战友们，时光如水，岁月如歌。转眼我们已经走过了30个春秋，从"早晨八九点钟的太阳"，成为历经风雨的中年。从父亲的孩子成为孩子的父亲。我们当中，有的经营自己的企业生活蒸蒸日上；有的奋斗在职场上成为了业务骨干、行业精英；有的飞翔在云间，创造了属于自己的一片蓝天；也有的继续披甲卫国，仍然做一名为国防事业操劳的铮铮军人。30年来，无论身份如何变化，角色如何变更，我们都用自己的智慧和汗水，创造生活，实现自我。

　　最让我们难以忘怀的是那段风华正茂、青春年少的时光。在品味了人生的酸甜苦辣之后，最让我们割舍不掉的是那份军营友情。曾记得，排队吃饭拉号子、区队间赛歌时脸上挂着的是灿烂的笑容；曾记得，在蓝天之上同一架飞机里，因为一个航行数据而争吵，体现互相的关爱与坦诚。曾记得：走进校门时，我们相互的帮助和纯真友情。曾记得，曾记得的太多太多……今天想起来都历历在目，让我们激动不已。

　　30年，弹指一挥间。30年风雨兼程，30年沧海桑田，我们奋斗了，我们努力了。回想我们的历程，我们问心无愧。老友难聚，友情难叙。多少次梦回从前，心中总是有些许的"遗憾"。今天相聚，我们要加倍珍惜这宝贵的时光，畅所欲言，共叙友情，坦诚相见，延伸那30年前的真挚友情，回味那30年前的趣味故事。

　　亲爱的战友们，我们带着渴望、带着期盼聚到一起，愿大家怀着激情，拥着热忱，重温美好的青春时光；愿我们的笑脸永远像七月的阳光这么灿烂，像七月的鲜花这么鲜艳，愿我们的友情像七月的骄阳这样炽热。祝我们的友谊地久天长！

祝战友聚会圆满成功！

祝各位战友身体健康！激情永在！活力无限！

庆祝婚礼佳句欣赏

兰舟昨日系，今朝结丝萝，一对神仙眷侣，两颗白首同心，今宵同温鸳鸯梦，来年双飞乐重重，新婚同祝愿，百年好合天与共。

永不褪色的是互相的关心，是无穷无尽深深的爱！爱情也因这一刻的融合而更温馨更美好！祝你们白头偕老！

千年等待，缘定三生，今生今世，茫茫人海，你们相遇了，那是一种怎样的幸运啊！今天是你们牵手一生的日子，祝愿你们幸福美满。

从相识到相知，从相知到相爱，从相爱到携手一生，你们一路走来，走得甜甜蜜蜜，愿你们在今后的日子里，永远幸福相依。

相爱的手，紧紧相扣，得苍天保佑，把爱进行到底；两颗相惜的心，真情如金，有大地护佑，将心用力贴紧，祝新婚快乐！

为你祝福，为你欢笑，因为在今天，我的内心也跟你一样欢腾、快乐。祝你们，百年好合，白头到老！

祝你们共享爱情，共沐风雨，白头偕老，祝你们青春美丽，人生美丽，生命无憾。

两情相悦的最高境界是相对两无厌，祝福一对新人真心相爱，相约永远！

你们本就是天生一对，地造一双，而今共结连理，今后更需彼此宽容，互相照顾，祝福你们！

愿你俩用爱去缠着对方，彼此互相体谅和关怀，共同分享今后的苦与乐。祝你们百年好合，永结同心。

婚姻是人生大事，你们的选择是那样明智，在这个大喜的日子，我衷心祝愿两位新人同心同德，携手写一首人生的诗！

今天的风洋溢着喜悦与欢乐，今天的天弥漫着幸福与甜蜜，伸出你们的双手，接住大家的祝福，愿你们白头偕老，新婚大喜！

伸出爱的手，接住盈盈的祝福，让幸福绽放灿烂的花朵，迎向你们未来的日子。

祝贺你们！一生中只有一次美梦实现的奇迹，你俩的整个世界顿时变得绚丽新奇。

但愿天遂人愿，幸福与爱情无边！

千禧年结千年缘，百年身伴百年眠。天生才子佳人配，只羡鸳鸯不羡仙。

让这缠绵的诗句，敲响幸福的钟声。愿你俩永浴爱河，白头偕老！

十年修得同船渡，百年修得共枕眠。于茫茫人海中找到她，分明是千年前的一段缘，祝你俩喜结连理，幸福美满。

用彼此的深情画出一道美丽的彩虹，架起爱情的桥梁，不分你

第六章 庆新婚与友谊

我,共尝甘苦,融入彼此的生命,敬祝你们百年好合,永结同心。洞房花烛,交颈鸳鸯双得意,夫妻恩爱,和鸣莺凤两多情!

百合送新人,祝百年好合;玫瑰送爱侣,祝爱情甜蜜;桂圆送夫妻,祝早生贵子;红包送月老,祝你们白头到老!

愿快乐的歌声,永远伴着你们同行,愿你们婚后的生活,洋溢着喜悦与欢快,让以后的每个日子都像今日这般喜悦!

教堂钟声敲响,回荡着我无尽的祝福;龙凤花烛燃烧,映照着你们无边的幸福。在这喜庆的日子里,愿你们相依恩爱永远。

在这"最特别"的日子,送上"最特别"的祝福,给"最特别"的你,希望你过得"特别特别"的幸福!祝"特别"的你,新婚愉快!

各交出一只翅膀,天使新燕,以后共同飞翔在蓝天;各交出一份真情,神仙伴侣,以后共同恩爱在人间。

美丽的新娘好比玫瑰红酒,新郎就是那酒杯。恭喜你,酒与杯从此形影不离!祝福你,酒与杯从此恩恩爱爱!

他是词,你是谱,你俩就是一首和谐的歌。

人面如花添雅丽,春风似酒倍香浓。

鸳鸯夜月铺金帐,孔雀春风软玉屏。

两情于水春做伴,百岁夫妻志相同。

雨露滋培连理枝,春风吹放合欢花。

花开并蒂山河暖,燕结同心杨柳新。

佳节佳期得佳偶,新岁新春做新人。

晓起妆台莺对舞,春归画栋燕双栖。

春花绣出鸳鸯谱,夜月香斟琥珀杯。

柳色映眉妆镜晓，桃花照面洞房春。

美满夫妻春宵长，勤劳门第福来临。

春入翠帷花有色，风来绣阁玉生香。

日丽华堂莺歌燕语，春融绣幕凤舞鸾翔。

春风熏梅染柳绣大地，情侣蜜意柔情乐洞房。

才子凌云诗咏雪，榴花映日剑摇风。

采花恰值辰初夏，梦燕欣逢麦报秋。

晋酒香浮蒲酒绿，榴花艳映烛花红。

平圃花枝缠锦带，横塘莲子结同心。

一岁光阴今过半，百年伉俪喜成双。

弹素月琴奏熏风曲，饮饯春酒题消夏词。

玉轸风熏春归夏日，金闺香暖宵短梦长。

翡翠屏开石榴茂盛，鸳鸯池满荷蕊香浓。

玉树连枝百年启瑞，荷花并蒂五世征祥。

菌茜初放香凝碧水，凤凰于飞喜满华堂。

才子凌云佳人吟月，榴花映日蒲叶摇风。

栀子结同心喜向帘前唤鹦鹉，莲花开并蒂笑看池畔宿鸳鸯。

桂宫蟾耀彩，桐院凤栖身。

画屏银烛灿，宝镜玉台新。

借得花容添月色，权将秋夜代春宵。

雪案联吟诗有味，冬窗伴读笔生香。

皓月描来双燕飞，寒霜映出并头梅。

丹山凤振双飞翼，东阁梅开并蒂花。

评花赋就梅妆额，咏絮诗成雪满阶。

梅花芳讯先春试,柳絮吟怀小雪初。

梅雅兰馨称佳品,花情月意赞良缘。

小梅香里黄莺啭,玉树荫中紫凤来。

锦瑟声中莺对舞,玉梅花际凤双飞。

两姓良缘天作合,三冬好景月初圆。

钟情佳偶同心结,傲雪梅花着意开。

梅花摇落铺吉地,瑞雪飘飞饰洞房。

梅花隔岁开早夸才子凌云笔,柳絮因风起曾记佳人咏雪诗。

庆贺友谊佳句欣赏

朋友聚会

有了理解,友谊才能长驻;有了友谊,生命才有价值。让我们发出理解之光。

我们耕耘着这一块土地,甜果涩果分尝一半。为了共同享有甜蜜的生活,我们需要奋斗和友谊。

在友谊面前,人与人之间,犹如星与星之间,不是彼此妨碍,而是互相照耀。

人生中有了友谊，就不会感到孤独，日子就会变得丰富多彩。

因为友谊是梦的编者，它在人生中绽放出亮丽的青春，释放出迷人的芬芳。

走在沙漠里的人，希望有甘甜的泉水；在逆境中拼搏的人，渴望有诚挚的友谊。

知音，不需多言，要用心去交流；友谊，不能言表，要用心去品尝。

友情是灯，愈拨愈亮；友情是河，愈流愈深；友情是花，愈开愈美；友情是酒，愈陈愈香。

把太阳藏于心胸，让它成为美妙的梦幻；把友谊烙于胸中，让它成为甜蜜的珍藏。

同学聚会

我们曾经在一起欣赏过美丽的花，我们曾经在一起幻想过美丽的季节。同学啊，同学，分别后不要忘了我们曾经一起走过的日子。我们有过如水的平静，有过激烈的辩论，也有过无声的竞争。我们也曾紧靠肩头，紧握双手，拥有过一个共同的理想，发出过一个共同的心声。无论是得到的，还是失去的，一切都将存留在我们记忆的最深处。

人们常说，战友与同学的友谊是世界上两种最诚挚最永恒的友谊，我们拥有其一，不应该感到幸福吗？

再回首，是一串充满酸甜苦辣的昨天：昨天，有我们在课堂上的争论；昨天，有我们在球场上的奔跑；昨天，有我们在考场上的奋斗；昨天，有我们在烛光中的歌唱。是啊，昨天，多么美好，多么值得回忆！

战友聚会

　　装满一装甲车祝福，让平安为你开道；卸下一部战车厚礼，让快乐与你拥抱；空投一战斗机真情，让幸福把你围绕；我们的节日已到，让健康对我们的亲人关照，祝全体军人合家幸福。

　　军人用理想充实头脑，用意志铸造信念，用绿色装点青春，用生命书写忠诚，把情感思念打入背囊，把责任荣誉刻入心田。

　　兵味是浸透在军人骨髓里非同寻常的气息，是一种境界。想家时吉他里弹出的乡愁是一种兵味，沙场点兵时的万丈豪情是一种兵味；训练场上的摸爬滚打是一种兵味。自从穿上军装的那天起，兵味就在我们身上散发。

　　军歌嘹亮，每一个音符都渗透到军人的骨子里，每一个字眼都激发着军人的斗志。当生命中有了军歌嘹亮，就有了荡气回肠的无限精彩！

　　军旅生活犹如障碍跑，这里有慢跑，有跳跃，有跨越，也有冲刺，在你前进的路上，需要俯下身子，需要攀援向上，需要身处险境而泰然自若，还需要在没过头顶的困境中一跃而起。它不是走，也不是飞，那是你不断越过障碍的精彩人生。

　　掉过皮、掉过肉，只为比武争上游；流过血、淌过汗，不做掉泪男子汉；爬过冰、卧过雪，心里还是一团火；战过寒、斗过暑，默默奉献情永驻。

潇潇洒洒当过兵，忙忙碌碌已半生。花样年华献国防，和谐社会有功劳，在战友聚会之际，向当过兵、站过岗、扛过枪、打过仗、洒过血、流过汗的老军人、老战友们致敬！

假如人的一生是一首长诗，军旅生涯就是最壮美的篇章，驰骋疆场就是最华丽的诗行。在"八一"建军节到来之际，让我们共同怀念那段难忘的岁月，永远珍惜那身草绿色的军装，永远纪念我们共同的节日吧！

战友是琴演奏一生的美妙，战友是茶品味一世的清香，战友是笔写出一生的幸福，战友是歌唱出一辈子的温馨和快乐！

火红的军旗，绿色的军衣，铁打的营盘，永恒的友谊，军旅之生涯，终生的记忆，亲爱的战友们，在"八一"建军节到来之际，我向你们致以崇高的敬意！祝你们永远年轻，祝我们友谊长存！

流星划过天空，我错过了许愿；浪花溅上岩石，我错过了祝福；故事讲了一遍，我错过了聆听；人生只有一回，我却结识了你这个好战友。

开学典礼贺词

开学典礼是新学期开始举行的典礼仪式。开学典礼是对学生进行入学教育的第一课，不仅可以使新生了解学校的历史、现状，而且可以使新生明确学校的培养目标和管理制度，明确学校学习生活的特点，为尽快适应在校学习和生活作好思想准备。同时，对所有学生来说，开学典礼也起到教育规范的作用，让学生明白本学期的学习任务、学校的要求和开展的活动等。

开学典礼的升旗仪式后，校长、教师代表、学生代表依次致辞，有的大学也会邀请知名的校友致辞。既然是学期之始，致辞要充满激励性。青年学生内心最需要的是肯定和激励，所以措辞和语气要体现这样的情感色彩。

【范文一】

【致辞人】校长

【致辞背景】××学校开学典礼

尊敬的各位老师、家长、同学们：

你们好！

在这银装素裹、乍暖还寒时节，我们学校又迎来了一个新的学期。回顾上一学期，我和校领导班子成员都感到很欣慰，因为我们的学校取得了很好的成绩和进步，全校师生在学校领导班子的带领下,以"三个代表"重要思想为指导,以"发展"为主题,大力发挥党、政、工、团的先锋模范作用,树立以人为本的教育理念,坚持"夯实基础,注重特色,全面育人"的办学方针,团结一心,艰苦奋斗,与时俱进、求实创新,使学校的发展有了明显的进步。

首先,全体教师竖立了争创示范性高级中学的意识,积极进取、爱岗敬业、始终以饱满的工作热情工作在教学第一线,形成了良好的教风。

其次全体同学朝气蓬勃、团结向上、文明守纪、刻苦学习,形成了良好的学风。上一学期,在自治区及市教委等部门组织的各学科竞赛中,我校共有11名学生分获二、三等奖。在高三一模考试中,我校共有126学生达到重点成绩,超过一本分数线的学生共有267名。初三年纪参加全市统一会考,共有132名学生超过600分,最高分647分。我相信通过他们的努力,在今年的高考和中考中我校将取得更好的成绩。在2004年10月举办的全校中学生蓝球比赛中,我校参赛的12名运动员在带队教师的带领下,团结一致,敢打敢拼,取得了第七名的好成绩。在乌鲁木齐中学生田径运动会上,我校共有11名学生分获金、银、铜牌。音乐班6名学生在全国大赛上获得名次,他们为第××中学争得了荣誉。这些成绩的取得,凝聚着××中全体师生辛勤的汗水,也是同学勤奋努力、刻苦拼搏的结果。今天我们要对这些取得优异成绩的同学们予以表彰。希望他们再接再厉,勇攀高峰,再创佳绩。也希望广大同学们以他们为榜样,刻苦学习,发挥特长,为学校赢得更大的荣誉。

第三,学校的特色教育迈向了一个新的台阶。自2004年九月起,学校大胆尝试进一步提升英语特色教育的层面,在初一、高一两个起始年级中，各开办了一个"英语特色班"，并对课程进行了相应的调整和补充，配备了意识先行、经验丰富的老师，并积极对外籍教师进行考察录用，极大地强化了我校的英语特色教育。受到了家长和学生的认同，为学校进一步提升办学层次、扩大学校知名度提供了一个很好的平台。

第四，为发挥合力，学校举办了家长学校，成立了家长委员会，让家长参与学校管理，为学校的发展集思广益。创办了少年党校、团校，还利用新生入学军训活动、班主任会、家长会、教职工代表大会、党代会、学代会、团代会等组织，利用班会、校园电视台、黑板报、学刊、校刊、等阵地多层次多角度地向社会各届传递我校的办学目标，办学理念，统一了思想、凝聚了力量、为学校各项教育活动的顺利开展提供了保障。

第五，学校办学条件进一步优化，校园环境的进一步净化美化。教育教学管理逐步走向科学化、制度化。在新学期伊始，学校成为市教育局市级学校德育达标验收中首批达标学校，标志着我校教育教育管理工作迈上了一个新台阶。为我们创建申报示范性高级中学的目标打下了良好的基础。

这些成绩的取得，固然令我们感到兴奋和自豪，但我们也要清醒的认识到，新学期的开始，摆在我们十九中师生面前还有许多困难和压力，成绩只能代表过去，更重要的是着眼于未来。我们的学校所取得的一些成绩与兄弟学校相比较，还存在着一定的差距。但我们必须坚信自己，我们有能力、有毅力将××中学建成一所让社会满意、让家长满意的学校。

新的学年里，我们将坚持"高起点，高标准，适度超前"的办学原则，围绕提高教育教学质量这个中心；狠抓常规管理、队伍建设和信息化建设。努力实现示范性高级中学的发展目标。

最后祝全体师生在新的学期里身体健康、学业进步！

【范文二】

【致辞人】某初中共青团委书记

【致辞背景】在开学典礼上致贺词

尊敬的各位教师、亲爱的同学：

今天，我们全校师生，迎着九月的骄阳，踏着夏日的晨风，怀着无比激动和喜悦的心情，举行庄严而隆重的开学典礼和奖学金颁奖大会。美丽的校园迎来了新的一学年，教师和同学们正以饱满的热忱投入到新学期的学习和工作中来，昔日静谧的校园又充满了生机与活力！首先请让我们把掌声送给新学年走进大家庭的900多名新同学，欢迎你们——学校的新主人！

金桂飘香，金秋九月，是收获的季节，秋天从来属于辛勤耕耘的人们。刚刚过去的中考，全校师生共同努力，不断超越自己，继续保持了中考上线率居全县前列的优势。感谢我们的老师为众多家庭送去了欢乐，为莘莘学子的成才梦想插上了腾飞的翅膀。秋天为校园早早送来了收获的喜悦。

迈向新起点，追求新的成功。成功其实就是成为最好的你自己。作为最好的自己，首先是要把握人生目标，做一个主动发展的人。初中生应该是到了有思想深刻性、有自己人生规划的阶段，可以想像一下，20年之后，当你走进又一个人生状态时，你会处在何种境界？从事什么工作？你最快乐的事情是什么？我想世界上只有一个人，只有一个人能告诉你人生目标是什么，那就是你自己。古人云：

成才之道，一曰：立志、二曰：勤学，三曰：改过，四曰：责善。成为最好的你自己，还要不断发挥自己的所有潜力，富有激情地、勤奋努力地去学习、去生活。一位成功人士曾经说过："我和你没有什么差别，如果你一定要找一个差别，那可能就是每天有机会做我最爱的学习和工作"。

同学们，初中阶段是人生求学的重要时期，人生的黄金时代，快乐学习，勤奋钻研至关重要。求学钻研从来都没有坦途，总会遇到各种各样的困难和和挑战，成长的道路上也总会有林林总总的困惑，希望同学们努力不懈地追求进步，不断发掘自己的目标、兴趣与激情，让自己的初中生活留下成长、成熟的印记。希望大家主动学习，全面发展，让自己每一天过得充实快乐。

成功的目的是带来快乐，快乐也孕育成功的希望。人生难免遇到烦恼和挫折，来自各方面的压力偶尔也会让你沮丧，请你记得周围有关心你的老师、同学和朋友，让我们彼此多一点理解，多一点鼓励，多一点宽容，多一点合作，多一点沟通，多一点微笑，让快乐的感觉和真诚的友情总伴随我们左右，让育才学校的每一天都如同一段美的旋律，置身其中，我们感受到更多彼此关爱、和谐融洽。

老师们、同学们，新学期奋进的号角已经吹响。"进入××校门，品学兼优为本"是我们的目标，"爱生、敬业、团结、奉献"是我们的育才精神，新学期我们仍然要在各项教学管理中一丝不苟讲规范、一如既往抓落实，严谨治学、改革创新，不断提高办学水平，展××名校风采，办家长满意的教育，共创××新的辉煌。最后祝福老师、同学们新的学期健康、成功、快乐！

【范文三】

【致辞人】 学生代表

【致辞背景】 某大学毕业典礼

尊敬的学校领导、老师、各位同学：

2012年6月30日，是一个难忘的日子。今天，×大学2360名同学在经历了四个寒暑的艰苦学习之后，在经历了从天真无忧逐渐走向成熟之后，将庄严地接过毕业证书，从安静而详和的校园走向世俗而喧闹的社会，从×大学这个温暖的集体走向充满挑战的个人奋斗。

尽管，在人生的旅途中，大学的日子只是短暂的瞬间；也许，在大学的日子我们过得单调而平凡。但是，"勤奋、多思、求实、进取"这八个大字已在我们的心底刻下了深深的烙印，让我们把大学精神带入我们未来生活的每一个细节，让我们把大学的豪情与壮志带给我们周围的每一个朋友，让他们和我们一起共同努力，创造持久而辉煌的人生。

悠悠寸草心，报得三春晖。回首几年前走进××，我们行囊简单，精神贫乏。是学校的领导和老师，犹如一盏盏明灯，亮在岔道的前方，牵引我们踌躇欲前的脚步。几年来，在老师的谆谆教诲下，我们的学识逐渐广博，我们的思想日愈丰腴。但我们还年轻，我们有时会犯错，是领导给予我们鼓励，是老师帮助我们纠正，使我们在跌倒时有勇气爬起，爬起时有信心继续前行。今天，请允许我代表所有即将走出校门的毕业生们对几年来关心和爱护我们的学校领导表示最衷心的感谢！向诲人不倦的老师们致以最崇高的敬意！

第七章 校园活动庆典

我们终于要说再见了。再回首,心绪难平。在寒暑易节里,我们渡过了四个冬夏。多少欢笑,多少痛苦,多少汗水,多少泪水,都将在这个典礼上成为一个终结,而我们,也将踏上一个全新的起点。"十年寒窗苦,今朝凌云志",我们就要怀着成熟的人生理念、丰富的专业技能踏上工作的岗位了。

在你们的默默无语中,我读到了师恩浩荡!在我们的依依惜别里,我看到了我们的同窗情深!

几年来,我们共同拥有过追求,也有过失落;有过欢乐,也有过忧愁;有过友爱,也有过矛盾。泰戈尔曾说过:"天空不留下我的痕迹,但我已飞过。"是的,我们无怨无悔地活过、爱过,并留下了真挚的友谊。而今,我们要在这个多姿多彩、多情多意的夏天作最后的握别。几年的朝夕相处,使得我们情同手足。但不管怎样,我们都手挽手地走过了生命中最亮丽的季节。

相聚时难别易难!此该,从我们澎湃的内心来讲,我们对学校、对老师、对同学充满恋恋之情,然而学生终究要走出校门,毕业是结束,也是开端。当我们共同有过的一切都成为美好的记忆,我们便将开始续写自己的故事。甜美的果实需要汗水的浇灌,美丽的青春需要奋斗为其着色。我们的路还长,人生就是一个不断学习的过程,我们只有继续努力,继续拼搏,我们的梦想才能实现,我们的人生才会辉煌!

最后,让我们一起再次祝福我们母校:人才辈出!桃李芬芳!让我们一起再次祝福我们的师长:身体健康!工作顺利!让我们一起互相共勉:在以后的人生路上一路顺风!万事如意!

庆典贺词全集

【范文四】

【致辞人】教师代表

【致辞背景】在新学期开学典礼上致贺词

尊敬的各位领导、老师，亲爱的同学们：

大家好！我十分荣幸有这个机会在新学期里与大家见面并共勉。云淡天高，校园展画卷；风清气爽，讲台续辉煌。热情的夏季渐行渐远，成熟的秋天翩然而至。新学期携着希望、憧憬和激情，款款而临。在这丹桂飘香、桃李金黄的九月，我们学校又有了新的"客人"——新的学生。校园变得更靓了，同学们笑得也更灿烂了。

"人间春色本无价，笔底耕耘总有情"，只要在内心深处充满了对教育事业的无限忠诚，就会点燃一支火把，照亮一片心灵。同学们，为了你们的明天，我们愿意奉献今天。同学们，选择了勤勉和奋斗，也就选择了希望与收获；选择了拼搏与超越，也就选择了成功与辉煌！人生非坦途。所以，拿出你"天生我材必有用"的信心，拿出你"吹尽黄沙始到金"的毅力，拿出你"直挂云帆济沧海"的勇气，去迎接人生风雨的洗礼，毕竟只有经历风雨，我们才能看到美丽的彩虹。

所以，只有有理想的人生才是积极的人生，才能飞得更高，才能飞得更远，才能真正体会到"会当凌绝顶，一览众山小"的境界。大浪淘沙，方显真金本色；暴雨冲过，更见青松巍峨！经过工作磨砺的我们和经过学习磨炼的你们，会更加成熟、稳重而自信。在新的一学年里，我们心中更是充满了期待：期待着更多的机遇与挑战，期待着下一个秋天里的累累硕果。那么，就请用我们的勤奋和汗水，用我们的智慧和热情，抓住这宝贵的今天，师生团结一心，努力拼搏，去创造美好的明天吧！

最后，我祝全体教师在新的学年里工作顺利，家庭幸福！祝同学们学习进步，早日成才！

祝福我们的学校越办越辉煌！

谢谢大家！

毕业典礼贺词

毕业，是人生中的大事，无论是小学、中学，还是本、硕、博毕业，都表示一个人经历了自己人生中的一个重要阶段，将踏上新的征途。对于每一位毕业生来说，这都是人生道路上的一个重要时刻，都将终生难忘。毕业典礼即是庆祝这一重要事件的仪式。在这一仪式上，校长或者老师代表肩负重任，他们要向毕业生表达由衷的恭贺，以及对毕业生不舍的感情和深切的期待，有时候还要对毕业生提出一些人生忠告；毕业生代表要代表自己，更要代表全体毕业生表达在这一特殊时刻对这一特殊事件的感受、感情和认识；家长代表则要以嘉宾的身份发言，表达对学校及老师的感谢，以及对学生的希望。

如何在毕业典礼上做一次令人印象深刻的、让人受益匪浅的致辞是值得认真思考的问题。

讲话中，简要的回顾是必要的，因为毕业致辞是一个阶段的重要总结，是继往开来的转折点，因此一定要总结和回顾过去。可抓住生活中的一些有代表性的镜头，也可以总结学生时代的收获。美好的祝愿是致辞中最具鼓舞性的内容，真诚的祝愿是发自内心的、美好的。

在毕业典礼的致辞中，校长、教师代表或者家长代表的忠告很可能会让学生终生受益。感人心者莫先乎情，致辞者总是以自己的情感之火点燃听众的感情之火，以自己炽烈的情感之手拨动听众的心弦，从而使其动情，引起共鸣，达到影响听众、征服听众的目的。比如，复旦大学校长杨玉良在一次毕业典礼上是这样说的："今天，在这么一个炎热的天气里，我穿着这身华丽的袍子，站在这里冒充'无所不知的校长'，也不能代替你们抉择。我只能告诉大家，如果没有理想，生活的一切都会是苦的。我年轻的时候下乡六年，在农村做过五年赤脚医生，过得苦而快乐，因为我有理想。理想主义就是我们深藏于心灵深处的精神源泉，它不断地支持我们在现实世界里生活，在受到俗事纷扰的时候，回到自己的心灵世界，滋养生息，重新出发。"

以上几个因素不是孤立的，可以相互结合，把它们联系起来的那条线叫做"情感"。狄德罗说："没有感情这个品质，任何笔调都不可能打动人心。"只要感情真挚，你的讲话一定会成为听者心中永存的记忆。

【范文一】

【致辞人】复旦大学校长

【致辞背景】在复旦大学2009届本科毕业典礼上致贺词

各位2009届的同学：

你们好！

第七章　校园活动庆典

我想先擦去眼角的一些泪花，否则我恐怕看不清楚我的稿子。四年以前，你们来到复旦，和所有的复旦人一起享受复旦的百年庆典。那时候，你们作为最年轻的复旦人，积极忙碌在校庆的各项活动中。和以往历届的学生相比，甚至是和以后若干年的各届学生相比，你们在复旦的生涯有着一个不同凡响的开端。

四年以前，同样在这个体育馆，我们举行开学典礼。四年以后，你们中的大部分人将离开复旦，或者说暂时离开。你们是我就任校长以来送走的第一批毕业生，我既为你们感到高兴，内心也充满了遗憾……

有的同学反映，在复旦第一年的生活就是被各种活动折腾，到毕业的时候调侃说，被折腾也是成长的一部分；也有同学说，复旦学院"散养"这一年，少了点指引，多了点诱惑，到毕业时，你们也调侃说"散养"才导致了个性的独立和张扬……希望我们复旦的毕业生怀着理想之心，带着科学精神和人文精神走上社会，保持崇高的责任感和使命意识，不断增强对生命的感悟力。叶应该耸向云天，根却要扎在大地。

有一个调查显示，我们2009届的毕业生，有近90%的人感到为了理想而奋斗是快乐而有价值的。我想，这种快乐不仅在于我们能够怀着理想走上社会，更有赖于我们在大学四年所作的知识的准备，学术的训练，独立的判断和创造的能力。我知道，因为全球经济不景气，毕业班的学生感受到了就业的巨大压力，也再一次感受到了理想和现实之间的距离，感受到了抉择的痛苦。很不幸，这一抉择必须你自己来作出。父母、同学和师长，都不能替代你去判断、去决断。今天，在这么一个炎热的天气里，我穿着这身华丽的袍子，站在这里冒充"无所不知的校长"也不能代替你们抉择。我只能告诉大家，如果没有理想，生活的一切都会是苦的。我年轻的时候下乡六年，在农村做过五年赤脚医生，过得苦而快乐，因为我有理想。理想主义就是我们深藏于心灵深处的精神源泉，它不断地支持我们在现实世界里生活，在受到俗事纷扰的时候，回到自己的心灵世界，滋养生息，重新出发。

最后，请允许我引用"毕业墙"上的文字来作为结束：毕业万岁，青春万岁，梦想万岁，友谊万岁！我自己再加一句，复旦万岁！

【范文二】

【致辞人】可口可乐公司前总裁唐纳德·基奥

【致辞背景】在美国艾默里大学148期毕业典礼上致贺词

兰尼校长、教师们、毕业生和未来的毕业生们：

我刚刚从可口可乐公司总裁位置上退下来，也没有了工作，正在找工作。我猜想，你们当中有不少人也在做着同样的事。因此，你瞧，我们大伙儿都一样。

我的忠告是：不用慌。我在大学时读的是哲学。我告诉你们，40多年来，我一直在看招工广告，希望能看到一条广告说："招聘哲学家，薪高，额外津贴多。"可是我知道，毕业典礼上的演讲人的作用很明确，他应该多出些主意。

回顾自己的一生，从艾奥瓦州的一座农场开始，直到坐进亚特兰大一座大厦的豪华办公室，我要是能告诉你们，这是一种痛苦而令人难以忍受的经历，那就好了，然而它不是。在某些情况下，失望和忧虑的磨炼只会使生活变得快乐和振奋。你们可能会问为什么，这问题我想得很多。几年前，剧作家尼尔·西蒙说他在想，怎样才能确切表

第七章 校园活动庆典

达出他一生的主题。他的结论是,有一个词可以最恰当地描述,那就是"激情"。他说,热情是主宰和激励我一切才能的力量,如果没有激情,生命会显得苍白和凄凉。当然,他是搞艺术的,但是请相信我,朴素的真理是适用于一切活动领域的。它一直是我生活的核心。无论你们是从事商业、从事科学还是法律、宗教或教育;无论你们是绝顶聪明,还是和我们常人一样资质平平;无论你们是高矮胖瘦贫富,你们是怎样的人并不重要,如果你希望生活得有成就感,希望生活得充实,有一样必不可少的东西,那就是:"激情"。

我把人的大脑看成是一块海绵,经过长期的发育,它的主要功能是吸收知识和技能,以及各种各样的事物。我敢肯定,在座的某些医生正在对我说的医理皱眉,但我仍要说下去。我们以后步入了社会,海绵"涨"得鼓鼓的,于是我们开始挤压它,就是说轮到我们把信息和智慧向他人传授了。

我们挤了又挤,为的是把里面存储的东西取出来。当某些人不停地挤,天天挤着,不停地使用里面存储的东西时,终有一天会挤得空空的,变成又干又硬的一团。他们发表千篇一律的演说,写着雷同的文章,说着老生常谈的话,用万古不变的方法解决新出现的问题。他们永远在原地踏步,束缚在时代的局限里。但也可能有另一种现状,重新充实那块海绵。在你们的一生中,要像在校读书时一样,不断地选修新的课程。我不是说,要你们真的去选课,而是说要接近世界。整个世界是一张精彩的无穷尽的课表,你们要从中吸收到新鲜而营养丰富的生命之水。富兰克林·罗斯福总统在大法官霍尔姆斯90寿辰时去看望他,发现老人正坐在书房的熊熊炉火之前埋首书本之中。罗斯福便问他:"大法官先生,您干什么呢?"霍尔姆斯看了看他说："我在训练我的大脑，总统先生。"其实他正在自学希腊语。

现在我劝你们用不断更新的热情对待你们的未来。我还要向你们推荐一种价值体系。你们也许注意到了，出版物正如春潮一般充满了论述价值观的作品，价值观和道德观看来又重新时髦起来了，但我和诸位都知道，价值观不是时髦，而是文明的基础。我们看重的是自由、正义、责任、慈善、诚实、宽容、法制、宗教、信仰和自我——这一套戒律规范着我们的行为。你们已经用了许多宝贵时间去检验和评价过许多思想和理想，试图确定什么是好的，什么更好，要以什么指导我们的行动。在你们整个一生中，当你们需要做出道义上的决定时，你们将继续进行这种检验和评价。我劝你们，不要放弃这种责任，不要害怕做出道义上的决定，因为犹豫不定将一事无成。

现在我并不劝你们去买一副望远镜。我劝你们要有梦想的勇气。审视一下自己的内心，仅仅反问一句："我究竟希望有怎样的前途？"然后保持实现自己理想的热情和道义上的信念。

对即将离校的优秀儿女来说，我们生活的时代是多么美好和精彩啊！不论你们从事什么事业，新的事业、新的挑战、新的机遇每天都在出现。罗宾·威廉推广的一句拉丁谚语是"把握今天"。把握住今天，也就是把握住了未来的日子。

亲爱的毕业生们，请记住，生活不是一场彩排。生活中的成绩不是我们的目的地，而是一段旅程。

愿命运的风风雨雨使你们的一生充满欢乐和希望。表现出你们的热情吧！上帝保佑你们大家。

【范文三】

【致辞人】学生代表

【致辞背景】在大学毕业典礼上致贺词

尊敬的老师，亲爱的同学们：

岁月匆匆，大学四年转瞬即逝。

从眼眸里抽出细细雨丝，然后纷纷扬扬地洒下。我即将离开我的大学生活。走过楼兰，走过荒滩，只是为了那句"路在脚下，明天会更好"。

虽然即将与相处四年的同窗好友分别，但却无法把自己和属于花季年龄的回忆全部忘掉，因为在那个美好的年龄，我们已将自己最美好的青春做了一次交换。

含着泪，回头读起身后的脚印，这些脚印离学生时代越来越远，伸向远方。即使脚窝泥泞，步履蹒跚，但我还是毅然地去追求属于自己的梦。曾经失去的，我不会注入太多的眷恋，太多的叹息；将要得到的，我也一定不会迷惑，不会迟疑。因为每个清晨的太阳都是崭新的，明天还要继续。红太阳在头顶散射着年轮的波，灵性鸟蹲在枝头目送我的背影，为我祈愿一路平安。

真正令我魂牵心动的是那梦流浪的地方，生命在律动，风景在行走，情调目光里不仅映射着浪漫，而且还充满了对未来的信心。对于一个人来说，他的梦想就是他的翅膀，有梦想的人，随时都会跳起来，拍拍翅膀，到他想去的地方尽情地遨游。

看！山那边如今又是香草萋萋，满庭芳菲了。白云将载着我到那梦开始的地方，实现我的梦想，实现我的价值。在此，我由衷地感谢母校对我的培养，使我学会了各种生活技能和懂得了怎样为人处世。祝福我的母校——××大学明天会更好！同时，我也由衷地感谢四年来同学们对我的关心和帮助，感谢各位朋友的关怀。认识你们是我的人生一大财富，真诚地祝愿各位一路走好！

【范文四】

【致辞人】教师代表

【致辞背景】某高中高三毕业典礼

老师们，同学们：

在过去的一个学年里，在座的老师们、同学们做出了极大的努力，克服了诸多困难，共同为高三年级学习画上了一个圆满的句号。为此，我向高三的所有教师致以最崇高的敬意，向高三的所有同学致以真挚的祝贺！也想借此机会向尊敬的××校长对我高三年级工作的关心、帮助与支持表示诚挚的谢意。

同学们，中学生活瞬息即过，但它却将是你们的瑰丽人生中最浓丽的一抹色彩！三年来，在这里，留下了你们辛勤的汗水、勤学苦练的岁月和激扬奋发的青春豪情。你们的艰辛与努力，已结出了丰硕的成果！今天，你们就要告别校园，踏上新的人生征途了。这是人生道路上的一个重要时刻，将是终生难忘的时刻。在此，我衷心祝愿同学们在今后的人生旅途中，在今后的工作实践中，一路平安、一帆风顺。

同学们，很快你们就要离开这曾经留下无数汗水与梦想的母校，离别朝夕相处的老师和同学了。临别之际，我讲两句话与同学们共勉：

第一句是，"志当存高远，有志者事竟成"。

未来社会的英雄应当是知识英雄。这是一个知识就是力量，知识就是财富的时代。置身这样一个时代，面临千载难逢的历史机遇，只要有真才实学，不管是身处天涯海角，不管是从事何种职业，都能够在自己的工作岗位上成长成才，都能够在建设祖国的伟大实践中实现自己的人生理想。一个民族，尤其是一个民族的青年如果没有远大的志向，不关心国家兴衰，不关心民族命运，不关心社会发展，那么这个民族还有什么前途呢？我们的同学将来都是祖国各项事业各条战线上的中坚力量，86中的毕业生应该以你们特有的机敏，听到中国迈向世界的脚步声，直面从中国大门走进来的各种机遇与挑战。而在你们跨入大学门槛之际，关注自己所处的社会环境、国际环境，明确个人、国家、民族的历史使命，树立远大的理想是一切事业成功的前提。

第二句是，"纸上得来终觉浅，绝知此事要躬行"。

八百多年前，南宋大诗人陆游写下这句闪现着人生哲理的朴素诗句，今天，它仍然值得我们所有毕业生认真思索。过去的十二年里，从小学到中学，同学们接受了的各项知识技能的教育，这是一个学习和积累的过程。对同学们而言，其中绝大部分来自书本，来自纸上，绝大多数只是知识的"传递"，这样的学习模式将远远不能满足未来的大学学习的需要。但同时，过去的十二年里你们也为未来的学习打下了良好的基础，针对未来的大学学习，我提醒大家要勇于在实践中磨练意志，砥砺品行，增长才干，既要学习书本知识，更要勤于实践，在实践中探索新知。二十一世纪是一个机遇与挑战并存、合作与竞争同在的时代，我们不仅要讲求敢于创新、善于创造，更要讲求兼实并蓄、团结协作，不断加强自己各方面的修养。"学高为师，身正为范"。只有既学识渊博，又有高尚人格风范者才会成就大事业，才会为社会做出更大的贡献。同学们，希望你们一步一个脚印，不断塑造和完善自己的人格。我坚信我们86中的毕业生都是有着扎实基础、具备无穷的热情且勇于实践的朝气蓬勃的青年。在新的学习环境里，我希望你们都能极大的发挥自己的潜能，不仅深入学习专业，而且广泛涉猎其它领域，将扎实的知识基础运用到各项专业实践中去，并在实践中促进个人各项能力的完善与提高。

我还想特别提醒同学们，大学校园，人才济济。千万不可骄傲，千万不能浮躁。

我希望××中的学生，无论在国内还是国外，无论在重点大学或一般大学，都在同龄人里处于领先地位。

同学们，离别是暂时的，我们师生的情谊将是长久的，此时此刻纵有千言万语，也难以表达老师和你们的惜别之情。最后，衷心祝愿在座的每一位同学，在今后的学习、工作、生活中，学业进步，事业有成，前程似锦，万事如意！祝同学们个个成为祖国的栋梁之才，有用之才！

谢谢大家！

文体活动贺词

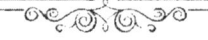

校园文体活动贺词，应注意以下几点：其一，掌握活动的精神，了解活动的全面情况，明确活动要达到的预期目的；其二，要主旨集中，突出活动的中心内容，把握活动的主要特点，只对活动的主

题和有关重要问题作必要的说明，不可面面俱到，眉毛胡子一把抓；其三，态度要热情洋溢，富有号召性和鼓动性。语言要简练，条理要清晰，篇幅不宜过长。

【范文一】

【致辞人】新生代表

【致辞背景】在大学运动会上致贺词

尊敬的领导们、老师们，亲爱的同学们：

在阴风阵阵的天气里，我们××学院的风雨操场上却响声震天，轰轰烈烈的第××届校运动会正如火如荼。运动员们快马加鞭，勇争第一，而两旁则是锣鼓助威，呐喊加油，热闹非凡。毫无疑问，此时在每个人的内心中，运动早成了即兴主旨，占据所有空间，而笑声中谦和的避让与和气的互慰则是团结、友谊、合作的体现。的确不错，宽阔的操场成了我们青年一代展示自我的机会，而在这个大场地中，一切都成了道具，沙坑是一种道具，还有那悬空的跳杆，何不换一种诗意一点的提法呢？跑道是一种蜿蜒的风景，沙坑是一种软绵的载体，跳杆是一种亢奋的极限生命。当然，这一切都不重要，我们要表现的是一种淋漓尽致的激情。管它成与败呢！回眸一笑，优美而强健的瞬间便成定格，因此，我们更注重的是过程而非结局，不会欣赏过程的人，便不懂得如何欣赏生命，从周围的呐喊的人群中，我们的运动员应该领悟到他们更注重此时此刻的努力，瞬间的精彩，会形成永恒的美丽与回忆。

赛跑的同学请注意，听说速度如果超过光速，时光将可倒流，你可以因此而更加年轻；跳远的同学请注意，听说在德国，人们可以免费读大学，据说那儿也不太远；跳高的同学请注意，你们知道

U2 侦察机何以那么嚣张吗？据说它只处于高度为 10000 米的地方，你们不想以自身的行动去灭了它的威风吗？

勇敢地挑战自我吧！播撒青春的天之骄子，汗水洒下、尘土飞扬间，天地早已见证了你的成败。

【范文二】

【致辞人】体育教研室主任

【致辞背景】在高中春季田径运动会闭幕式上致贺词

各位领导、老师，全体同学们：

××中学 2009 年春季田径运动会，在学校的正确领导下，经过运动会组委会的精心筹备，在广大师生员工的精诚配合下，圆满地完成了各项比赛任务，取得了预期的效果，现在就要闭幕了。

本届校运会，充分展示了"阳光体育"的主题。在短短的三天时间里，比赛进程井然有序，紧凑而热烈，效率是很高的，成绩是喜人的。本次运动会一共有×××名运动员参加了××个比赛项目的激烈角逐，有××人次刷新学校田径运动会的纪录，有××人次分别获得第一、二、三名，涌现了×个优胜班集体，×个体育道德风尚先进班级，××位同学获得校长提名体育精神文明奖。在此，让我们以热烈的掌声对他们表示最诚挚的祝贺！全体工作人员的恪尽职守，运动员的杰出表现和骄人的比赛成绩，让我们看到了新教育理念下，全体师生的成功表现，也让我们看到了我校体育事业的希望和推动学校工作全面发展的美好的未来。

今天，我校 2009 年春季田径运动会的所有比赛活动已经画上了一个圆满的句号。在本届校运会中，全体裁判员始终严格要求自己，认真负责，坚持标准，以身作则，以公平、公正、公开的工作作风，保证本届校运会的圆满完成。广大教师和学生在活动中积极参与，主动服务，做了大量的工作，也涌现出许多值得肯定、赞扬的事迹和精神：高一年级的×××多名同学，利用运动会间隙，圆满完成了植树造林的浇水任务；×年×班主动打扫公共区域卫生，并在会场设立环保箱；×年×班在本次运动会中宣传工作搞得尤其突出，组织工作非常得力；在恶劣的狂风尘土的环境中，没有任何一个人抱怨，没有一位离队者，全体师生表现出高昂的激情、顽强的斗志、享受精神的充实和取得成绩的欢愉令人感动。许许多多的事例反映出我们全体师生团结协作、顾全大局的集体主义精神，非常可贵。我希望这种精神能够在今后的教学工作与学校其他各项活动中得到大力发扬。

同学们，本届运动会将大力推动我校体育事业和学校整体工作的全面发展。在今后的工作中，我们要继续发挥我校体育优势，发扬"更高、更快、更强"的奥林匹克精神，坚持"师生成功，学校发展，社会满意"的办学理念，互相学习，奋力拼搏，强化绩效意识，创造××中学的美好明天。

最后，请允许我以组委会的名义，向参加这次大会的全体运动员和广大师生，向为这次运动会辛勤工作的老师和同学们表示崇高的敬意和衷心的感谢！

现在，我宣布，××中学2009年春季田径运动会胜利闭幕！

【范文三】

【致辞人】副校长

【致辞背景】在校园文化节开幕式上致贺词

各位领导，各位老师，同学们：

在秋风送爽的金秋时节，我们又迎来了我校一年一度的文化盛典——第××届校园文化节。值此欢乐时刻，我谨代表学校领导向本届校园文化节的开幕表示最热烈的祝贺！向精心组织和大力支持并积极参加本届校园文化节活动的广大师生表示最诚挚的问候和最衷心的感谢！

当前，我们正处在一个改革的时代、创新的时代、人的素质全面发展的时代。学校作为人才培养的基地，要求我们在致力于教育教学改革向纵深发展的同时，还要充分考虑到学生的个性发展，为学生成长营造一个良好的学习环境、积极的文化氛围，以丰富学生的课余文化生活，陶冶学生的情操，发展学生的个性特长，完善学生的健康人格，提高学生综合素质，唤起学生对文明社会的向往与追求，达到"育德、启智、健身、树人"的目的。

面对我校自建校以来的大好形势，学校已经把新的学年确定为"管理年"。为贯彻"管理年"所确立的"以严治校、强化管理、提高素质、全面育人"的精神。我们组织举办了这次以"爱国、爱校、文明、奋进"为主题的校园文化节，目的就是想通过校园文化活动这一载体，进一步活跃我们的校园文化生活，为广大师生提供一个锻炼能力、展示个性魅力的舞台，借此来提高我校教职员工和广大学生的文化素质、艺术素养和文明素质，促进学校各项管理不断向更深层次推进，全面促进校园的精神文明建设。

本次校园文化节从×月××日开始至×月××日结束，历时一月有余。文化节期间，我们将组织形式不同、丰富多彩的文化体育活动。我相信，同学们一定会在这些活动中进一步激发学习、奋进的动力；弘扬集体主义精神；奔放激情，增强自信；提高自律能力、规范日常行为；增进团结，体验快乐……提高我们的综合素质，做

第七章 校园活动庆典

一个新世纪、新时代、有新特点的新青年。

各位老师、同学们，校园有了文化，文明就有了深厚的底蕴；校园有了艺术，精神才会得到启迪和升华。我相信，本次校园文化节活动的过程，将是全体师生员工精神凝聚、智慧整合、能力展示和素质提升的过程。通过文化节的活动，一个团结、和谐、文明、进取、富有文化底蕴的校园，一定会在全校师生的共同努力装点下变得更加可爱、可亲！

愿同志们、同学们能以本届校园文化节为契机，全校师生共同携手扬起爱国、爱校的旗，张起文明、奋进的帆，为打造一流的学校而团结奋斗。

最后，预祝第××届校园文化节取得成功！

谢谢大家！

【范文四】

【致辞人】学生会主席

【致辞背景】在大学宿舍文化节闭幕仪式上致贺词

尊敬的各位领导，敬爱的老师，亲爱的同学们：

大家中午好！四周前，我们大家济济一堂，在这里参加了首届宿舍文化节的开幕仪式。时隔四周，我们再次相聚在这里参加宿舍文化节的闭幕仪式，此时此刻，我们感慨万千：在欢度宿舍文化节期间，我们根据"首届宿舍文化节活动方案"的安排，本着客观、公正的原则积极组织开展了每一项活动，我们不仅举办了拔河比赛、跳绳比赛等竞争激烈的竞技项目，还安排了提升宿舍文化品位的征文比赛、宿舍手工艺品展、寝室设计、征集金点子等形式活泼的项目，为同学们展现自身才艺提供了一个宽阔的舞台，使大家的兴趣和爱好得到了广泛的提高，本届宿舍文化节在学校领导和老师的关心支持以及同学们的热心参与下取得了圆满成功。各项活动开展顺利，效果显著，也达到了预期的目标，使校园文化建设走上了一个新的台阶。洁白的墙体连接宽敞的楼道，为我们营造了舒适和方便的生活环境；友爱的传播和交流的深入，为我们营造了家的温馨。消除冰封心灵深处的那一丝忧虑，我们在这个冬天里能找到那朵正燃情绽放的雪莲花。

作为本届宿舍文化节的承办者，"自律委"的每一位成员在认真组织各项活动的同时，还能够带头参与到活动中，这极大地提高了同学们参与活动的积极性。通过本届宿舍文化节，我们收获了许多，也成长了许多。拔河比赛让我们懂得了友谊的可贵；跳绳比赛让我们明白了协作的重要。因为是首届宿舍文化节，也难免会出现一些不足之处，希望大家能够多提建设性的意见和建议，为校园建设献计献策，我们将不胜感激，你们的意见和建议将给我们提供莫大的帮助。常言道："众人拾柴火焰高"。在今后的工作中，我们一定会集思广益、总结经验、吸取教训、戒骄戒躁，将更丰富、更精彩、更有意义的活动呈现给大家。

"长风破浪会有时，直挂云帆济沧海。"让我们绽放心中那朵文明之花，扬起理想的风帆，珍惜这短暂的时光，为我们的大学生活留下一段美好而永恒的回忆！也为我们的人生增添一份绚丽的色彩！谢谢大家！

庆升学的意义与特点

亲情、友情、同学情、师生情，情情相牵。中国人最注重一个"情"字，这是我们中华民族互敬互爱的传统美德，是一种爱的传承，更寄予着一颗感恩的心。

现在，中、高考过后，经过一段时间焦急等待，考生何去何从，终会尘埃落定。当录取通知书陆续到达考生手中时，各种庆祝活动也开始上演了。金榜题名，是莘莘学子梦寐以求的结果，也是家长们最欣慰最自豪的事情。为了表达自己高兴的心情，请亲朋好友欢庆一番是人之常情。作为被邀请的客人，赴宴时可以携带鲜花、对联、香槟、书籍、学习用品作为礼物，当然也要事先准备好恭喜学子升学的贺词。

升学庆祝宴会上，来宾致贺词的主旨一是庆祝，二是祝愿。如果是学子家族的长辈致贺词，可以谈一些学子成长过程中有趣的往事，最后从一个长辈的角度，对学子提出希望、忠告或谈一些经验；如果是学子父母的朋友致贺词，可以谈一些自己眼见的父母培养孩子的辛劳，不仅要向学子表示祝贺，更要向学子的父母表达恭喜之情。比如："我与×××的父亲是多年的好友，深知他们夫妇为了培养孩子付出了多少心血，×××先生放弃了自己喜欢的运动，把所有业余时间都用来陪伴孩子学习，孩子的母亲更辛苦，全面承担起孩子的后勤工作，光是食谱就研究了十多本！今天是×××考上大学的好日子,更是×××夫妇熬出头的日子,在此,我衷心地向这一家人表示祝贺!"

【范文一】

【致辞人】学子母亲单位同事

【致辞背景】在同事儿子的升学宴上致贺词

尊敬的各位来宾,女士们、先生们:

大家好!

今天是我的同事的爱子×××同学的升学酒宴,×××同学以×××分的优异成绩考入×××大学,这是他的骄傲,是××家族的骄傲,也是我们在场的所有亲朋好友的骄傲。我代表大家对他表示衷心的祝贺!

俄罗斯伟大的作家列夫·托尔斯泰在其小说《安娜·卡列尼娜》的开头写道:"幸福的家庭是相同的,不幸的家庭各有各的不幸。"

我要说的是:成才孩子的家庭是相同的,不成才的孩子的家庭各有各的原因。我们单位的家长是比较重视孩子们的教育的,大家一定很想知道×××的成长历程,我作为比他们年长的人和过来人说说我的感受,希望能够给大家一些启迪。我想,按照一般规律,不外乎以下几点:孩子的天赋、家庭的培养、好的学校和好的老师。我认为,×××正是具备了以上条件,才有了今天的成功。

在对×××的培养上,他的父母倾注了全部心血和汗水。×××先生基本上推掉了不必要的应酬,每天在家陪孩子学习,十几年如一日,×××女士更是把业余时间都用来操持家务。宽松和谐,民主自由的氛围在精神上哺育和滋养了×××,使他能够无忧无虑,心无旁骛地投入到学习当中去。同时,这对夫妻也很注重孩子的身心健康，全面发展。因此，培养了一个德才兼备的好孩子。

今天，我代表所有同事在这里祝贺他们，也要学习他们的经验，培养好自己的子女，为家族、为国家做贡献。在这里我衷心祝愿大家能够取得更好的成绩，多多培养大学生，为我们大家争光。最后，祝大家身体健康，工作顺利，家庭幸福，万事如意！

【范文二】

【致辞人】学子家族长辈

【致辞背景】在晚辈的升学宴上致贺词

各位来宾，各位亲朋：

大家晚上好！

初秋时节，凉风送爽。在这个满怀喜悦、收获成功的季节，我们怀着相同的心情欢聚一堂，共同庆祝×××荣登科第，金榜题名。站在这里，我很荣幸，也很激动。回首孩子十二载寒窗苦读，今天对×××可说是春华秋实，硕果累累。一分耕耘，一分收获。在人生旅途上，鲜花和荣誉就在脚下。我们相信×××能以大学的生活为起点，珍惜宝贵的四年时光，磨砺自己、充实自己、提高自己！我们希望×××一定会承载着理想，翱翔在人生天地间，用优异的成绩回报父母、回报家人、回报亲朋，成为一个自尊、自爱、自立、自强的好姑娘！

带着甜美，带着微笑，带着真诚，带着祝福，让我们再次祝愿×××学习进步，明天更美好！

在此，也祝愿所有的来宾朋友合家欢乐，幸福安康，事业进步，万事顺达！

谢谢大家！

【范文三】

【致辞人】学子父母的朋友

【致辞背景】在朋友儿子的升学宴上致贺词

各位善良贤慧的女士,各位尊贵高雅的先生:

大家下午好!

海上生明月,天涯共此时。在这花红柳绿,瓜香果甜的季节里,我们相聚在这里,共同祝贺×××先生和×××女士的爱子×××同学金榜题名。

数风流人物,还看今朝。×××同学经过十二年寒窗苦读,终于不负众望,金榜题名,以优异的成绩考取了××大学××专业,从此他将开始鹤立鸡群、鹰击长空般的辉煌人生。这是×××同学的喜事,也是×家的荣耀和自豪,更是全体来宾的骄傲和光荣。可以预言,今天的升学宴会将是一个新朋老友相聚的宴会,将是一个传递亲情的宴会,也将是一个举杯庆功的宴会。

辛勤汗水注定会浇灌七彩人生。×××同学十余载的寒窗苦读,凝聚着他本人十年磨一剑的辛苦足迹,凝聚着他的父母教子无悔的执著步履,凝聚着×氏家族和所有亲友的关怀厚爱。

仿佛就在昨天,荧荧灯盏伴你苦读;仿佛就在昨天,谆谆教诲伴你成长。数载寒窗终有报,春风得意马蹄疾。×××同学,让我们把祝福送给你!愿你在象牙塔内,增长学识,丰富阅历;愿你在求学路上,笑傲风雨,勇往直前,走出一方人生的新天地!

在今天这个不同寻常的日子里,亲朋与好友同聚,恩师与儒生同欢,为的是分享一份金榜题名的喜悦,品尝一份收获成功的甘甜,保存一份温馨难忘的记忆。在此,我衷心祝愿×××同学前程似锦,也祝愿在座的各位来宾家庭幸福，身体安康，万事如意！

谢谢大家。

【范文四】

【致辞人】 学子的姑姑

【致辞背景】 在侄子的升学宴上致贺词

各位领导、各位来宾，女士们、先生们：

大家好！

又是一年佳木秀，又是一季百花红。在这暖意融融的仲夏时节，在这风光秀丽的海棠山脚下，我们欢聚一堂，共同庆祝×××同学金榜题名！

我是×××的姑姑，此时此刻，我的心情非常激动，非常高兴。功夫不负有心人，×××经过12载寒窗苦读，凭着自己的聪慧在今天梦圆大连民族学院，成为天之骄子。在此，我代表×氏家族所有的亲朋好友对×××同学及其父母表示最真心的祝贺！对这十几年来所有为×××同学付出辛劳的各位领导、老师和朋友们表示最衷心的感谢！

再过几天，×××就要走进美丽的海滨城市大连，去圆自己的大学梦，依依惜别之际，姑姑有两点希望：

希望你记住，有多少辛勤的劳作，就有多少金秋的硕果；有多少无悔的付出，就有多少喜悦的收获，走进大学校门，是你人生的又一个起点，愿你发扬勤奋刻苦、执著追求的精神，锐意进取，勇攀高峰！

还希望你记住，学海无涯，学无止境，不满足是向上的车轮。愿你在四年的大学生活中得到历练，学有所成，以后考研、考博，再创辉煌!

最后,我想把祝福带给今天在座的每一位朋友,愿你们心想事成,天天快乐,万事如意!

谢谢大家!

父母致升学贺词

学子的父母致贺词,要包含以下三方面的内容:

第一,对孩子表示祝贺。即使你平时是比较严格的父母,很少当众夸奖孩子,而在此时,你不应再吝啬赞美的话语,因为这一天,是你的孩子最光荣的日子。也可以谈及对孩子的希望和叮嘱,如:"女儿,妈妈也请你记住:青春像一只银铃,系在心坎,只有不停奔跑,它才会发出悦耳的声响。立足于青春这块处女地,在大学的殿堂里,以科学知识为良种,用勤奋做犁锄,施上意志凝结成的肥料,去再创一个比今天这季节更令人赞美的金黄与芳香。"

第二,感谢亲朋好友多年来对孩子的关心和帮助。孩子的成功离不开父母的培养,也离不开亲朋好友、老师们的关爱和帮助,而孩子取得成绩的这一刻正是答谢众人的最好机会。

第三,感谢来宾赴宴。表明如果宴会有招待不周之处,希望来宾包涵原谅。如:"今天的宴会大厅因为你们的光临而蓬荜生辉,在此,我首先代表我们全家人发自肺腑地说一句:感谢大家多年以来对我的女儿的关心和帮助，欢迎大家的光临，谢谢你们！我们夫妇很少举办如此大型的宴会，如果有招待不周之处，还恳请诸位多多谅解。"

【范文一】

【致辞人】学子母亲

【致辞背景】在孩子的升学宴会上致贺词

尊敬的各位领导、各位亲朋：

首先，热烈欢迎你们光临我儿子的升学宴！

十多年的寒窗苦读，儿子今天终于实现了他的梦想，即将步入大学校园。我和他的父亲一方面为儿子取得的成绩感到骄傲和自豪；另一方面，又为儿子即将离家求学而伤感。慈母手中线，游子身上衣，临行密密缝，意恐迟迟归。这种复杂的心情，我想很多做父母的都和我们一样。

记得儿子出生时，我们正风华正茂。十几年弹指一挥间。昨天仿佛才呱呱坠地，今天就已经长大成人。今天，当一个聪明健康、充满阳光、充满智慧的儿子站在我面前，并且即将走进大学的校门，去实现他儿时的梦想时，我总是不敢相信那些逝去的美好时光。19年来，我也曾有过望子成龙的梦想，也曾经让儿子拉二胡、练书法、学美术，并且有时态度不好，失之过严，失之于宽。好在我们的努力并没有白费，这些学习内容对儿子自由健康的成长也发挥了一定的作用。特别值得欣慰的是，儿子清新纯洁，好学上进，品格善良。每当我们烦恼时，儿子总能善解人意，哄我们开心；当我们生病时，儿子总能关心体贴，端水取药。我为有这样的儿子而感到欣慰。因此，我要感谢儿子，感谢儿子为我们带来的快乐和幸福！

今天，儿子就要踏上征程，对儿子的思念也会永远珍藏在心里。

我相信这种思念，必将化做一盏明灯，照亮儿子的征程。

考上大学只是万里长征走完第一步，人生的道路还很漫长。在这里我将清代纪晓岚写的一副对联送给儿子："一等人忠臣孝子，两件事读书耕田。"两句话，四件事，忠臣、孝子、读书、耕田，看似平凡，但却很不简单。一生中把这四件事做好就很不容易。我这里借用这副对联，主要是希望儿子将来做一个对社会有用的人，做一个关爱家庭的人，做一个好好读书的人，做一个认真工作的人。送给儿子的第二句话是晋代葛洪的一句名言："学之广在于不倦，不倦在于固志。"意思是说：学问的渊博在于学习时不知道厌倦，而学习不知厌倦在于有坚定的目标。第三句话："事在人为。"这是我毕业时我的班主任老师送给我的，今天送给我的儿子。也是告诉儿子不管遇到什么事情，什么困难，只要开动脑筋、积极努力就一定能取得成功。我们只是天地下最平凡的父母，我们的孩子也只是人世间最平凡的孩子，我们不奢求太多，只是盼望儿子踏上求学之路，走向人生之旅后能满怀感恩，一生平安！

最后，万分感谢各位亲朋好友的光临。今天是孩子的升学宴会，也是感谢大家的感恩宴会。多年以来儿子取得的每一点成长进步，都离不开恩师的教诲、同窗的帮助，还有亲朋好友的关爱和支持！这些我们都会满怀感激，铭记于心！谢谢大家！

【范文二】

【致辞人】学子父亲

【致辞背景】在孩子的升学宴会上致贺词

尊敬的各位嘉宾，各位亲属、同学、同事，各位好朋友：

大家晚上好！

第七章　校园活动庆典

今天各位嘉宾如约来到这里，会聚一堂，亲临、见证和分享孩子的升学暨答谢宴会，有从远方专程赶来的同学，也有从市内偏远地方前来的同学。在此，我们一家三口向在座的各位来宾表示深深的谢意和诚挚的问候！

孩子考上大学，是他人生旅程中的一个重要标志。回忆孩子的成长过程，有很多关心和支持他的亲朋好友付出了努力，我要用"感谢"一词表达我此刻的心情：

首先感谢我的爱人。在我们结婚的 20 年里，你对这个家的贡献是巨大的，特别是高中陪读的三年里，你为了孩子舍弃了很多，付出了很多，也赢得了我们大家的尊敬，在这里我要真诚地对你说：辛苦了！

我要感谢对孩子的成长做出贡献的老师、各位长辈和朋友。是你们直接或间接地关心、教育影响着孩子的成长。

我还要借此机会感谢对我们事业、工作和家庭给予过爱护和帮助的各位朋友，是你们的无私和鼎力相助提升了我们的生活质量，让我感受到了身在这个社会大家庭中的温暖。我要说：感谢你们！

记得在 1986 年，我和职大的同学到石油学院做毕业设计及答辩的准备工作，和在校大学生一样穿梭在校园，与他们同吃同住。当时我就想，如果能够成为这所学校的一名正式的大学生多好。22 年过去了，今天，我的孩子考上了这所大学，可以说实现了我的一个心愿，我的内心是十分愉快的。对今后的生活，可以说，我充满着期待。期待孩子在大学期间，让阳光、自信和健康相随，在学习成绩和能力素质两方面同步提高。同时，我也期待在座的朋友中，今年也考上大学的孩子和正在大学就读的孩子，愿你们学业有成，快乐成长，朝着自己的理想和目标奋力迈进。我还期待明年或若干年内准备高考的孩子，努力学习，争取考上理想的大学！

期待我的家人和在座的各位一起，珍视友情，和谐相处，让我们的感情更深，让我们的关系更密切，让我们携手共进，去实现一个个美好的愿景！

最后，祝愿各位嘉宾身体健康，工作愉快，生活幸福，家庭和睦，万事如意！谢谢！

【范文三】

【致辞人】学子父亲

【致辞背景】在孩子的升学宴会上致贺词

各位领导，各位亲朋好友：

中午好！

在这繁花似锦、夏日融融的季节里，我们在××大酒店为我的孩子举办升学宴。借此机会，让我代表全家，向各位表示深深的敬意和由衷的感谢！

23年前，也是在一个热情的夏日，我的双亲为我操办升学宴，回想起来，仿若昨日。是已故的勤劳善良的严父，与至今仍然关心着我的慈母，把我这个汨罗江边的放牛娃，培养成为了一名国家干部。我想，如果用联系的观点来诠释的话，今天，我应当特别感谢的，是我的双亲。没有他们的哺育和培养，我不可能徜徉在这钟灵毓秀、人才荟萃的洞庭明珠岳阳。我的孩子更无法有机会，在这称得上是"物华天宝，人杰地灵"的神奇土地上茁壮成长。"天街小雨润如酥，草色遥看近却无。最是一年春好处，绝胜烟柳满皇都。"这是唐代文学家、哲学家韩愈描写早春的诗作，是我读高中时语文老师教给我的第一首诗，恰巧又是今年高考的自命题作文，用哲学的观点来解读的话,那充满春意的细雨也就是为我的孩子传道授业解惑的老师,今天我要郑重地对所有老师说:你们好!谢谢你们,尊敬的老师!

至于我的孩子,借今天这个机会我要告诫你,你正当人生的早春季节,像蓬勃向上的茵茵绿草,大学学习阶段可谓"最是一年春好处"。希望你在这广袤的天空里,登上人类进步的阶梯,去勇攀科学知识的高峰!也只有这样,当你回首往事时,才能真正品味出人生这个阶段"绝胜烟柳满皇都"的意韵。

最后,祝大家炎夏爽心,再次感谢各位!

【范文四】

【致辞人】学子母亲

【致辞背景】在孩子的升学宴会上致贺词

各位领导,各位亲朋好友:

昨夜我家灯花开,晓得今有贵客来,客来有得好饭菜,说声"谢谢"表心怀。

尊敬的各位老师,尊敬的各位来宾,请允许我刚刚用一首民歌对各位的盛情莅临表示衷心的感谢和热烈的欢迎!

作为学生的家长,在今天的升学宴上,我要对××中学的老师说,××中学是一所好学校,是湖南省重点中学;××中学是一个好地方,一个读书的好地方;××中学的老师是一群敬业勤业的好老师。

作为孩子的母亲,我要当着各位亲朋好友的面,对我的孩子说几句忠告的话。花无百日红,人无再少年。你要去就读的城市——杭州,是一个人文荟萃之地,所谓钱塘自古繁华,三吴都会,十万人家,三秋桂子,十里荷花。你要吸取这山水之灵气,人文之精华，但是杭州也是一个好看好玩的地方，所谓"西湖歌舞几时休……直把杭州作汴州"，来到大城市，不要丧失人生斗志，你要珍惜大学四年的宝贵时光，长身体，长知识，长见识，用一份漂亮的答卷向今天的来宾报喜！大家都在等你的好消息！

我没有说完的话都在这酒里，俗话说：没有吃好怪东家，没有吃饱怪自己！大家请随意！

最后祝大家身体好，工作好，心情好！谢谢！

学子致答谢词

学子是整个庆祝活动的主角，学子的发言也是庆祝活动的高潮。在致辞中，一是"总结"，比较系统地回顾和总结自己10多年的成长历程，尤其是在一些学习、生活的关键环节的得与失；二是"感恩"，感谢10多年来老师、家人和亲朋好友的关心与支持，特别是在人生的重要阶段家人所给予的无私关怀与帮助；三是"励志"，总结过去的得失，明确今后的努力方向，在充分彰显个性的同时激励自己向着更高的目标奋进。

【范文一】

【致辞人】学子

【致辞背景】在升学宴会上致答谢词

尊敬的长辈们、亲人们、学友们：

我虽然早已想好了千言万语要对你们说，想表达出我心中对你们的最诚恳的感激之情,更想把我心中不辜负你们殷切希望的决心表达清楚。我知道,你们个个都有语重心长的叮咛和嘱咐。但此时此刻,我却激动得什么都说不出来了。

我并不认为我有资格去庆祝和高兴,我只知道我应该下更大的决心,作好拼搏一场的准备。所以想说的千言万语只能概括成两个字:谢谢!请原谅我重复这两个字,谢谢你们!谢谢大家!祝你们一年比一年快乐、开心!

【范文二】

【致辞人】学子

【致辞背景】在升学宴会上致答谢词

各位尊敬的长辈:

大家好!

感谢大家前来参加我的升学宴,为我庆祝。

我觉得今天这里非常隆重,这个隆重不是指场面有多大,菜肴有多丰盛,而是今天来了这么多人为我庆祝,为我高兴,我觉得自己应该感到很荣幸。但在这份喜悦背后,我需要感谢太多人了,包括我的父母、家人,和一直以来默默支持我关心我的叔叔阿姨们。你们都是我坚强的后盾,我把你们称为后援团。尤其是我的父母,他们为我付出的太多了,对我倾注了全部的心血,在物质上和精神上也倾其所有,让我没有后顾之忧。可以说在学业上没有爸爸含辛茹苦的培养,我不可能获得今天的成绩,至少说我不可能站在今天这个起点上。我的妈妈也放弃了很多物质上的享受。对于这份恩情,我觉得用任何语言表达都是苍白的。我会更努力更好地生活,我想这也是他们最愿意看到的,是我对他们最好的报答。

我感到很幸福，因为我身上凝聚了太多人的爱，这让我觉得在世界上人可以缺少金钱，缺少物质基础，但是不能缺少这份爱，因为它是我前进的动力。即将步入大学，大学对我来说是一个新的征程，我把它当成新的起点，也期望自己能有更大的突破。

最后恭祝各位来宾，事业蒸蒸日上，家庭美满幸福，身体健康，万事如意！谢谢！

【范文三】

【致辞人】学子

【致辞背景】在升学宴会上致答谢词

尊敬的各位长辈及各位嘉宾：

大家好！

感谢大家百忙之中抽时间来参加这个升学答谢宴！为了金榜题名这一天，我付出了十二年的努力，其间的苦与乐更是让我铭记在心。但更让我难以忘怀的，是为了我今天的成功而给予我帮助的人们：我伟大的父母，辛勤教育我的老师，关心我的长辈，还有与我一同走过这段不平凡岁月的同学们，有了你们，我才有今天的成功！今天我非常高兴，不仅是因为我到达了一个期盼已久的终点，还因为我站在了一条新的起跑线上，我将以更快的速度不断向前冲，因为，我要报答为我付出一切的父母；因为，我不会辜负你们的期望；更因为，在那遥远的前方，有我一直追求的理想！

最后，祝各位长辈身体健康，工作顺心；祝各位兄弟姐妹学业有成，笑口常开；祝各位亲朋好友心想事成，万事如意！

【范文四】

【致辞人】学子

【致辞背景】在升学宴会上致答谢词

各位叔叔、阿姨，各位同学：

大家好！

首先感谢大家在百忙之中抽出时间来参加为我举办的升学宴，并预祝大家用餐愉快！

现在我的心情特别激动，因为我的付出终于有了回报，并且在我金榜题名之时，得到各位叔叔阿姨和朋友的支持和祝福！十二年寒窗苦读，终于在今年的高考中有了回报！我考上了梦寐以求的大学，宝剑锋从磨砺出，梅花香自苦寒来！在人生的道路上，在我为了心中的理想拼搏的过程中，付出努力的不只是我自己，还有我的父母和我的老师。从我呱呱坠地，父母就开始了他们新的征程，他们从我这得到些许欢笑，但他们付出的却是操不完的心和数不清的爱；当我呀呀学语时，每一个字词，每一串不成句的话，都是他们用十倍甚至百倍的努力换来的；当我上了学，每天的接送，每一顿饭都是他们辛苦安排的。没有他们的努力，就没有我生活上的舒适；没有我生活上的舒适，就没有我学习上的顺利，当然就更不会有我金榜题名的今天！当我生病，最愁最急的是他们，病在我身却痛在父母心；当我学习上遇到了坎坷，最焦虑的也是他们，他们总是千方百计地帮我铺平道路，让我的人生顺利平安！他们不仅在生活上为我付出，他们还教育我如何做人，如何成为对国家有用的人才！在我最苦最累的高中三年里，我的父母甚至比我还累，多少次我看见白发悄悄爬上父亲的鬓角，多少次我看见皱纹轻轻爬上妈妈的眉梢！我暗暗发誓，要取得好成绩来报答我的父母！在此我要深深感谢我的父母！

为了这一天我苦读了十二年，尤其是在××中学的×××多个日日夜夜，有过成功的喜悦，也有失败的痛苦，但是青春没有失败，为了心中的理想，我可以忘记苦累，亦余心之所善兮，虽九死其犹未悔！一分耕耘就有一分收获，今天我终于可以高兴地说我看见我的所有梦想都开花了！我要感谢在我最苦最累的日子里陪我一路走来的我最亲爱的朋友，是你们在我难过时给我安慰，在我疲惫时给我打气，让我快乐地读完高中，走向大学！今天不是我学习生活的终结，而是我人生新的征程的开始！马上我就要成为一名大学生了，一只脚已经踏入社会，我会不断用知识去武装自己，路漫漫其修远兮，吾将上下而求索！我将用我所掌握的知识去贡献社会，报效祖国！

现在我的心情无以言表，今天是我人生中最难忘的一天，因为我站在一条新的起跑线上，马上要去冲刺我人生新的巅峰！"天行健，君子当自强不息"，在我人生重要的转折点上，有各位亲朋好友的祝福，我相信未来的我会更出色！

再一次感谢大家的到来！祝愿各位叔叔阿姨工作顺利，各位同学学习进步！祝愿大家万事如意！

校园活动贺词佳句欣赏

开学贺词

青春从不服输,青春洋溢热情,青春充满斗志,青春充满希望,青春就是快乐,恰逢开学之时,祝愿你们的青春永远灿烂!开学的钟声响起,上课的铃声响起,唤醒我们年轻的心,抖擞我们青春的劲,开学啦,朋友,祝愿你快乐学习,开心生活!

新金秋迎来新学校,新学校迎来新面孔,新面孔迎来新友情,新友情带来新生活!愿你在新的学期中,不断进步,不断超越,不断成功!

梦是成长的翅膀,梦是飞翔的天堂。只要壮志在胸膛,不愁前路不辉煌。新学期到来之际,祝你学业有成,心想事成。

青松葱绿在四季,梅花开红是冬日;历经四季的洗礼,花红松绿世间奇。愿你学习青松志,祝你生活梅样红,事事皆顺利!

鹰的姿势,是飞翔;蝶的姿势,是轻扬;花的姿势,是芬芳;你的姿势,是成长。新学年来临之际,祝你学习进步。

莘莘学子,征程漫漫。开学之际祝各位同学在新的学期脚踏实地勤好学,足履大道出人才!

"欲穷千里目,更上一层楼。"希望同学们在新学期里积极向上,大显身手，发展自己的个性特长，全面提高自己的综合素质。"宝剑锋从磨砺出，梅花香自苦寒来。"成功之花是用辛勤的汗水浇灌出来的。无论何时，同学们都需要刻苦自觉的精神，都需要顽强拼搏的勇气。

"问渠哪得清如许，为有源头活水来。"一方池塘，必须不断有清泉的注入，否则，即使不干涸，也很容易混浊。读书也是一样，读书贵在持之以恒，要用心去感悟每一本书每一个文字。

播种一个信念，收获一个行动；播种一个行动，收获一个习惯；播种一个习惯，收获一个性格；播种一个性格，收获一个命运。同学们，好好播种，好好把握吧！

"少壮不努力，老大徒伤悲。"亲爱的同学们，请珍惜每一个晴朗的早晨，全身心地投入学习，让那灿烂的朝阳点缀我们的壮丽人生。

"一年好景君须记，最是橙黄橘绿时。"秋天是多彩的季节，是收获的季节，我们更应该满怀信心，不要等待，不要迷茫，新的远征已经开始，相信我们会与你在通向成功的路上同行。

青春的脸永远洋溢着开心的笑容，收拾行李让我们带上满满的希望，踏上充满欢乐有趣的求学旅程，相信自己，明天的路上将收获无限的欢乐！

只要有美好的梦想，心里就会开花。只要有拼搏的精神，就有前进的脚步。愿新的学期里你迈出的脚步更靠近梦想，你的心灵会有更多的花开！

为理想奋斗，值得；为青春拼搏，无悔；为生命歌唱，最美。亲爱的朋友，新学期，让我们绽放光彩，永不止步，向前冲！

人生也许是场马拉松赛跑，奔跑在途中的名次不能算数。只有率先越过终点线，才是定局。新学期是新的起跑线！

毕业典礼赠言

枫叶把整个青春献给了太阳以后，它就具有太阳的色彩了。

幻想吧！与智慧结合的幻想，是艺术之母和奇迹之源。每一滴露珠在太阳的照耀下都能闪烁出无穷无尽的色彩。人生的岁月，是一串珍珠；漫长的生活，是一组乐曲。而青春，是其中最璀璨的珍珠、最精彩的乐章。

让理想的奇妙火炬，点燃青春的熊熊火焰，发出灿烂夺目的光辉吧！

理想，不是可有可无的点缀品，而是一个人生命的动力，有了理想，就等于有了灵魂。

无论你选择哪个角度透视青春，青春都是祖母绿，都是那样的玲珑剔透。

大自然曙光可以期待，希望之光也要耐心等待，不过不是袖手旁观，而是大步朝前。

终于你要走了，说是到很远很远的地方去，去读一本很厚很厚的书。我并不惊讶，因为你本该如此。

生活的海洋已铺开金色的路，浪花正分列两旁摇着欢迎的花束。勇敢地去吧，朋友！前方，已吹响出征的螺号；彩霞，正在将鲜红的大旗飞舞……

愿你做一滴晶亮的水，投入到浩瀚的大海；做一朵鲜美的花，组成百花满园；做一丝闪光的纤维，绣织出鲜红的战旗；做一颗小小的螺丝钉，一辈子坚守自己的岗位。

今天，我们是亲密的同学；明天，我们将是竞争的对手。愿友谊在竞争中更加深厚。

同窗几年，你把友谊的种子撒在我心灵上。我将默默地把它带走，精心浇灌、栽培，让它来日开出芳馨的鲜花。

柳荫下握别百般惆怅，同窗数载少年情长，望征程千种思绪，愿友情化为奋进的力量！

生活已经向我们敞开了胸襟，朋友，让我们勇敢地迎上前去，去尽情地体验它无边无际的壮阔，无穷无尽的幽深吧！

小舟在青春的港口起航，我们暂时分手，满载着理想和追求。重新相聚在何时？将在那丰收的时候！

像蜂蝶飞过花丛，像清泉流经山谷，在记忆中，学生时代的生活，恰似流光溢彩的画页，也似跳跃着欢快音符的乐章。我们相逢在陌生时，我们分手在熟悉后。明天，我们要到生活的星图上找寻自己的新位置，让我们用自己闪烁的星光相互问候、表情达意。

有人说："人人都可以成为自己的幸运的建筑师。"愿我们在生活的道路上，用自己的双手建造幸运的大厦。

我在白浪奔涌的大海边漫步，常为沙滩上拾贝壳的人们所吸引：那专注认真的神态，那悠悠自信的动作，仿佛整个大海是属于他的，所有的佳品可以任他选择。朋友，我禁不住想起了当年你在学业上的专注、认真、自信……

同学们，无论是古人的"天下兴亡，匹夫有责"，还是今人的"不拟霜同鬓，唯将国为家"；无论是朱自清宁死不食美国的救济粮，还是抗洪战士誓死捍卫大堤；无论是雷锋钉子般地钉在岗位上，还

第七章 校园活动庆典

是王渊"不拿国籍换大奖"等,都体现了中华儿女对母亲亘古不变的爱。只有找到个人命运和祖国命运的最佳结合点,且顺应历史潮流而动,才有使不完的劲、用不完的力,才能实现人生的真正价值。今后你不管是走向社会,还是继续负笈求学,在把孝心献给父母的同时,更要把爱心献给社会、把忠心献给我们伟大的祖国!

同学们,当今世界科学技术突飞猛进,知识经济已显端倪,国力竞争日趋激烈,世界形势风云变幻。不管你是富家子弟,还是寒门少年,要想在社会上占有一席之地,找到自己的位置,必须具有学习意识、竞争与协作意识、自我宣传意识和危机意识。不然今天游手好闲,明天还将付出成倍的代价弥补过去的玩世不恭。到那时,只有感叹"等闲白了少年头——空悲切"了。因此,你们务必牢牢记住:拥有了昨天,就应该努力地开拓今天;失去了昨天,就决不能再失去明天!

同学们!身处顺境时,要好风凭借力,乘长风破万里浪;面临困境,不妨回校倾诉,"莫愁前路无知己,开侨中学永远是你家!"将来不管你是位居庙堂,还是身处江湖;不管你是腰缠万贯,还是囊中羞涩,你没有理由沾沾自喜、孤芳自赏,也没有理由垂头丧气、自暴自弃。因为在潭江旁边的这块热土上我们曾留下了艰苦跋涉的痕迹,洒下忘我奋斗的热泪;我们曾携手共进,夺下了平均分全年级第一的桂冠,捧回了优秀率名列榜首的殊荣。昔日的艰难求索,弥足珍贵。去日不可追,来日犹可期。在人生的道路上,你要哭就哭吧,要笑就笑吧,千万别忘了赶路!往后的岁月,我会为你们点点滴滴的成功而欢呼,为你们的飞速发展而狂喜,为你们日新月异的变化而振奋。何当共饮潭江水,却话开侨夜雨时,"天地轮回,光阴转,一百年太久,只争朝夕。"长叮咛、短嘱咐,千言万语化做一句话:为了更好地拥有明天,让我们努力地开拓今天吧!

运动会贺词

泰戈尔在诗中说,天空没有翅膀的影子,但我已飞过;艾青对朋友说,也许有人到达不了彼岸,但我们共同拥有大海。也许你们没有显赫的成绩,但运动场上留下了你们的足迹。也许你们没有得到奖品,但我们心中留下了你们拼搏的身影。所有的努力都是为了迎接这一刹那,所有的拼搏都是为了这一声令下。

就像花儿准备了春、秋、冬,就是为了红透整个盛夏。就像雪花经历了春、夏、秋,就是为了洁白整个严冬。蹲下,昂首,出发……轻轻地一抬脚,便牵动了全场的目光。你们潇洒地挥挥手,便满足了那一份无言的等待。迎着朝阳,你们踏歌而去,背着希望,我们等待你们的归来。

也许流星并不少见,但燃烧的刹那,给人间留下了最美丽的回忆!也许笑脸并不少见,但胜利的喜悦,总会留给世界精彩的一瞬!是的,那些曾经美妙的东西只有短短的一瞬间,但却把最辉煌的一刻留给了人间。胜利,是每个人所追求的,胜利的喜悦,是重新开始的转折,胜利是新的开始!

不长不短的距离,需要的是全身心、全程投入,自始至终你们都在拼全力。此时此刻,你们处在最风光的一刻,只要跑下来,你们就是英雄。

第七章 校园活动庆典

时间在流逝,赛道在延伸,成功在你面前展现;心脏在跳动,热血在沸腾,辉煌在你脚下铸就。加油吧,健儿们,这是意志的拼搏,这是速度的挑战,胜利在向你们招手,胜利在向你们呼唤。

你的汗水洒在跑道,浇灌着成功的花朵开放。你的欢笑飞扬在赛场,为班争光数你最棒。跑吧,追吧,在这广阔的赛场上,你似骏马似离弦的箭。跑吧,追吧,你比虎猛比豹强!你们挥舞着充满力量的双臂,我着实佩服你,你跑出了自己的最佳水平。

踏上跑道,是一种选择;离开起点,是一种勇气;驰骋赛场,是一种胜利。

运动健将们,用你的实力,用你的精神,去开拓出一片属于你的长跑天地!

有多少次挥汗如雨,伤痛曾填满记忆,只因为始终相信,去拼搏才能胜利。总在鼓舞自己,要成功就得努力。热血在赛场沸腾,巨人在赛场升起。相信自己,你将赢得胜利,创造奇迹;相信自己,梦想在你手中,这是你的天地。当一切过去,你们将是第一。相信自己,你们将超越极限,超越自己!相信自己,加油吧,健儿们,相信你自己。

年轻的我们自信飞扬,青春的气息如同初升的朝阳,蓬勃的力量如同阳光般炙热。此时此刻,跑道便是我们精彩的舞台,声声加油便是我们最高的奖项!论何成功,谈何荣辱,心中的信念只有一个:拼搏!

心中坚定的信念,脚下沉稳的步伐,你用行动告诉我们一个不变之理:没有走不完的路,没有过不了的山,成功正在终点冲着你频频招手,用你那顽强的意志去努力,去迎接终点的鲜花与掌声,相信成功一定是属于你。

坚定，执著，耐力与希望，在延伸的白色跑道中点点凝聚！力量，信念，拼搏与奋斗，在遥远的终点线上渐渐明亮！时代的强音正在你的脚下踏响。

庆祝升学佳句欣赏

通过刻苦的学习，考取自己理想的学校，有些人顺利跨过，而更多人则望尘莫及。然而，你通过自己的努力圆了自己的学业之梦，特向你表示祝贺！

祝贺你考取了自己理想的大学，那段艰苦奋斗、刻苦学习的日子可以暂画一个句号了，这段日子，让自己干自愿事，吃顺口饭，听轻松话，睡安心觉吧！

社会是一部书，你要刻苦地去攻读，理会它的深意，再去续写它的新篇章。

天空吸引你展翅飞翔，海洋召唤你扬帆起航，高山激励你奋勇攀登，平原等待你信马由缰……出发吧，愿你前程无量！

有人说："人人都可以成为自己的幸运的建筑师。"愿你在走向新生活的道路上，用自己的双手建造幸运的大厦。

你珍惜今天，又以百倍的热情去拥抱明天，那么，未来就一定属于你！

第七章 校园活动庆典

十几载寒窗使她的身姿更加挺拔,丰富的知识使她的目光更加睿智,前行的岁月使她的容颜更加娇美,求学的道路使她的身影更加昂扬。不懈的努力将使她的前途更加光明!

春色常昭志士,才华乐奉勤人。

青春有志须勤奋,学业启门报苦辛。

兴华时有凌云志,报国常怀赤子心。

长江后浪推前浪,盛世前贤让后贤。

一年之计春为早,千里征程志在先。

学海拼搏终有果,成功在望思报恩。

成功后则建家立业,学习归终衣锦还乡。

学海十年吃得苦中苦,成功之时享受甜上甜。

蒲为席宾朋满座贺中魁,舟作屋张灯结彩祝夺标。

蒲生书山有路乘风踏浪,舟渡学海无涯苦尽甘来。

入学喜报饱浸学子千滴汗,开宴鹿鸣荡漾恩师万缕情。

趾步举风雷一筹大展登云志,雄风惊日月十载自能弄海潮。

中道莫踌躇,努力进行求上达;前程颇远大,乘风飞去属高才。

入校如探山,欲向最上层一游,须得登峰造极;求学似观海,能从至深处着想,不断穷原竟委。

黄莺展翅鸣枝头,开天辟地待何时,蒙承双亲养育恩,上下求索比屈原,山高海深尚不惧,东来日出花更红;曲酒飘香满厅堂,阜非大川求变迁,师从真理双目明,范公之忧天下知,大任在肩需即行,学成归时报高堂。